Esp@ñol Profesional 2 auf einen Blick

Ob in der Ausbildung, im Studium oder im Beruf, *Español Profesional* ist das Lehrwerk für alle, die Spanisch von Anfang an lernen und in kürzester Zeit ihre sprachliche Kompetenz für den Beruf Schritt für Schritt entwickeln möchten.
Español Profesional ist ein kommunikativ ausgerichtetes Grundstufenlehrwerk, das die praktischen Erfordernisse der Kommunikation in Wirtschaft und Handel in den Mittelpunkt stellt. Das zweibändige Lehrwerk führt zur Niveaustufe B 1 des Gemeinsamen europäischen Referenzrahmens und bereitet auf das *Certificado de Español Comercial* sowie auf das europäische Sprachenzertifikat Spanisch vor.

Das Kursbuch *Español Profesional 2* enthält 15 *Lecciones* mit integriertem Übungsteil und einen Anhang. Die 15 *Lecciones* sind übersichtlich und nach einem durchgängigen Prinzip aufgebaut. Jede *Lección* besteht aus acht Seiten. Die erste Doppelseite vermittelt sprachliche und interkulturelle Kompetenz anhand von lebensnahen, realistischen Szenarien aus dem Berufsalltag der fiktiven Firma Torres y Compañía S.L., einer Schokoladenfabrik aus Katalonien. Zu den Themen gehören u. a. Bewerbung, Firmengeschichte, Finanzierung, Vertragsverhandlungen, Messen und Geschäftsessen.

Die dritte Seite befasst sich mit der *Realidad hispánica*. Hier werden sowohl landeskundliche als auch berufliche Themen aus der spanischsprachigen Welt dargestellt. Die Seite *Realidad hispánica* fördert verstärkt auch rezeptive Fertigkeiten wie das Leseverstehen.
Die *Recuerde*-Seite fasst die Grammatik und Redemittel einer *Lección* übersichtlich zusammen.
Jede *Lección* schließt mit vier Übungsseiten, *A practicar*, die den Lernstoff vertiefen. Die abwechslungsreichen Übungen und Aktivitäten dienen zur Festigung der Grammatik und des Wortschatzes sowie zur kontinuierlichen Entwicklung der sprachlichen Handlungsfähigkeit.

Der Anhang von *Español Profesional 2* umfasst
- Überblicksseiten zu *El español en clase*, den im Kursbuch gebrauchten *Instrucciones*,
- eine Zusammenfassung der wichtigsten berufsbezogenen *Recursos de comunicación*,
- Hinweise und Modelltexte zur *Comunicación escrita*,
- einen Überblick zu den Verben,
- eine Partnerseite sowie Erläuterungen zu zwei spielerischen Tests,
- die Hörtexte, die nicht in den *Lecciones* abgedruckt sind,
- einen *Test final* zur Vorbereitung auf das Europäische Sprachzertifikat Spanisch (B 1) und auf das *Certificado de Español Comercial*,
- ein chronologisches Vokabelverzeichnis und
- eine alphabetische spanisch-deutsche Wortliste mit Fundstellen.

Für alle, die noch etwas intensiver üben wollen, bietet das **Arbeitsbuch** weiterführende Übungen, die selbstständig zu Hause oder im Kurs bearbeitet werden können. Es ist gegliedert nach den Bereichen *Vocabulario*, *Gramática*, *Comunicación* und *Lectura y redacción*. Je nach Bedarf können Schwerpunkte gesetzt und ein jeweils passendes „Lernmenü" zusammengestellt werden. Jede *Lección* schließt mit einem spanisch-deutschen *Panel profesional*, das die wichtigsten berufsbezogenen Redewendungen zusammenfasst.

Die **Audio-CD** enthält die Hörtexte.

Die **Handreichungen für den Unterricht** bieten Tipps für den Unterricht, landeskundliche Informationen und enthalten Kopiervorlagen für zusätzliche Unterrichtsaktivitäten.

Unter **www.cornelsen.de** gibt es für die Arbeit mit *Español Profesional* ein Zusatzangebot für Lehrende und Lernende.

Viel Spaß und Erfolg mit *Español Profesional* wünschen Ihnen die Autorin und der Cornelsen Verlag!

Índice

Symbole

Der Text ist auf CD zu hören.

Sie arbeiten zu zweit.

Sie bilden eine kleine Arbeitsgruppe.

schriftliche Übung

Die Lösung der Aufgabe steht im Lösungsschlüssel.

schwierige Übung

→ EP 1, S. 107 In *Español Profesional*, Band 1, auf S. 107 finden Sie erste Informationen zu diesem Thema.

→ Apéndice, S. 133 Im Anhang auf S. 133 finden Sie weitere Informationen.

Lección 1 ¿Me presento?

Una empresa familiar

Adriana es una chica argentina muy simpática. Tiene 23 años y desde hace seis años vive en España. Sus amigos la quieren mucho porque se interesa por todo y por todos. Le encanta conocer gente y aprender cosas nuevas. Es generosa y está siempre dispuesta a ayudar a todo el mundo. También es muy alegre y muy guapa, y sabe que lo es. Pero es bastante exigente y un poquito impaciente. Esperar no le gusta. Ahora busca trabajo y quiere empezar inmediatamente, ¡hoy mismo, si es posible! La han llamado de una empresa de exportación porque habla muy bien idiomas, pero las empresas grandes no le gustan y las pequeñas son "aburridas". Por suerte, hoy hay una oferta que le parece interesante. Va a informarse, pero antes de hacerlo llama a su novio.

a Un anuncio

El Mundo de Flores — Jueves, 13 de abril de 2006

TORRES & CÍA. S.L.

IMPORTANTE EMPRESA
IMPORT-EXPORT
CON SEDE EN FLORES

NECESITA para sus oficinas en Flores:
persona joven, dinámica y flexible con experiencia en importación para una sustitución de seis meses en el Departamento Administrativo. Posibilidad de puesto fijo.

Información: Marcela Ruiz Sabater | Tel. 937 878 600 | Fax 937 878 500 | personal@chocotorres.com

b ¡Hazte asesorar!

Adriana: ¡Hola, Juanjo! ¡Soy yo! ¡Imagínate! Acabo de leer un anuncio de una firma en Flores.
Juanjo: ¡Qué bien! ¡Cuenta, cuenta! ¿Vas a presentarte?
Adriana: Sí, claro. ¡A ver si esta vez tengo más suerte! ¿Qué te parece a ti?
Juanjo: Pues no sé. Dime, ¿ya conoces la empresa?
Adriana: No, pero ahora voy a mirar en Internet.
Juanjo: Claro, pero vete también a la Cámara de Comercio y hazte asesorar.
Adriana: Buena idea. Voy ahora mismo. Bueno, te dejo.
Juanjo: Llámame esta noche o ven a verme.
Adriana: Entonces, sal temprano de la oficina.
Juanjo: ¡Vale! Un abrazo. ¡Hasta luego!

c En la Cámara

Adriana: Buenos días, quisiera informarme sobre la empresa Torres. ¿La conocen ustedes?
Empleado: ¡Claro que la conocemos! Es una Pyme de aquí, de Barcelona, que se dedica al sector del chocolate. Es una pequeña empresa familiar, muy acreditada. Acaba de montar una fábrica muy moderna en el polígono industrial de Flores.
Adriana: Tienen una vacante y quisiera presentarme.
Empleado: ¡Me parece muy bien! Dicen que el clima de trabajo es excelente. Yo conozco al gerente. Es un hombre de acción, siempre tiene grandes proyectos. Ahora quiere exportar a China. Eso parece imposible, pero ...

1 Descúbralo usted mismo/-a.

Marque en el texto las formas del imperativo. Explique qué pasa con los pronombres personales.

Adriana: ¡Hola, Juanjo! ¡Soy yo! ¡Imagínate! Acabo de leer un anuncio de una firma en Flores.
Juanjo: ¡Qué bien! ¡Cuenta, cuenta! ¿Vas a presentarte?

2 Informe.

Apunte los datos principales e informe sobre ...

... Adriana. ... el puesto vacante. ... la empresa Torres.

Bocadillo económico

Las PYMES – las primeras
El 90 % de las empresas en Europa son "Pymes", empresas con menos de 250 empleados. La palabra "Pymes" significa Pequeñas y Medianas Empresas.

d El portal de la empresa

Explorer Archivo Edición Ver Ir Favoritos Herramientas Ventana Ayuda

Atrás Adelante Detener Actualizar Página principal Autorrelleno Imprimir Correo

Dirección: http://www.chocotorres.com

Favoritos Historial Buscar Álbum Marcador de páginas

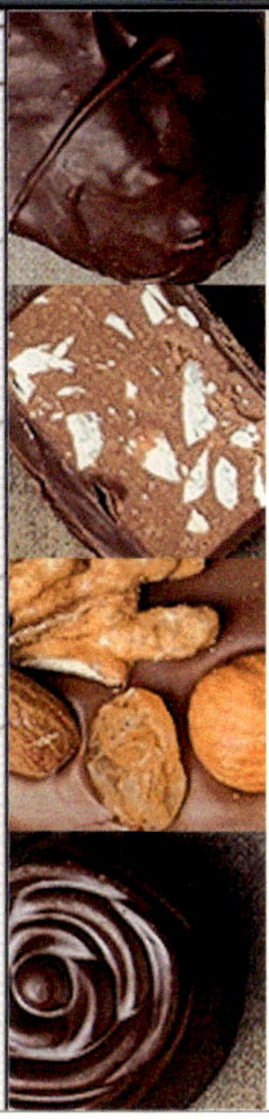

Quiénes somos | Productos | Distribución | Historia | Nuestro equipo | Contacto

GRANDES FÁBRICAS DE CHOCOLATES
TORRES & CÍA. S.L.

10 AÑOS AL SERVICIO DEL CLIENTE

TECNOLOGÍA DE PUNTA EN EL SECTOR DEL CHOCOLATE

Nuestra empresa se especializa en todo tipo de productos a base de cacao.
Para nosotros la calidad es fundamental. Sobre todo es importante elaborar una calidad constante: el típico Mucho Gusto. Por eso nuestros productos ya se distribuyen en toda España. La marca Mucho Gusto® es líder en el mercado catalán y es una de las marcas más conocidas en el ramo de las golosinas. Nuestro producto estrella, el chocolate MG, y muchos otros de nuestros productos se exportan a diferentes países de Europa y de América.

Calidad Mucho Gusto

Calidad Certificada: ISO 9001: 2000

e Nuestro equipo

Nuestro equipo

NUESTRO EQUIPO

La empresa Torres, fundada por don Rogelio Torres en 1996, es una empresa mediana que se dedica al ramo del chocolate. Se trata de una empresa familiar. Los responsables son el Sr. Torres y su socio el Sr. Francisco Navarro. La Dra. Marcela Ruiz Sabater es la jefa del Departamento de Recursos Humanos y también se ocupa de Marketing y Publicidad.
En estos momentos la empresa cuenta con una plantilla de 36 personas. En la Casa Torres el personal es el capital más valioso. Los empleados aportan sus ideas y colaboran en todo con gran compromiso. Como la innovación es fundamental en este ramo, la empresa ofrece cursos y seminarios durante todo el año y garantiza la formación continua de sus empleados.

3 La empresa Torres

Apunte los datos principales sobre la empresa e informe.

¿Dónde está?	¿Cómo es?	¿Qué sabe ...	... de la calidad?	... de la marca?
¿Qué hace?	¿De quién es?		... de la "filosofía"?	... del equipo?

4 ¿Qué opina usted?

¿Adriana debe presentarse o no? Opine y discuta.

Pues me parece que es una buena oportunidad porque ...

No sé, pienso que un puesto fijo es mejor, pero ...

En mi opinión, sí. Adriana habla idiomas y ...

Realidad hispánica

EL "AC" – ASSESSMENT CENTER
Modernos métodos de selección de personal

A la hora de seleccionar personal los departamentos de Recursos Humanos siempre buscan nuevos métodos para encontrar al candidato con el perfil más adecuado: entrevistas personales, exámenes, tests de todas clases, análisis de fotos o de idioma y muchos más. Cada vez hay nuevos métodos. El Assessment Center (AC), originalmente creado para seleccionar espías, es el método que ahora está más de moda. Las empresas invitan a ocho o diez candidatos. Éstos deben discutir y solucionar juntos distintos problemas de la vida profesional bajo una gran presión de tiempo. Este método permite evaluar la inteligencia emocional del candidato, su capacidad para comunicar, analizar, tomar decisiones y organizar. El candidato debe:

- saber encontrar información útil en poco tiempo y presentarla en público,
- saber analizar una situación difícil, ver los problemas, comprender sus causas y evaluar las distintas posibilidades de solucionarlos,
- saber escuchar a todos, negociar con éxito y decidir con responsabilidad,
- saber planificar y repartir el trabajo de forma eficiente y, por supuesto, saber controlar.

5 Situaciones típicas

ea la siguiente lista de situaciones típicas y opine: ¿Qué debe hacer el candidato / la candidata en cada situación?

El candidato / La candidata ...

1. ... va a la mesa de trabajo y encuentra 25 asuntos que debe solucionar. Puede pedir ayuda.
2. ... debe montar una empresa en un país que no conoce. Tiene teléfono, ordenador y nada más.
3. ... debe planificar un congreso: hablar con los proveedores, fijar fechas, hacer el marketing.
4. ... tiene que hablar con "sus empleados" y solucionar un caso de mobbing.
5. ... está en una reunión de personal, con un puesto ficticio. Nadie sabe quién es quién.

primero	debe	preguntar si ... – mirar qué es lo más importante – apuntar ... en la agenda
después	puede	llamar por teléfono – preguntar qué pasa – pedir ayuda
entonces	podría	mirar en Internet – pedir precios/información – reunirse con ...
por último	tiene que	hacer una lista de ... – invitar a ... – fijar fecha con ...

Ejemplo:

A Pues, en la primera situación el candidato debe mirar qué es lo más importante, ¿no?
B Claro, y después tiene que repartir el trabajo. Puede preguntar ...
C Entonces, no es tan difícil ...

2 **Discuta: ¿Cuál cree usted que es la tarea más difícil? ¿Y la más fácil? ¿Por qué?**

Pienso que ... | Creo que ... | Para mí ... | Me parece ... | En mi opinión ...

6 Explique.

¿Qué métodos de selección conoce usted personalmente? ¿Cómo ha sido su experiencia?

Recuerde

A Objektpronomen

Reflexivpronomen	direkte Objektpronomen	indirekte Objektpronomen betont	indirekte Objektpronomen unbetont
me	me	a mí	me
te	te	a ti	te
se	**la/lo**	a él/ella/usted	**le**
nos	nos	a nosotros/-as	nos
os	os	a vosotros/-as	os
se	**las/los**	a ellos/ellas/ustedes	**les**

Indirekte Objektpronomen → EP 1, S. 123

Oft verdoppelt man die indirekten Objektpronomen.
¿Qué **te** parece **a ti**? | Was meinst du?

Stehen die Objektpronomen ohne Verb, benutzt man die betonten Formen.
A mí me gusta el fútbol. ¿Y **a ti**? – **A mí** también.
Ich mag Fußball, und du? – Ich auch.

Stellung der Pronomen im Satz → EP 1, S. 107

Im Normalfall stehen die Objektpronomen vor dem konjugierten Verb.
¿**La** conocen ustedes? | Kennen Sie sie?

Die Pronomen können an einen Infinitiv angehängt werden.
¿Vas a presentar**te**? / ¿**Te** vas a presentar? | Wirst du dich vorstellen?

Die Pronomen müssen an den bejahten Imperativ angehängt werden.
Láma**me** esta noche. | Ruf mich heute Abend an.

B Bejahter Imperativ (2. Person) – unregelmäßige Formen

Einige Verben haben eine unregelmäßige Imperativform in der 2. Person Singular. → EP 1, S. 147

decir	**di**	ir	**ve(te)**	salir	**sal**	tener	**ten**
hacer	**haz**	poner	**pon**	ser	**sé**	venir	**ven**

Die Form ve (von ir) wird meist reflexiv gebraucht: ¡vete! – geh!

C Das Verb *parecer*

Das Verb parecer verwendet man mit oder ohne indirektes Objektpronomen. Um eine Meinung über etwas zu äußern, benutzt man parecer + Adjektiv, Adverb oder Substantiv (difícil, caro, mejor, mucho, un sueño usw.).

¿Qué **te parecen** los libros? | Was hältst du von den Büchern?
Parecen interesantes. | Sie scheinen interessant zu sein.
¡**Parece** imposible! | Es scheint unmöglich.

D Das Verb *interesar(se)*

Das Verb interesar benutzt man:

- in der 3. Person mit indirektem Objektpronomen:
  me interesa**(n)** **te** interesa**(n)** **le** interesa**(n)** ¿A ti **te interesa** el anuncio? | Interessiert dich die Anzeige?
- als reflexives Verb, konjugiert in der entsprechenden Person:
  me interes**o** por **te** interes**as** por **se** interes**a** por **Me intereso** por todo. | Ich interessiere mich für alles.

7 ¿Quién es quién en la empresa?

1 Complete.

Secretaria de Dirección	~~Director/a General~~	Jefe/-a de Producción
Jefe/-a de Personal	Encargado/-a de Contabilidad	Encargado/-a de Relaciones Públicas

1. Director/a General ______ Establece la filosofía de la casa. Toma las grandes decisiones.
2. ______ Es responsable de la elaboración de los productos. Está en la planta.
3. ______ Hace las cuentas. Apunta todos los gastos.
4. ______ Informa a la prensa sobre las novedades de la casa. Da entrevistas.
5. ______ Entrevista a los candidatos. Decide a quién contratar y a quién no.
6. ______ Telefonea mucho. Se ocupa de las citas y fechas. Planifica los viajes.

2 ¿Conoce otras funciones? ¿Cuáles? Explique qué hacen las personas y en qué departamento trabajan.

8 El mejor trabajo

1 Usted busca trabajo y encuentra este artículo en una revista. Léalo y haga el test.

¿Cuál es el mejor trabajo para usted?

¿Para quién es bueno trabajar en una pequeña empresa? ¿Para quién es mejor una empresa mediana? ¿Quién puede trabajar en un gran consorcio internacional? No todos los trabajos son adecuados para todas las personas. ¿Cuál es el trabajo más adecuado para usted? Nuestro test puede ayudarle a descubrirlo.

1. ¿Dónde le gusta vivir?
   - a en un pueblo
   - b en una ciudad pequeña
   - c en una ciudad grande
   - d en el extranjero

2. ¿Cómo le gusta ir a trabajar?
   - a en bicicleta
   - b en autobús
   - c en tren
   - d en coche

3. ¿Con quién le gusta trabajar?
   - a solo/-a
   - b con un/a colega
   - c en equipo
   - d en un equipo internacional

4. Si hay un problema con un cliente, usted prefiere …
   - a … escribir una carta.
   - b … llamar por teléfono.
   - c … hablar personalmente en su oficina.
   - d … visitar al cliente.

5. Usted tiene dos hijos pequeños. ¿Qué prefiere?
   - a hacer "teletrabajo" en su casa
   - b trabajar medio día
   - c tener un horario de trabajo flexible
   - d tener un horario fijo, pero ganar bien

6. ¿Qué es más importante para usted?
   - a un/a jefe/-a agradable
   - b colegas simpáticos/-as
   - c un trabajo interesante
   - d ganar mucho

7. ¿Qué le gusta hacer en su tiempo libre?
   - a estar en casa y no hacer nada
   - b comer y conversar con su familia
   - c ir de tapas con sus amigos
   - d salir solo/-a y conocer gente

2 Compare con su compañero/-a. Después mire la solución en la página 154.

A mí me gusta vivir en una ciudad grande e ir a trabajar en coche. Prefiero trabajar en equipo …

Entonces me parece que para ti, lo mejor es trabajar en …

9 El puesto ideal

1 Estas personas buscan trabajo. Lea los anuncios, relacione y discuta: ¿Cuál le parece el mejor trabajo para cada uno?

¿Qué te parece el anuncio a?

Creo que es el trabajo ideal para ... porque ...

No sé, en mi opinión ...

1 Dolores (49), ama de casa. Su hobby es la cocina.

2 Pedro (55), obrero. Le encanta el mar.

3 Víctor (35), ingeniero. Le gusta mucho el dinero.

4 Belén (23), estudiante. Quiere adquirir experiencia.

a ☐

NAVE
Importante empresa internacional busca urgentemente
COCINERO/COCINERA
de a bordo para cruceros por el Mediterráneo.
Imprescindible: experiencia en tapas de todo tipo.
Dirigirse a Mercedes Otal, teléfono 952 626 400.

b ☐

ROBOTEC
Compañía inglesa del ramo de la robótica selecciona personal en Madrid.
SE BUSCAN **TÉCNICOS**
con un mínimo de cinco años de experiencia en ventas.
Imprescindible:
Excelentes conocimientos de inglés.
Enviar currículum al fax 91 3536148 ó a petersmith@robotec.com

c ☐

BUSCAMOS
T R A I N E E S
para colaborar en un importante proyecto.
Horario flexible.
Si usted es ingeniero, arquitecto o estudiante de 5° año, puede presentarse en las oficinas de
GRUPO GAUDÍ
c/ Pelayo, 32
08001 Barcelona.

d ☐

GO-GO
Fábrica de Golosinas González
NECESITA
de octubre a diciembre personal para su planta de producción en Galicia.
No se requiere experiencia laboral.
Llamar al 981 65 41 03.

2 Escuche las entrevistas con las cuatro personas y compare.

10 Lenguaje coloquial – lenguaje formal

Relacione.

¿Dónde está? 1	a ¿Quiénes son los proveedores?
¿Qué hace la empresa? 2	b ¿Es una empresa pequeña, mediana o grande?
¿Qué clase de empresa es? 3	c ¿Cuál es el producto estrella?
¿Cómo es? ¿De qué tamaño es? 4	d ¿Dónde distribuye sus productos?
¿De quién es? 5	e ¿A qué se dedica?
¿A quiénes compra? 6	f ¿Cuál es el domicilio legal?
¿Dónde vende? 7	g ¿De qué tipo de empresa se trata?
¿Cuál es el producto que más vende? 8	h ¿Quiénes son sus propietarios?

11 Buscar trabajo en la red

1 Busque anuncios de trabajo en Internet para sus compañeros/-as de clase. Coméntelos con su pareja.

Ejemplo:

A Mira, creo que éste es el trabajo ideal para Sarah, ¿no?

B Es verdad, ¡qué interesante! A ella le encanta viajar ...

2 Ahora hable con el "candidato" / la "candidata".

Ejemplo:

A Mira, Sarah, aquí hay un anuncio muy interesante. Buscan una persona joven para visitar clientes.

C No, no. No es para mí. Ahora tengo novio y no quiero viajar más. Pero ¿quizás ...?

12 ¿Qué te parece?

1 Usted quiere salir el fin de semana con su colega. Discuta adónde van, cuándo y cómo. Utilice expresiones con *parecer: me parece bien, me parece mejor, (me) parece + adjetivo (bueno/-a, interesante, aburrido/-a, caro/-a, difícil, etc.).*

Ejemplo:

A ¿Qué tal si salimos el fin de semana?

B Me parece estupendo. Hay una película italiana que parece buena.

A ¡Ah! Las películas italianas me gustan mucho.

B A mí también. ¿Te parece bien el sábado a las diez?

A Mejor un poco antes. Podemos ir ...

2 Busque otras personas en la clase para salir todos juntos.

13 Palabras de cada día

Relacione.

1. ☐ ver las noticias
2. h acostarse tarde
3. ☐ ducharse
4. ☐ vestirse
5. ☐ hacer gimnasia
6. ☐ levantarse temprano
7. ☐ dormir la siesta
8. ☐ ir a comprar

a

b

c

d

e

f

g

h

14 Hoy ha sido un día diferente.

1 **Escriba frases como en el ejemplo.**

Ejemplo: levantarse tarde – levantarse temprano y ducharse antes del desayuno
⊠ Amelia normalmente se levanta tarde. Pero hoy se ha levantado temprano y se ha duchado antes del desayuno.

1. desayunar en pijama – vestirse y arreglarse
2. tomar sólo un café – desayunar con ganas
3. leer las noticias locales – leer todos los anuncios
4. hablar horas con las amigas por teléfono – hablar cinco minutos con el novio
5. ir en bicicleta al trabajo – tomar un taxi e ir al centro
6. comer en casa sola – comer con una amiga
7. descansar un rato o dormir la siesta – ir de compras
8. ver las noticias – hacer gimnasia
9. acostarse después de la una – irse a la cama a las once

2 **Pregunte a su compañero/-a.**

¿Cómo es un día normal para usted / para ti? ¿Qué ha/has hecho hoy? ¿Cómo ha sido este domingo?

15 ¡Hazlo!

1 **Complete la tabla con las formas del imperativo.**

ir !	¡ve(te)!	venir	______	salir	______
tener	______	poner	______	ser	______
hacer	______	decir	______	dormir	______

2 **Complete con el imperativo.**

1. No sé qué decirte. — Pues, dime algo.
2. ¿Qué pongo en la carta? — ______ todo.
3. Estoy muy cansada. — ______ la siesta.
4. Siempre llego tarde. — ______ más temprano de casa.
5. ¿Cuándo te visito? — ______ mañana.
6. ¿Puedes dejarme tus libros? — No, los necesito. ______ a la biblioteca y búscalos ahí.
7. ______ bueno, déjamelos. — Bueno, ______, aquí están.

16 Delante y detrás

Transforme las siguientes frases.

Ejemplo: ¿Me puede dar el número? → ¿Puede darme el número?

1. ¿Cuándo nos puede contestar?
2. Mañana te voy a mandar un fax.
3. La noticia les va a interesar.
4. Carmen le tiene que contestar.
5. ¿Me puedes decir dónde vives?
6. ¿Puede darme el número de teléfono?
7. Sí, enseguida voy a darle el número.
8. La playa va a gustaros mucho.
9. ¿Puede darnos el nombre del hotel?
10. Marta quiere escribirles a sus padres.

Entrevista de presentación

Las referencias sobre la casa Torres son buenas. Es una empresa muy acreditada y Adriana ha decidido presentarse. Si bien se trata sólo de una sustitución, parece una buena oportunidad, de modo que ¡manos a la obra! En primer lugar Adriana lee un "Consejero Profesional".

1 ¿Qué opina usted?

1 Lea el consejero y marque las respuestas más adecuadas.

TRABAJO "MISIÓN POSIBLE"

Lo que hay que saber

1. ¿Qué crees que es más importante para encontrar trabajo?
   - ☐ la formación profesional
   - ☐ las habilidades secundarias
   - ☐ la buena presencia
   - ☐ tener "enchufe"
   - ☐ saber "venderse"
   - ☐ tener suerte

2. ¿Cuáles son las principales habilidades secundarias?
   - ser ☐ buen comunicador
   - ☐ responsable e independiente
   - ☐ un buen deportista
   - tener ☐ notas excelentes
   - ☐ experiencia en el extranjero
   - ☐ conocimientos de informática
   - saber ☐ idiomas
   - ☐ trabajar en equipo
   - ☐ las novedades actuales

Antes de la entrevista

3. ¿Cómo hay que escribir la carta de presentación?
   - ☐ a mano
   - ☐ igual para todas las empresas
   - ☐ especial para cada empresa

4. ¿Y cómo debe ser el currículum?
   - la presentación ☐ claro
   - ☐ original
   - ☐ llamativo
   - el texto ☐ muy detallado
   - ☐ de más de cuatro páginas
   - ☐ de menos de dos páginas
   - la foto ☐ bonita
   - ☐ actual
   - ☐ en blanco y negro

5. La primera impresión es decisiva. ¿Cómo te vas a presentar?

☐ con varios piercings

☐ con mucho maquillaje

☐ sin maquillaje

☐ bien arreglado/-a

☐ con barba "de tres días"

☐ bastante formal

☐ poco llamativo/-a

☐ muy elegante

☐ "bañado/-a en perfume"

Durante la entrevista

6. Lo que tú dices no es todo. ¿Qué tanto por ciento del mensaje crees que es ...

	7 %	38 %	55 %
... lo que tú dices?	☐	☐	☐
... la forma de decirlo?	☐	☐	☐
... lo que dice tu cuerpo?	☐	☐	☐

2 Ahora discuta con sus compañeros/-as. Después mire la solución en la página 154.

Pues, a mí me parece que ...

Es verdad, lo principal ...

No sé, yo creo que es mejor ...

Y tú, ¿qué piensas?

Para mí ...

Depende, si se trata de ...

a **Una sustitución**

Adriana: Buenos días. Mi nombre es Adriana Barrionuevo. Vengo por el anuncio.
Ana María: Encantada. Yo soy Ana María Pérez. La señora Ruiz ya te espera ... ¿Os puedo presentar? Adriana Barrionuevo, la señora Ruiz Sabater.
Adriana: Mucho gusto, señora, y gracias por la invitación.
Marcela: De nada. Toma asiento, por favor. ¿No has tenido problemas para encontrarnos?
Adriana: No, el fax que me mandaron me ayudó mucho.
Marcela: ¡Qué bien! Pues mira, buscamos una persona flexible, dispuesta a colaborar en todo. Es que somos una empresa familiar.
Adriana: Pues eso es justo lo que yo quiero. Para mí, hacer siempre lo mismo es aburrido.
Marcela: Ya hemos visto que has hecho muchas cosas. Bueno, se trata sólo de una sustitución. Una de las empleadas ha tenido un hijo y todavía no sabe si va a volver o no.
Adriana: Está bien, así hago experiencia ...

CURRÍCULUM VITAE

Datos personales

Nombre y apellidos:	Adriana Barrionuevo Echeverría
Fecha de nacimiento:	28 de febrero de 1983
Lugar de nacimiento:	Córdoba (Argentina)
Domicilio:	c/ Coso, 78 50001 Zaragoza
Teléfono:	976 39 24 43
Correo electrónico:	abarrionuevo@yahoo.com

b **Nos vamos a poner en contacto.**

Marcela: A ver, tus datos están en el currículum, ¿no? Informática, idiomas ... ¿Qué tal tu inglés?
Adriana: No tengo problemas. Estuve dos meses en Boston, en un intercambio. Después fui a Newcastle y trabajé de guía turística. ¡Fue una experiencia magnífica!
Marcela: ¡Ah, muy bien! Otra cosa: aquí pones que ya tienes más experiencia laboral.
Adriana: Sí, ahora estoy en el Hotel Marriott, en la recepción, y antes hice prácticas en la Bicigoza ...
Marcela: ¿En qué departamento trabajaste?
Adriana: Primero en la administración, después en marketing.
Marcela: Y, ¿por qué quieres trabajar con nosotros, ahora?
Adriana: Pienso que en una empresa pequeña se aprende mucho y es lindo saber hacer un poco de todo. Una sustitución es atractiva para mí, así conozco el trabajo y ustedes me conocen a mí. Además sus productos me gustan mucho. ¡Creo que soy la mejor clienta de la casa!
Marcela: ¡Ah! ¿Te gusta el chocolate? ¡Muy bien, muy bien! Bueno, gracias por haber venido, ya nos vamos a poner en contacto contigo.

2 Descúbralo usted mismo/-a.

En el texto hay una nueva forma verbal: el pretérito indefinido.
Busque la forma del indefinido de los siguientes verbos y explique cuándo se utiliza.

mandar – ayudar – estar – ir – ser – trabajar – hacer

3 Informe.

¿Qué pregunta Marcela para romper el hielo?
¿Qué experiencia profesional tiene Adriana?
¿Qué es importante para una empresa pequeña?
¿Por qué Adriana quiere cambiar de firma?

4 ¿Le van a dar el trabajo, o no?

Opine y discuta.

Creo que ...

Supongo que ...

Pienso que ...

Realidad hispánica

La puerta de Europa

Desde 1492 España ha sido un país de emigración. Por eso gran parte de la población latinoamericana es de origen español. Durante la dictadura de Franco (1936–1975) mucha gente tuvo que irse del país, sobre todo muchos intelectuales. En Buenos Aires, en México y en otras ciudades los recibieron muy bien. Por eso muchos exiliados se quedaron allí para siempre.

En los años setenta numerosos españoles fueron a trabajar a otros países, sin embargo, la mayoría de los trabajadores extranjeros volvieron años más tarde. En estos momentos, España es el país de Europa que más inmigrantes recibe. Es que necesita mano de obra. Los principales sectores económicos son la agricultura, la industria turística y la construcción. Estos sectores son poco atractivos, ya que se trata de actividades estacionales, poco especializadas y mal pagadas.

España no sólo es un país bonito para vivir y atractivo para trabajar, es también "la puerta de Europa". Por eso en los últimos años hubo mucha inmigración principalmente de Ecuador, Colombia, Perú y Cuba, pero también de Africa, de Europa del Este y hasta de China. En 2005 fueron legalizados un millón de "ilegales".

Muy diferentes son los inmigrantes legales, hijos o nietos de españoles. Han estudiado y buscan nuevos horizontes. En Argentina miles de jóvenes esperan horas delante de los consulados para conseguir "los papeles". Según ellos, el país no tiene salida. La única salida es Ezeiza. Ezeiza es el aeropuerto de Buenos Aires.

5 Todos van y vienen.

1 Explique: ¿Quién va y quién viene? ¿Quién tiene permiso y quién no? ¿Quién está porque quiere y quién porque debe?

- los emigrantes
- los exiliados
- los trabajadores extranjeros
- los inmigrantes ilegales
- los trabajadores legalizados
- los inmigrantes legales

2 Explique las expresiones: "la puerta de Europa", "conseguir los papeles", "El país no tiene salida".

6 Un país muy atractivo

1 Resuma el texto en presente: ¿De dónde? ¿Adónde? ¿Por qué? ¿Qué hacen?

2 Informe: ¿Cuántos trabajadores extranjeros hubo en cada año?

En 1998 hubo seiscientos setenta y tres mil trabajadores extranjeros.

7 ¿Y en su país?

Escriba un pequeño informe sobre su país.
Utilice el presente o el pretérito perfecto.
¿Hay (o ha habido) emigrantes, inmigrantes, exiliados, trabajadores extranjeros? ¿De dónde son y qué hacen?
Compare la situación actual de su país con la de España.

La situación en mi país ...
... es similar (a la de ...)
... es muy diferente (que en ...)
... es bastante parecida (a la de ...)

Recuerde

A Pretérito indefinido

Das **pretérito indefinido** wird aus dem Stamm des Infinitivs + Endung gebildet.
Die Verben auf **-er** und **-ir** haben die gleichen Endungen.

trabajar	volver	recibir
trabaj**é**	volv**í**	recib**í**
trabaj**aste**	volv**iste**	recib**iste**
trabaj**ó**	volv**ió**	recib**ió**
trabaj**amos**	volv**imos**	recib**imos**
trabaj**asteis**	volv**isteis**	recib**isteis**
trabaj**aron**	volv**ieron**	recib**ieron**

Verben mit orthografischen Veränderungen

c → qu	buscar: bus**qu**é, buscaste, buscó, buscamos, buscasteis, buscaron
g → gu	pagar: pa**gu**é, pagaste, pagó, pagamos, pagasteis, pagaron
z → c	empezar: empe**c**é, empezaste, empezó, empezamos, empezasteis, empezaron
i → y (í)	leer: leí, le**í**ste, le**y**ó, le**í**mos, le**í**steis, le**y**eron

Gruppenverben mit unregelmäßiger 3. Person

e → i	pedir: pedí, pediste, p**i**dió, pedimos, pedisteis, p**i**dieron
o → u	dormir: dormí, dormiste, d**u**rmió, dormimos, dormisteis, d**u**rmieron

Verben mit unregelmäßigem Stamm

Einige Verben haben einen unregelmäßigen Stamm.
Sie haben jedoch alle die gleichen Endungen.

estar	**estuv-**	
hacer	**hic-/hiz-**	e
poder	**pud-**	iste
poner	**pus-**	o
querer	**quis-**	imos
saber	**sup-**	isteis
tener	**tuv-**	ieron
venir	**vin-**	

Unregelmäßige Verben

Die Verben **ser** und **ir** haben identische Formen.

ser/ir	**fui, fuiste, fue, fuimos, fuisteis, fueron**
dar	**di, diste, dio, dimos, disteis, dieron**
decir	**dije, dijiste, dijo, dijimos, dijisteis, dijeron**
ver	**vi, viste, vio, vimos, visteis, vieron**

Unpersönliche Form *hay*

hay	**hubo**

B Gebrauch des *pretérito indefinido* und des *pretérito perfecto*

Das **pretérito indefinido** schildert Handlungen, die in einem abgeschlossenen Zeitraum stattgefunden haben und vom Sprecher als nicht mit der Gegenwart verbunden empfunden werden.
Zeitangaben, mit denen in der Regel **indefinido** verwendet wird, sind z. B.: **ayer**, **la semana pasada**, **el mes pasado**, **el año pasado**, **en 1995**, **la última vez**, **entonces**.

Das **pretérito perfecto** schildert Handlungen, die in einem noch andauernden Zeitraum stattgefunden haben und in enger Beziehung zur Gegenwart stehen.

Zeitangaben, mit denen in der Regel **perfecto** verwendet wird, sind z. B.: **hoy**, **este año**, **esta mañana**, **este mes**, **esta semana**, **todavía**, **hasta ahora**, **nunca**.

Es gibt regionale Unterschiede: In großen Teilen Lateinamerikas und in einigen Regionen Spaniens wird meist **indefinido** anstelle von **perfecto** benutzt.

8 Una llamada para informarse

Relacione.

Llamo por su anuncio en "El Mundo de Flores".

¿El puesto está vacante todavía?	1	a	No, mejor por correo.
¿A partir de cuándo está libre el puesto?	2	b	A la Jefa de Personal. Es la señora Ruiz Sabater.
¿Es necesario tener experiencia?	3	c	De nada, señorita. Adiós.
¿Qué tengo que enviar?	4	d	Pues, sí. No podemos tomar una persona sin experiencia.
¿A quién tengo que dirigirme?	5	e	Sí, está vacante todavía.
¿Puedo mandar todo por e-mail?	6	f	Lo de siempre: la carta y el currículum.
Muchas gracias por la información.	7	g	A partir del 2 de mayo.

9 Solicitud de empleo

¿Puede ayudarle a Adriana? Complete la información que faltan.

formación profesional
recepción
13 de abril de 2006
atentamente
oferta
desde hace
prácticas
currículum

Adriana Barrionuevo Echeverría
c/ Coso, 78
50001 Zaragoza

Empresa Torres y Cía. S.L.
Sra. Marcela Ruiz Sabater
c/ Arenales, 15–19
08180 Flores

Denia, 14 de abril de 2006

Asunto: Su anuncio en "El Mundo de Flores" del 13.04.06

Estimada señora Ruiz Sabater:

Me dirijo a Ud. con motivo de la ____ de trabajo publicada en "El Mundo de Flores" el ____. Me interesa mucho su oferta y creo reunir las condiciones requeridas.

Como pueden ver en el ____ adjunto, soy argentina y vivo en España ____ seis años. Terminé mi ____ en julio de 2004 en el Instituto de Formación Profesional "Ferrater Mora" en Zaragoza. Durante y después de los estudios, hice períodos de ____ en empresas de esa ciudad. El año pasado estuve en Newcastle donde, entre otras cosas, hice una sustitución como guía turística. Este verano estoy en el Hotel Marriott, en Denia, y trabajo en la ____.

En espera de sus noticias,
le saluda muy ____

Adriana Barrionuevo Echeverría

Adjunto: Currículum Vitae

10 Currículum Vitae

Adriana también tiene problemas con su currículum. Ordene los datos.

CURRÍCULUM VITAE

Datos personales

Nombre y apellidos: 5
Fecha de nacimiento: 28 de febrero de 1983
Lugar de nacimiento: Córdoba (Argentina)
Domicilio: ☐
Teléfono: 976 39 24 43
Correo electrónico: abarrionuevo@yahoo.com

Estudios

1989–1995 Colegio "San Francisco", Córdoba
1996–2000 Escuela Superior de Comercio "José de San Martín", Córdoba
2001–2004 ☐: Secretariado de Idiomas

Experiencia profesional

2004–2005 ☐
2005–2006 Guía turística, Newcastle
desde 2006 ☐

Idiomas

Inglés: ☐
Francés: Nivel medio (hablado y escrito)
Catalán: ☐

Otros conocimientos

Informática: Nivel ususario: Windows, Word, Excel, ☐

Denia, 14 de abril de 2006 *Adriana Barrionuevo Echeverría*

1. Prácticas en Bicigoza, Zaragoza
2. Conocimientos básicos
3. Presentación Power Point
4. Instituto de Formación Profesional "Ferrater Mora", Zaragoza
5. Adriana Barrionuevo Echeverría
6. Hotel Marriott, Denia
7. Nivel alto (hablado y escrito)
8. c/ Coso, 78 50001 Zaragoza

11 Indefinido

Complete la tabla.

pagar	pagué					pagaron
comer		comiste				
salir			salió			
ser/ir				fuimos		
tener					tuvisteis	

12 Las vacaciones

Pregunte a sus compañeros/-as cómo pasaron las vacaciones el año pasado.

Ejemplo:

A ¿Y tú? ¿Cómo pasaste tus vacaciones?

B Pues yo, muy bien. Estuve en Andalucía y conocí los pueblos blancos. Me gustaron muchísimo.

ir/viajar	alquilar	descansar	ir a bailar
– en avión	– un piso	dormir	ir a esquiar
– en tren	– caballos	nadar	hacer deporte
– solo/-a	– un burro	comer y beber bien	conocer lugares
– en grupo	– bicicletas	divertirse mucho	conocer gente
– con ...	– ...	salir mucho	conocer a ...

13 Hoy, ayer, el año pasado ...

¿En las siguientes frases se debe utilizar pretérito indefinido o pretérito perfecto? Marque con una cruz. Después complete cada frase con la forma correcta del verbo.

	pretérito indefinido	pretérito perfecto
1. Desde 2003 hasta 2005 (yo/trabajar) en una empresa en Bilbao.	☐	☐
2. Este año Pedro (terminar) su formación profesional.	☐	☐
3. El año pasado Carmen y yo (hacer) un curso de inglés en Cambridge.	☐	☐
4. ¿Dónde (vosotros/estar) ayer por la tarde?	☐	☐
5. Hoy (ser) un día estupendo.	☐	☐
6. El verano pasado mis amigos de Suiza (venir) a verme.	☐	☐
7. Todavía no (yo/ver) la nueva película de Almodóvar.	☐	☐
8. ¿Sabes que Manuel (vivir) en Burgos hasta 2002?	☐	☐
9. En 2004 (tú/viajar) a Venezuela, ¿no?	☐	☐
10. Yo nunca (estar) en Latinoamérica.	☐	☐

14 La ropa

1 Relacione.

a
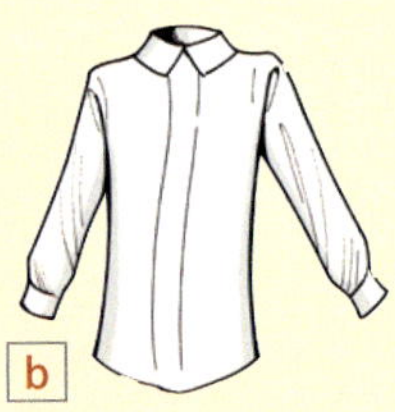
b

c

d

e

f

g

h

i
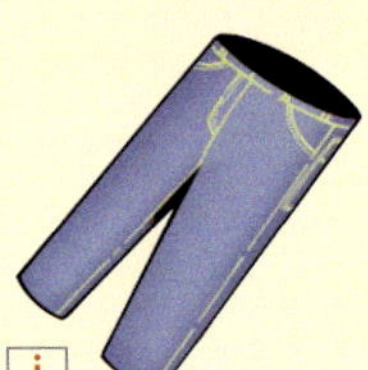
j
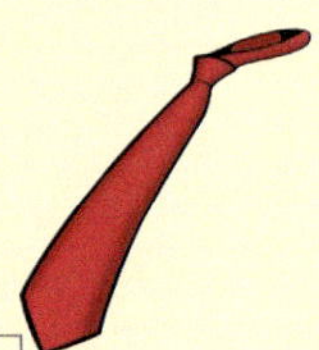
k

l

1. ☐ una camisa
2. ☐ un traje
3. ☐ un jersey
4. ☐ una camiseta
5. ☐ una corbata
6. ☐ una blusa
7. ☐ una americana
8. ☐ unos zapatos negros
9. ☐ un vestido
10. ☐ una falda
11. ☐ unos tejanos
12. ☐ unos pantalones

2 Marque lo que le gusta llevar en su tiempo libre y compare con sus compañeros/-as.

En mi tiempo libre prefiero llevar ... ¿Y tú/usted?

15 “No tengo nada que ponerme.”

Una amiga suya empieza a trabajar en un banco. Dígale cómo debe ir.

Ejemplo:

A Creo que voy a ir con mi camiseta roja. ¿Te parece bien?

B Pues sí, pareces una persona muy dinámica.

A No sé, a mí me parece mejor ...

muy
demasiado
bastante
poco

deportivo/-a	dinámico/-a
formal	reservado/-a
elegante	informal
creativo/-a	...

16 Ofertas de empleo

1 Lea los anuncios y elija uno. A es un/a candidato/-a interesado/-a que llama a la empresa para informarse sobre el puesto. B es un/a empleado/-a de la empresa que da informaciones. Apunte lo que dice cada uno y haga un diálogo.

2 Ahora escriba una solicitud para el puesto.

IMPORTANTE EMPRESA INTERNACIONAL
en el sector de la construcción busca

Secretaria de Dirección

Se requiere:
- Nivel muy alto de inglés
- Buenos conocimientos de Windows
- Experiencia: entre 1 y 3 años

Funciones:
- Organización de viajes
- Gestión de correo
- Atención telefónica
- Gestión de la agenda personal

Interesados enviar currículum vitae al apartado de Correos 36.133 (08080) de Barcelona.

Sofa10

Selecciona para sus Centros en la Comunidad de Madrid

COMERCIAL DE TIENDA

Se requiere:
Experiencia venta al público
Informática nivel usuario
Buena presencia
Horario de lunes a sábado

Se ofrece:
Sueldo fijo (1500€/mes)
Formación continua
Posibilidad de promoción

Enviar Curriculum Vitae (con fotografía) a:
C/ Gonzalo Chacón 82
Pol. Ind. Gonzalo Chacón
28300 Aranjuez (Madrid)
e-mail: virtu@sofa10.com
fax: 91 875 47 17

AGENTE DE VIAJES

Se requiere:
experiencia en el sector de agencias, conocimientos de reservas de avión, hoteles, alquiler de coches, etc.

Interesados enviar C.V. a:

VIAJES ZEPPELIN S.A.
Pza. Santo Domingo, 2
28013 MADRID

17 Escenario profesional

Prepare la entrevista laboral para uno de los puestos arriba anunciados. A es el/la Jefe/-a de Personal. B es el/la candidato/-a que se presenta a una entrevista laboral (página 155).

Partner A: Usted es el/la Jefe/-a de Personal. Prepare las preguntas que va a hacer y las informaciones que va a dar. Después escenifique la entrevista con B.

preguntas:
- Ausbildung
- Berufserfahrung
- Kenntnisse (Fremdsprachen, Computer)
- Gründe des Wechsels
- Begründung des Wunsches ausgerechnet dort zu arbeiten
- ...

informaciones:
- Abteilung
- Tätigkeit
- notwendige Kenntnisse
- Einstellungsdatum
- Arbeitszeiten
- ...

¿No está satisfecha?

Historia de la empresa

Don Rogelio toma un café en la cantina y conversa con la nueva empleada. Quiere saber si se ha integrado bien al equipo.

a **La empresa era pequeña.**

Adriana: En la foto la empresa parece muy pequeña.
Don Rogelio: ¡Era muy pequeña! ¡Imagínate que empezamos en un garaje!
Adriana: ¿En un garaje?
Don Rogelio: Sí, la fábrica estaba en Barcelona y producíamos para el mercado local. Sólo de vez en cuando llegaban pedidos de otros lugares.
Adriana: Pero ahora venden en todo el país, ¿verdad?
Don Rogelio: Sí, y exportamos también. Poco a poco empezaron a llegar más pedidos. Entonces nos trasladamos a Flores. Montamos esta fábrica y la equipamos con las máquinas más modernas que había.
Adriana: ¡Qué bien! ¿Y entonces?
Don Rogelio: La producción aumentó y los costos bajaron. Las máquinas trabajaban día y noche. ¡Ya no sabíamos a quién venderle! Necesitábamos nuevos mercados, por eso un buen día nos decidimos a exponer en Madrid.
Adriana: ¿Y qué pasó?
Don Rogelio: Como la relación precio-calidad era favorable, recibimos cientos de pedidos y ...
Adriana: ... entonces ¡dieron el salto!, ¿no? ¿Cuándo fue eso?
Don Rogelio: Hace cinco años, poco más de cinco años. Otra cosa, Adriana, ¿ya te has acostumbrado a trabajar con nosotros? ¿Estás satisfecha con todo?
Adriana: El clima de trabajo es muy bueno y el trabajo me gusta, pero ...
Don Rogelio: Nosotros también estamos satisfechos contigo, de modo que, si quieres, puedes seguir ...
Adriana: ¿No vuelve la otra empleada?
Don Rogelio: No sé todavía, pero de cualquier modo necesitamos más personal, ¿sabes?
Adriana: El problema es que justo ayer me llamaron de Mango y para mí es más interesante. Esa empresa me fascina. ¿Comprende? Siempre quería entrar, pero no había vacantes. Ahora van a abrir una nueva sucursal y ... ¡es una oportunidad única!

1 Otro tiempo verbal: el imperfecto

Busque las formas del imperfecto. Complete las frases.

1. La fábrica era ________ muy pequeña.
2. La sede ________ en Barcelona.
3. Las máquinas ________ día y noche.
4. Adriana siempre ________ entrar a Mango.
5. En Mango no ________ vacantes.

2 Descúbralo usted mismo/-a.

1 **Ordene los verbos en imperfecto e indefinido en la tabla.**

descripción, circunstancia	acción
¡Era muy pequeña!	¡... empezamos en un garaje!
________	________

2 **Complete la regla.**

El imperfecto se usa para ________ ________, el indefinido se usa para ________.

b

Mango – una marca muy emblemática

Antes, en Europa, había grandes diferencias de un país a otro. La gente tenía costumbres y horarios diferentes, llevaba otra ropa. Hoy en día nos parecemos cada vez más en todo. La forma de vestirnos es casi la misma. Los responsables son cinco gigantes de la moda: H&M, Zara, C&A, Benetton y Mango. Con su sede en Barcelona, Mango era el más "pequeño" de los gigantes, pero en los últimos años abrió más de diez nuevas sucursales por mes, en todo el mundo. Las ventas aumentaron en un 300 %: ¡más de mil millones de euros por año!

En 1972 los hermanos Isaac y Nahman Andik – de quiénes poco se sabe, ya que no existen fotos ni entrevistas – empezaron a trabajar en el sector de la ropa de mujer. Traían ropa barata de Turquía o de la India y la vendían en Barcelona. En 1984 crearon la marca Mango, que es más que una marca, ya que une moda, diseño, imagen y una excelente relación calidad-precio. Cuando se habla de Mango, todo el mundo piensa en un producto actual, fresco y joven, en ropa de calidad, con detalles simpáticos: desde camisetas hasta vestidos de noche, bolsos y zapatos.

Las mujeres de antes se arreglaban sólo para salir. Ahora es muy distinto. El grupo meta de Mango es una mujer joven, moderna, que sabe lo que quiere: estar a la moda, pero sin pagar precios demasiado altos. Para Mango, ser joven "es cuestión de mentalidad". Grandes campañas publicitarias despiertan emociones y crean figuras de identificación.

Más de 720 tiendas, en las grandes ciudades de 75 países, ofrecen cada semana las nuevas colecciones Mango. Lo hacen en ambientes elegantes, pero a precios accesibles. El espectacular éxito de Mango, sin embargo, se debe principalmente al entusiasmo de un equipo de personal joven y activo que se identifica con la marca y sabe que la formación continua es fundamental. Además, la empresa se adapta a las exigencias de cada mercado. En Arabia Saudita, por ejemplo, los empleados de las tiendas son todos hombres. Las mujeres tienen que probarse la ropa en casa porque los probadores no existen. Y los catálogos no pueden tener nunca fotos de mujeres.

3 Mango

Complete las frases.

Mango era ...
Pensar en Mango es ...
Las tiendas ofrecen ...
Una clienta típica es ...
El éxito de Mango se debe a ...
También tiene mucho éxito porque ...

4 Los cinco "gigantes"

1 Formen cinco grupos. Cada grupo busca información sobre uno de los cinco "gigantes".

2 Comparen los resultados.

1. ¿De dónde es la empresa?
2. ¿Hay una sucursal cerca? ¿Cómo es?
3. ¿Cómo son los productos?
4. ¿Cuál es el grupo meta?
5. ¿Es más importante el precio o la calidad?
6. ¿Cuánto produce? ¿Tiene producción propia?
7. ¿En cuántos países vende?

Realidad hispánica

5 Una bebida muy exótica

1 Lea el título y mire la foto.
¿Qué sabe usted del mate?
¿Lo ha probado alguna vez?

2 Lea la primera parte del artículo.
¿A qué gran consorcio puede referirse?

Haga una pausa y tómese un mate

Hace unos años un conocido gran consorcio del sector de las bebidas aconsejaba "hacer una pausa" y tomar algo fresco. Se trataba de una campaña internacional que intentaba cambiar las costumbres de la gente en todo el mundo. Hasta entonces, la mayor parte de la gente tomaba bebidas regionales. En Latinoamérica, por ejemplo, tequila, chicha o mate, según la región.
En los países del Río de la Plata la reacción no se hizo esperar. Los productores de yerba mate respondieron con otra campaña publicitaria que se hizo famosa: "Haga una pausa y tómese un mate".
Al mismo tiempo, crearon un servicio de agua caliente gratis. De este modo, la gente podía tomar mate en todas partes, en la playa, en el campo de deporte, en los centros de estudio o de trabajo. Actualmente, tomar mate es más popular que nunca, y ya no hay diferencias entre el campo y la ciudad, el pobre y el rico, el obrero y el estudiante.

"¿Por qué toman mate?" – preguntamos a un grupo de estudiantes en Pinamar, una de las tantas playas de moda en Argentina. Aquí algunas de sus respuestas:
"Tomar mate está de moda. Además, es barato. Un café te cuesta el doble."
"Y es sano. Vos podés tomar mate todo el día, y sabés que no te va a hacer mal."
"No es sólo eso. ¿Cómo te lo explico? El mate, la guitarra, los amigos, te dan algo, no sé, calor quizás."
"Sí, eso es verdad. Con el mate te sentís bien, te unís más a tus amigos, pero también al hombre de la calle, que no tiene otra cosa."
"Claro, el mate es parte de nuestra cultura. Y es casi el símbolo del Mercosur."
"No sé, no sé. Yo sin mate no puedo estudiar. Si tomás mate, te mantenés despierto, te concentrás bien y no te ponés nervioso. ¡Para mí, el mate es genial!"
"¡Bueno, a ver si le dan uno a la periodista!, ¿no?"

6 La yerba mate

Lea la segunda parte del artículo y resuma las ventajas del mate.

En primer lugar ...   Además ...   Por un lado ...   Por otro lado ...   Por último ...

7 ¿Dónde se toma qué?

Bebidas tradicionales. Complete.

México	______
Países andinos	la chicha
Río de la Plata	______
Estados Unidos	______

¿Y en su país?

8 Argentinismos

Busque las diferencias en las formas verbales.

España:	Argentina:
tú sabes	______
______	vos podés
te mantienes	______
______	te sentís bien
te unes	______

Recuerde

A Pretérito imperfecto

regelmäßige Verben			unregelmäßige Verben	
trabajar	vender	escribir	ir	ser
trabaj**aba**	vend**ía**	escrib**ía**	**iba**	**era**
trabaj**abas**	vend**ías**	escrib**ías**	**ibas**	**eras**
trabaj**aba**	vend**ía**	escrib**ía**	**iba**	**era**
trabaj**ábamos**	vend**íamos**	escrib**íamos**	**íbamos**	**éramos**
trabaj**abais**	vend**íais**	escrib**íais**	**ibais**	**erais**
trabaj**aban**	vend**ían**	escrib**ían**	**iban**	**eran**

Man benutzt das imperfecto für Gewohnheiten und andauernde oder sich wiederholende Tätigkeiten. Im imperfecto stehen auch alle Hintergrundinformationen wie die Beschreibung von Personen, Sachen oder Situationen. Die Angaben im imperfecto bilden den Rahmen einer Erzählung.

La fábrica **era** pequeña. **Estaba** en Barcelona. **Trabajaban** día y noche.

Das imperfecto steht oft nach cuando, mientras, antes und anderen Zeitangaben:

Cuando yo era pequeña ... **Antes** estudiaba ... **En esa época** no había trabajo.
Mientras hablábamos ... **Entonces** tomábamos mate. **Todas las tardes** nos reuníamos.

B Kombination von *pretérito imperfecto* und *pretérito indefinido*

Die Vergangenheitszeiten werden oft kombiniert: Während im imperfecto alle Hintergrundinformationen gegeben werden, stehen alle neuen oder einmaligen Ereignisse im indefinido (oder im perfecto, wenn es einen unmittelbaren Bezug zur Gegenwart gibt).

imperfecto – Was war (bis dahin)?	*indefinido* – Was geschah (dann)?
Isaac y Nahman **eran** hermanos. **Vendían** ropa.	En el 1972 **empezaron** a vender ropa. En 1984 **crearon** la marca.

C Más de – más que

Vor Zahlenangaben verwendet man más de, ansonsten más que.

Abrió **más de** diez sucursales.
Tiene **más de** 720 tiendas.

Mango es **más que** una marca.
Julio gana **más que** Andrés.

Menos de bzw. menos que werden genauso verwendet.

D Hacerse, ponerse, volverse

Für das Verb „werden" gibt es im Spanischen keine einheitliche Entsprechung, sondern unterschiedliche Umschreibungsmöglichkeiten. Es ist zu empfehlen sich die gebräuchlichsten Wendungen einzuprägen.

hacerse + Adjektiv oder Substantiv (z. B. famoso/-a, rico/-a, viejo/-a, médico/-a)

La campaña **se hizo** famosa. — Die Werbekampagne wurde berühmt.
Pepe **se hizo** médico. — Pepe wurde Arzt.

ponerse + Adjektiv (z. B. nervioso/-a, enfermo/-a, furioso/-a, rojo/-a)

El jefe **se puso** furioso. — Der Chef wurde wütend.

volverse + Adjektiv (z. B. loco/-a)

La secretaria **se vuelve** loca de trabajo. — Die Sekretärin wird verrückt vor lauter Arbeit.

9 ¿Cómo están todos?

Busque el dibujo adecuado y complete las frases.

1. _____ se ha puesto rojo porque Luz le ha dado un beso.
2. _____ se ha hecho médica.
3. A _____ le pone nervioso el ruido.
4. _____ se ha vuelto muy arrogante desde que es jefe.
5. _____ se vuelve loca de trabajo.
6. _____ se hizo famosa con su primer libro.
7. _____ se ha puesto furioso porque Real Madrid ha perdido.
8. _____ se hicieron amigas.

Rodrigo

Ronaldo

Raquel y Laurita

Mariana

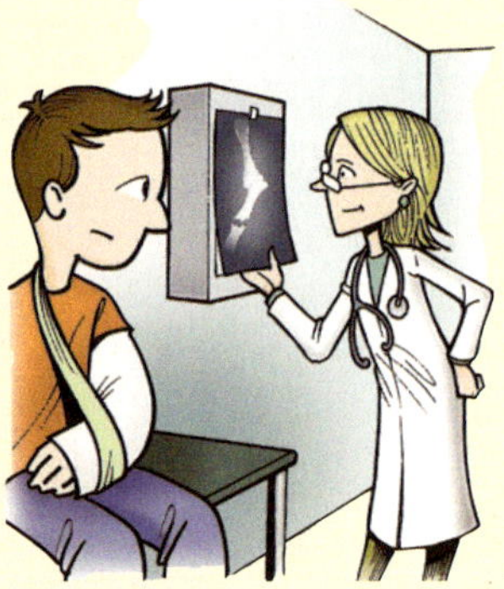
Marisol

Gonzalo

Pedro

Teresa

10 Trabajaban muchísimo.

1 Anote la primera persona del pretérito imperfecto.

cantar	cantaba	estar	__________	ir	__________
trabajar	__________	salir	__________	volver	__________
tener	__________	ser	__________	querer	__________

2 Complete con las formas del imperfecto.

La empresa __________ (ser) muy pequeña. __________ (estar) en Barcelona y __________ (producir) para el mercado catalán. A veces __________ (llegar) algún pedido de Zaragoza o de Teruel. Todos __________ (trabajar) mucho porque __________ (tener) muchas ganas de hacer cosas, aunque cada noche __________ (salir) de la fábrica cansadísimos. Don Rogelio __________ (querer) construir una fábrica nueva y para eso __________ (necesitar) mucho dinero: __________ (haber) que pedir un crédito.

11 Una gran competencia

Complete las frases.

más que	menos que	más de	menos de

1. La empresa Novago ya es ____ grande ____ el Consorcio Girasol.
2. Sus productos ya se venden en ____ ____ 100 países.
3. Este año han exportado más del doble (____ ____ un 200 %) que el año pasado.
4. La nueva colección tiene mejor diseño. Es ____ simpática ____ la otra.
5. Con las nuevas máquinas los costos son ____ bajos ____ antes.
6. En los últimos años bajaron ____ ____ un 30 %.
7. Actualmente ya tienen ____ ____ tres mil empleados.
8. Poco ____ ____ la mitad (el 49 %) de los trabajadores son extranjeros.
9. Lamentablemente ganan ____ ____ en Girasol.
10. Pero el clima de trabajo en Novago es ____ agradable ____ en Girasol.

12 ¿Cómo vivían?

1 Mire los dibujos y describa lo que hacía Adriana.
2 Escuche el diálogo y compruebe.
3 Vuelva a escuchar el diálogo y siga el texto con la vista. Después marque las diferencias.

1

2

3

4

Srta. Díaz: Dime, Adriana, tus abuelos eran catalanes, ¿no?
Adriana: Sí, emigraron en el 36.
Srta. Díaz: ¡Ah! ¿Y cuándo volvió tu familia?
Adriana: En 2000. La situación no era buena, no había posibilidades, ¿sabe? Un día mi padre dijo: "Basta, nos vamos a España" y nos vinimos de un día al otro.
Srta. Díaz: ¡Qué interesante! Cuéntame cómo era todo.
Adriana: Pues, no hay mucho que contar. Vivíamos en casa de mis tíos. Mi tío era peluquero y mi tía se ocupaba de la casa. Mi padre no tenía trabajo. Mi madre daba clases de inglés para mantener a la familia. Trabajaba muchísimo, pero llegaba el fin de mes y no le pagaban.
Srta. Díaz: ¡No me digas! Pero ¿por qué?
Adriana: No podían pagarle. Había mucho paro, muchas empresas cerradas ...
Srta. Díaz: Comprendo. Y tú, ¿qué hacías? ¿Dónde vivíais?
Adriana: Vivíamos en la provincia de Córdoba, en un pueblo. Yo iba a la escuela y ... bueno, tenía tres hermanos, ocho primos y muchos amigos. Éramos muy unidos. Íbamos a nadar al río, montábamos a caballo o nos reuníamos en el patio, tomábamos mate, charlábamos y nos reíamos. A veces venía mi abuelo con la guitarra y cantaba viejas canciones de protesta. Un día cantó la canción de los dos gallos y ¡todos lloramos!

13 ¿Quiénes son?

Busque en el diálogo del ejercicio 12 la palabra correspondiente a cada definición.

1. Los hijos de los mismos padres son ______________.
2. Los hermanos de los padres son ______________.
3. Los hijos de los hermanos de los padres son ______________.
4. Los padres de los padres son ______________.

14 Adriana y su familia

Cuente la vida de Adriana. Use el imperfecto.

1. El padre de Adriana es ingeniero, pero no tiene trabajo.
2. La situación es muy difícil y la familia vive mal.
3. La madre da clases de inglés, pero no gana mucho.
4. Muchos no pueden pagar porque están sin trabajo.
5. Leen los anuncios, pero hay poco trabajo.
6. Adriana y sus hermanos van a la escuela.
7. Por la tarde montan a caballo.
8. En verano van a nadar al río.
9. Los fines de semana la familia se reúne a comer.
10. Después de comer todos charlan, se ríen y a veces cantan.

15 Cuando usted tenía 13 años ...

Explique cómo era usted, cómo vivía, qué hacía, qué le gustaba y qué no. Escriba unas diez frases en imperfecto.

Cuando yo tenía 13 años — nunca — siempre — entonces — a veces — en esa época — en aquel tiempo ya (no) — todavía (no)

ser — vivir — ir — tener (que) — jugar — estudiar — querer — soñar con — gustar

16 Imperfecto o indefinido

Tache la forma que no corresponda.

1. Antes la familia vivía/~~vivió~~ en Argentina.
2. La situación era/fue muy mala.
3. No había/hubo trabajo.
4. Un día la madre decía/dijo: ¿Por qué no vamos a España?
5. Los padres iban/fueron a una agencia de viajes y reservaban/reservaron un vuelo.
6. Adriana no quería/quiso ir a España.
7. Ella tenía/tuvo muchos amigos en Córdoba y lo pasaba/pasó bien.
8. En esa época tenía/tuvo 17 años.
9. Era/Fue el primer viaje a Europa que hacía/hizo.
10. El viaje en avión le gustaba / le gustó mucho.

17 Una vida muy interesante

Cuente la vida de Adriana.

1983 nace en Córdoba/Argentina.
1989 empieza la escuela.
1990 le regalan un caballo.
1998 va a Boston con un programa de intercambio.
2000 termina la escuela.
2000 la familia se va a vivir a España.
2004 hace nueve meses de prácticas.
2005 trabaja como guía turística en Newcastle.

En esa época su padre trabaja en una fábrica de automóviles.
Va al colegio "San Francisco", cerca de su casa.
Monta a caballo con sus amigos todas las tardes.
Vive con una familia y juega con los niños.
No sabe qué estudiar.
El padre no tiene trabajo.
El trabajo en la Bicigoza es aburrido.
Le gusta mucho porque puede practicar su inglés.

Adriana nació en Córdoba, en 1983. En esa época su padre trabajaba ...
En 1989 empezó la escuela. Iba al Colegio "San Francisco", que ...
Un día le ...
En 1998 ...
Adriana ... en 2000, pero ...
En ese año su familia ... porque ...

18 Este fin de semana

Complete con el pretérito perfecto o el imperfecto.

A ¿Qué ________________ este fin de semana? (hacer)

B Nada especial, como ________________ tanto, no ________________ ganas de salir. ¿Y tú? (llover, tener)

A Yo ________________ en la fiesta de Iñaki. (estar)

B Su hermana ________________ un accidente con el coche. (tener)

A ¡Oh! ¿Qué le ________________? (pasar)

B ________________ mucha nieve, y ... (haber)

A ¿________________ al trabajo? (ir)

B No, ¡qué va! ________________ de la discoteca. (volver)

A Entonces ________________ de noche. (ser)

B Sí, ________________ las tres de la mañana. Por suerte no ________________ sola. (ser, estar)

19 ¿Cómo era antes?

Traiga fotos de su familia a clase y explique a sus compañeros/-as.

Pues yo nací en un avión, en 1985. Mis padres trabajaban en Moscú. Justo volvían a Hamburgo, pero ¡yo tenía mucha prisa y no quería esperar más!

Yo también nací en el 85, pero nací en mi casa y toda la familia me esperaba. Aquí tenía sólo cinco días.

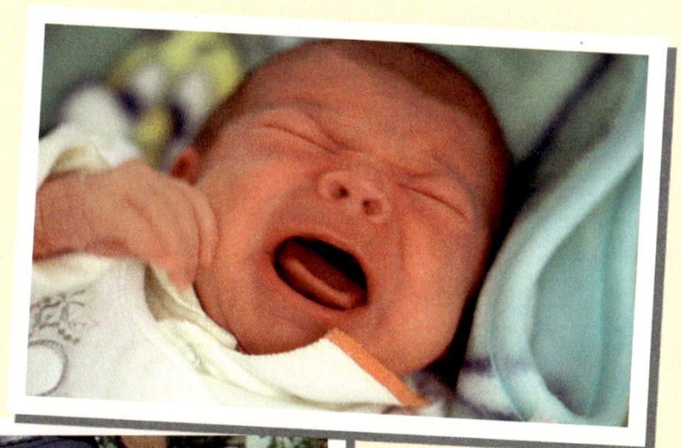

Cuando tenía ... años	era
En 2001	(no) había
En los años 90	(no) teníamos
Cuando vivíamos en ...	(no) me gustaba
Antes	trabajaba

Un día	estuve en ... con ...
Pero aquel día	empecé/terminé
Una vez	fui a ...
Entonces	conocí a ...
El día de mi ...	(no) pude

Lección 4 Orden del día

Visita de proveedores

Don Rogelio está satisfecho. Ha llegado a un excelente acuerdo con el Corte Español, pero está cansado. Ya había tenido antes una reunión muy agotadora. Toma un café y mira su agenda ...

¡Qué cabeza! ¡Me he olvidado de Lechea! ¡Y yo mismo los había invitado!

a Le habíamos escrito ...

Ana María: La señora y el señor Echea, de la Cooperativa Lechea.
Don Rogelio: Mucho gusto. Ustedes son de San Sebastián, ¿verdad?
Sr. Echea: De Bilbao. La administración está en ...
Don Rogelio: Perdón, estoy un poco desconcentrado, ¿saben? Esta semana ha sido terrible.
Sra. Echea: ¿Mucho estrés?
Don Rogelio: ¡Muchísimo! Cada día una cosa diferente. Bueno, pero ¿qué tal el viaje?
Sra. Echea: Todo bien, por suerte. Nosotros le habíamos escrito hace un tiempo, no sé si recuerda ...
Don Rogelio: Sí, sí, por supuesto. Me interesa mucho su oferta. Últimamente, Van der Melk ha aumentado los precios. Además, si ustedes nos compran el cacao, es negocio doble, ¿no?
Sr. Echea: ¡Vaya, claro! Dentro de poco vamos a sacar un batido de chocolate preparada y, claro, necesitamos cacao.
Don Rogelio: ¡Enhorabuena! ¿Y cómo han sabido de nosotros?
Sr. Echea: Hace poco estuvimos en Tarragona, en la Fábrica de Turrones ...
Don Rogelio: ¡Ah! ¿En la Turro-Tarra? Nosotros les suministramos desde hace años algunos de nuestros productos.
Sra. Echea: Eso mismo nos han dicho. Ellos nos han dado su dirección.

b Una interrupción

Ana María: Perdón, señor Torres. Es el señor Solana, dice que es urgente. Ya había llamado ayer.
Don Rogelio: ¿Le han dicho que el señor Navarro no está?
Ana María: Sí, sí, pero dice que, antes de su viaje a Cuba, alguien tiene que darle una respuesta.
Don Rogelio: Lo voy a llamar en cualquier momento. Si me es posible hoy mismo, y si no mañana, como muy tarde.
Ana María: De acuerdo.
Don Rogelio: Pero, Ana María, a partir de ahora no estoy ya para nadie, ¿vale? ¡Les pido disculpas por la interrupción, señores!
Sra. Echea: Pero, por supuesto, no es nada.
Sr. Echea: ¡Ningún problema!

1 Informe.

¿Por qué don Rogelio está cansado y desconcentrado?
¿Quiénes han llegado?
¿Cómo han sabido de la empresa?
¿Cuál es el objetivo de la visita?
¿Por qué le interesa la oferta a don Rogelio?

2 Un nuevo tiempo verbal: el pluscuamperfecto

1 Busque las formas del pluscuamperfecto.

Ya había tenido antes una reunión ...

____

2 Complete la regla.

El pretérito pluscuamperfecto se forma con el ________ ________ del verbo ______________ y el participio.

c Si les parece bien ...

Don Rogelio: Bueno, ¿alguna pregunta?
Sr. Echea: No, por el momento, ninguna.
Don Rogelio: Entonces, antes que nada: ¿de cuánto tiempo disponen ustedes?
Sra. Echea: Estamos aquí hasta mañana al mediodía. Volamos a Bilbao a la una y media.
Don Rogelio: Muy bien. Entonces tenemos tiempo: hoy todo el día y mañana por la mañana, ¿no?
Sr. Echea: Sí, eso es.
Don Rogelio: Ahora son las doce y cuarto. En primer lugar pueden ver nuestra película sobre la elaboración del chocolate. Después de verla pueden hacer preguntas. A la una, la señorita Alonso los va a acompañar a la planta. A continuación, vamos a almorzar juntos. Si les parece bien, reservo una mesa para las dos y media. Y por la tarde podemos conversar con tranquilidad.
Sra. Echea: Vale. Entonces, si llegamos a un acuerdo, mañana todavía tenemos tiempo de concretar las condiciones antes de viajar, ¿no?
Don Rogelio: Sí, por supuesto. ¿Nos encontramos aquí a las dos?
Sr. Echea: Estupendo.

d De acuerdo con todo.

Don Rogelio: Perdón, he tenido un pequeño inconveniente. ¿Los he hecho esperar mucho?
Sr. Echea: No importa. Eso le puede pasar a cualquiera. Pero ¿y el ingeniero? ¿No almuerza con nosotros?
Don Rogelio: No, lamentablemente el Sr. Romero no va a poder acompañarnos. Desde que han llegado los clientes japoneses, está ocupadísimo.
Sra. Echea: ¡Qué lástima! Habíamos pensado preguntarle algunas cositas, ¿sabe?
Don Rogelio: Lo siento muchísimo, pero después, por la tarde, va a participar una hora en la reunión, quizás dos también.
Sr. Echea: Bueno, entonces podemos aclarar algunos detalles, ¿no?
Don Rogelio: Sí, eso es. ¿Les parece bien este plan?
Sra. Echea: Por supuesto. Nosotros estamos de acuerdo con todo.

3 ¡Perdón!

Busque las expresiones para pedir disculpas. Anote también las expresiones para responder.

Les pido ______________________ ______________________

Perdón, he ______________________ ______________________

Lo ______________________ ______________________

4 La visita

¿De cuánto tiempo disponen los señores Echea?
¿Qué van a hacer hoy?
¿Qué van a hacer mañana?
¿Con quién van a almorzar?
¿Con quién quieren hablar?
¿Cuál es el problema?

Realidad hispánica

REGIONES DE ESPAÑA

Con sus más de 500.000 kilómetros cuadrados, España es uno de los países más grandes de la Unión Europea y al mismo tiempo uno de los que menos población tiene. Actualmente cuenta con un total de 43.200.000 habitantes, o sea 85 por km². Es un país con muchas montañas y con climas y paisajes muy diferentes. España está constituida por 17 Comunidades Autónomas: quince en la Península Ibérica y dos en las islas. Estas comunidades son regiones geográficas con historia y cultura propias.

También las formas de vida son diferentes de región en región. En Galicia, por ejemplo, las actividades tradicionales son la pesca y la elaboración de conservas de pescado y de marisco. En Asturias y en el País Vasco, el carbón y el hierro fueron la base del desarrollo industrial. Cataluña siempre ha sido una de las regiones más ricas por la industria y el comercio. Grandes partes de España se dedican todavía a la agricultura y a la ganadería. Muchos de sus productos son famosos, por ejemplo las aceitunas de Andalucía, los jamones de Extremadura, los tomates de Canarias, las naranjas de Valencia ... Algunos se venden incluso bajo la denominación de origen, como el "vino de La Rioja", el "turrón de Jijona" o el "queso Manchego".

En los últimos treinta años, sin embargo, todo ha cambiado mucho. Se ha creado una moderna red de infraestructura y algunas regiones ofrecen ventajas impositivas para atraer nuevas industrias. Hoy en día, hay empresas de todo tipo. Los precios competitivos, la calidad y el buen diseño les abren las puertas de nuevos mercados. Los bancos y las grandes empresas, como Iberia, Repsol o Telefónica, exportan sus servicios a Latinoamérica. Pero la principal industria sigue siendo el turismo. España es el segundo destino del mundo, con más de 50 millones de visitas al año. También en este sector ha habido cambios. Las ofertas son cada vez más diferenciadas. Hay ofertas para los jóvenes y los mayores, para los que quieren hacer deporte o simplemente descansar, para familias y solteros, para los amantes del mar y los de la cultura. Por supuesto también para quienes quieren aprender el idioma. – ¡Están todos invitados!

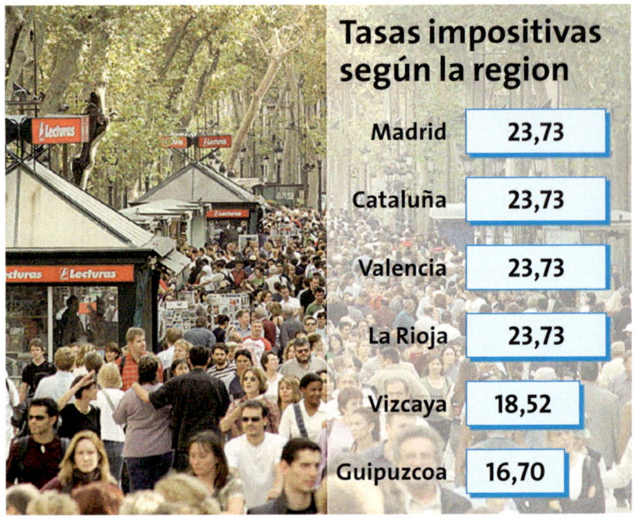

5 Regiones y comunidades

1 Resuma el texto. ¿Qué sabe usted de ...

... el tamaño de España? ... su población?
... su geografía? ... las Comunidades Autónomas?

2 ¿Conoce usted una región con mucho/-a ...

... comercio? ... industria? ... turismo?
... agricultura? ... ganadería? ... pesca?

Minidiccionario

________	gleichzeitig
incluso	________
sin embargo	________
________	heutzutage
________	selbstverständlich

3 Infórmese sobre una Comunidad Autónoma y escriba un texto de unas diez líneas.

6 Turismo tradicional y turismo actual

Describa cómo era el turismo antes, cómo es ahora y cuál es la tendencia. Discuta con sus compañeros/-as.

¿Adónde iban los turistas? ¿Cómo viajaban? ¿Adónde y cómo van hoy?
¿Qué ofertas había? ¿Cuánto costaba todo? ¿Y en el futuro?

Recuerde

A Pretérito pluscuamperfecto

Das pluscuamperfecto wird mit dem imperfecto von haber und dem Partizip des Hauptverbs gebildet.

hab**ía**	hab**íamos**	**llamado**	Ya había llamado ayer.	Er hatte gestern schon angerufen.
hab**ías**	hab**íais**	**tenido**	Antes había tenido una reunión.	Er hatte vorher eine Besprechung gehabt.
hab**ía**	hab**ían**	**escrito**	Le habíamos escrito.	Wir hatten Ihnen geschrieben.

Das pluscuamperfecto bezieht sich auf Handlungen, die vor anderen Handlungen in der Vergangenheit liegen.

Cuando Pablo llegó al hotel, Marta ya **había salido**. | Als Pablo ins Hotel kam, war Marta schon weggegangen.

B Indefinitpronomen und -begleiter

alguien – nadie

Diese Indefinitpronomen beziehen sich auf Personen. Sie sind <u>unveränderlich</u>.

alguien	¿Hay **alguien**?	Ist da jemand?
nadie	No, no hay **nadie**.	Nein, es ist niemand da.

Ebenso unveränderlich sind algo und nada.

alguno – ninguno

Diese Indefinitbegleiter stehen bei Personen und Sachen. Sie sind <u>veränderlich</u>.

Vor männlichem Substantiv wird alguno zu algún und ninguno zu ningún.

Wenn sie ohne Substantiv stehen, werden diese Begleiter zu Pronomen.

algún/-uno	¿Tienes **algún** amigo aquí?	Sí, tengo **alguno**.
alguno/s	Busco un hotel, ¿conoce **alguno**?	Sí, conozco **algunos** muy buenos.
ningún/-uno	¿No tienes **ningún** amigo?	No, no tengo **ninguno**.
alguna/s	¿**Alguna** pregunta?	Sí, yo sí tengo **algunas** preguntas.
ninguna	¿Hay **alguna** posibilidad?	No, no hay **ninguna**.

cada – cualquier

Die Begleiter cada und cualquier stehen <u>vor dem Substantiv</u>. Es gibt nur eine Form für beide Geschlechter.

cada + Substantiv	jede/r/s	**Cada** día una cosa diferente.	**Cada** cosa en su lugar.
cualquier + Substantiv	irgendein/e	En **cualquier** momento.	Come **cualquier** cosa.

Das Pronomen cualquiera steht dagegen immer allein oder nachgestellt. Es gibt nur eine Form für beide Geschlechter.

Hay dos marcas de leche. ¿Cuál compro?	**Cualquiera**.	Irgendeine (von beiden).
He traído tres libros. ¿Cuál quieres leer?	Dame (un libro) **cualquiera**.	Gib mir irgendeins.

C Zeitangaben → EP 1, S. 51

hace: es ist her/vor
¿Cuánto tiempo **hace**?
Wie lange ist es her?
Eso fue **hace** tres días.
Das war vor drei Tagen.

hace ... que + Verb: seit
Hace una hora **que** espera.
Er/Sie wartet seit einer Stunde.

antes: früher/vorher
Antes trabajaba en la Bicigoza.
Früher hat sie bei Bicigoza gearbeitet.

antes de + Substantiv/Verb: vor/bevor
Necesita una respuesta **antes del viaje**.
Er braucht noch vor der Reise eine Antwort.
Antes de irse, llama por teléfono.
Bevor sie abfährt, ruft sie an.

después: später/danach
Ahora comemos, **después** trabajamos.
Jetzt essen wir, danach arbeiten wir.

después de + Substantiv/Verb: nach/nachdem
Después de la comida se van.
Nach dem Essen gehen sie.
Después de ver la película, ...
Nachdem sie den Film gesehen haben, ...

7 Mucho tiempo

1 Ordene los conectores temporales.

dentro de poco – últimamente – a partir de ahora – hace poco – en cualquier momento – hoy mismo – desde hace algunos años – desde que estoy aquí

pasado		presente/futuro	
______	vor kurzem	______	irgendwann
______	in letzter Zeit	______	noch heute
______	seit einigen Jahren	______	von jetzt an
______	seit ich hier bin	______	bald

2 Escriba frases. Use estos y otros conectores.

Ejemplo: Últimamente he tenido mucho estrés. A partir de ahora voy a trabajar menos.

8 Orden del día

1 Ordene en tres grupos: primero – después – finalmente.

ahora – por último – en primer lugar – después – antes de terminar – a continuación – entonces – más tarde – antes que nada – para empezar

2 Expresar acuerdo: Tache las expresiones que no correspondan.

1. Lo mismo he pensado yo. – Por supuesto. – Mejor primero ... – Perfecto.
2. Estamos de acuerdo con todo. – No sé, creo que ... – ¡Vale! Estupendo. – Nos parece bien.
3. Ningún problema. – Sí, eso es. – Muy bien, entonces ... – ¿Le parece bien (si) ...?

3 Apunte aquí las tres expresiones para hacer propuestas:

______ ______ ______

4 ¿Qué hacemos primero? ¿Quién hace qué?
Organice la agenda. Use los recursos de 1 y 2.

llamar a México – leer los e-mails – actualizar la agenda – reunirse con los clientes peruanos – pagar los impuestos – contestar la carta de la señora Zabalbeascoa – poner un anuncio en el diario – fijar las fechas para las visitas – reservar un vuelo para ir a Madrid – confirmar los pedidos – actualizar la lista de precios

A ver, primero hay que leer los e-mails, ¿no? ¿Lo haces tú, Gregor?

Lo siento, no puedo. ¿Por qué no los lee Marion?

Yo tampoco puedo. Y antes tenemos que reservar el vuelo, ¿no os parece?

9 ¡Usted mismo/-a!

1 Complete.

lo mismo	aquí mismo	hoy mismo
mismo color	ahora mismo	es lo mismo

1. Los quiero todos del ____.
2. Mi madre me ha dicho ____.
3. Para mí, ____.
4. ¿Dónde hay que pagar? – Puede pagar ____.
5. Perdón por la interrupción. Seguimos ____.
6. No tenemos tiempo hasta mañana. Hay que hacerlo ____.

2 Complete con (*lo/la*) *mismo/-a*, (*los/las*) *mismos/-as*.

1. Siempre ____ pregunta.
2. Si es necesario, vamos nosotros ____.
3. Lo ha dicho la jefa ____.
4. Son todos ____ precios.
5. Visitamos ____ ciudades.
6. La calidad también es ____.
7. Quieren ____ productos.
8. Son siempre ____ personas.

10 Situaciones inesperadas

1 Relacione las situaciones con las exclamaciones.

¡Qué mala suerte!

¡Qué lástima!

¡Qué sorpresa!

¡Qué horror!

1. Cuando Carmen entró en la oficina todos la felicitaron.

2. Cuando el Sr. Pereira llegó, ya no estaba el tren.

3. Cuando los padres volvieron del viaje, la casa era un caos.

4. Luisa y Carla querían comer en el Tío Pepe. Cuando llegaron, vieron que ya no estaba.

2 Explique en pluscuamperfecto lo que había pasado antes.

Los colegas le habían …

1. colegas – en secreto – preparar fiesta del 30 cumpleaños
2. tren – irse – cinco minutos antes
3. hijos – hacer muchas fiestas – invitar a todo el mundo
4. restaurante – cerrar – por falta de clientes

11 Autobiografía

1 **Cuéntele su vida a su compañero/-a. Las preguntas le ayudan.**

vivir en ...	trabajar en ...	estudiar ...
conocer a ...	salir con ...	saber + infinitivo
tener ...	leer ... ir ...	buscar ...

antes (de)	después (de)
hace (... que)	desde (que)
desde hace ...	desde entonces

¿Desde cuándo vives en Freiburg?

Vivo aquí desde 1999. Antes había vivido ...

¿Y antes? ¿Qué hacías?

Antes iba a la escuela en Erfurt. Cuando terminé ...

¿Hace mucho que trabajas en ...?

Nos vinimos a Lübeck en 2004. Desde entonces trabajo en el hotel Störtebeker.

2 **Ahora cambien los papeles.**

3 **Hoy en día todo el mundo escribe su autobiografía. ¿Por qué no lo hace usted también? Escriba unas diez frases. Use también el pluscuamperfecto.**

Desde el 1999 vivo en Arnsberg. Antes había vivido ocho años en Münster ...

12 ¿Perfecto o pluscuamperfecto?

Complete los diálogos.

1.
A He leído en el periódico que Manu Chao viene a Barcelona.
B Yo ya lo ____ (leer) la semana pasada.
A Pero yo no lo sabía. ¿Por qué no me lo ____ (decir)?

2.
A Este verano ____ (estar) en Mallorca y me ____ (gustar) mucho.
B ¿Nunca antes ____ (estar) en Mallorca?
A No, siempre quería ir, pero nunca ____ (poder) hacerlo.

3.
A Esta mañana ____ (llamar) el Sr. Artigas. Ya ____ (llamar) tres veces antes.
B Me ____ (pedir) un catálogo, pero lamentablemente yo me ____ (olvidar) porque ya le ____ (enviar) varios catálogos la semana pasada.

4.
A Ustedes ya nos ____ (escribir) que tenían interés en nuestros productos.
B Sí, por eso estamos aquí ahora. ____ (recibir) su oferta y nos parece muy interesante.
A ¿Y antes? ¿No ____ (oír) nunca nada de nuestra empresa?
B Sí, yo ____ (ver) su stand en la feria, pero nunca ____ (hablar, nosotros) personalmente.

13 En la oficina

1 Conteste en forma negativa.

nadie	ninguno/-a	nada

Ejemplo: ¿Ya has hecho todo el trabajo?
– No, todavía no he hecho nada.

1. ¿Ha llamado alguien?
2. ¿Han venido algunos clientes?
3. ¿Lo ha comprendido usted todo?
4. ¿Hay algún problema?
5. ¿Tienes algo que hacer esta noche?
6. ¿Han llegado cartas para mí?
7. ¿Queda algún asiento libre todavía?
8. ¿Tenéis alguna otra pregunta?

2 Complete.

algún/-uno/-una		ningún/-uno/-una	
nada	algo	nadie	alguien

1. A ¿Necesita ___ más?
   B No, gracias, ___ más.
2. A ¿Ha habido ___ llamada importante?
   B No, ___.
3. A ¿Me espera ___ cliente?
   B Sí, todavía hay ___.
4. A ¿Ha llegado ___ fax?
   B No, ___.
5. A ¿Hay ___ en la sala de espera?
   B No, ya no hay ___.

14 Cualquiera lo sabe.

Complete el diálogo con *cualquier* o *cualquiera*.

A ¿Cuándo nos vemos?
B ___ día de estos. Y, pero ¿dónde?
A A mí me da igual, en ___ lugar.
B Pues, ¿por qué no vienes a mi casa?
A ¿Con que autobús voy, con el 6 o con el 9?
B Puedes tomar ___ de los dos.
A ¿Cuándo voy?
B Puedes venir a ___ hora. Ah, ¿prefieres un bocadillo o una ensalada?
A Me da lo mismo, ___ de las dos cosas.

15 Escenario profesional: presente su región.

1 Mire este anuncio de la Junta de Andalucía.

¿Qué imagen de Andalucía tiene mucha gente?
¿Qué imagen de Andalucía quiere dar esta publicidad?
¿Cómo es Andalucía según ella?
¿A quién se dirige este anuncio?

2 Discuta con sus compañeros/-as.

¿Se trata de una imagen realista?
¿Es actual? ¿Hay que corregir algo?
¿Qué imagen cree que tiene su región?
¿Por qué es conocida?

3 Preparen una campaña publicitaria.

¿Qué imagen de su región quieren dar?
¿A quién se va a dirigir la publicidad?
¿Qué información necesitan para preparar el anuncio?

Lección 5 Una auditoría

Actividades en la empresa

Para la empresa Torres la calidad es fundamental. Por eso ahora quiere ofrecer calidad certificada. Don Rogelio sueña con obtener el "Premio Europeo a la Calidad". Para eso tiene que someterse al control externo de una empresa independiente. Plusplús S.A. es la empresa encargada. Hoy han mandado dos auditores a Flores que lo están controlando todo. ¡Ya llevan cinco horas investigando! Van pasando por los distintos departamentos, mirando lo que está haciendo cada empleado y tomando nota de lo que van viendo: si los empleados y trabajadores están escribiendo, si están hablando por teléfono o con un cliente, si están comiendo ...

1 Descúbralo usted mismo/-a.

En el texto hay una nueva forma verbal : el gerundio. Busque todos los gerundios y complete la regla.

Verbos en **-ar** forman el gerundio con la terminación ________,

verbos en **-er** o **-ir** con ________.

¡Lo están controlando todo!

2 ¿Qué dicen?

Complete los diálogos. Después escuche y compruebe.

va transportando	estoy buscando	va llegando	estás buscando	va poniendo

a

b

Srta. Díaz: ¿Y los documentos, Felipe? ¡Estoy esperándolos!
Felipe: Un momentito, por favor, los ____, pero no los encuentro.
Srta. Díaz: ¿Dónde los ____?
Felipe: En la "eme" naturalmente.
Srta. Díaz: Pero no, tienes que buscarlos en la "uve", ¡Van der Melk!
Felipe: Ah, sí, aquí están.
Srta. Díaz: ¡Por fin!

Clienta: ¿Todo el proceso es automático?
Begoña: Sí. Por aquí van entrando el cacao y el azúcar. La leche ____ poco a poco. El chocolate líquido va cayendo en los moldes y se va enfriando. La cinta lo ____. Al pasar por los puntos de control, se toman muestras. En el punto H, un robot toma los productos terminados, otro los empaqueta y un tercero los ____ en cajas de 100 unidades cada una. Al terminar el proceso, las cajas se ponen en paletas. Después las cargan directamente en el camión.

calculando — está creciendo — está nevando — preguntando por
está hablando con — le sigo explicando — pensándolo bien — sigue haciendo

c

Señor Borrell: Bueno, aclarado el problema, entonces.
Pablo: Sí, menos mal. Volviendo al tema: ¿cuánto necesitan por mes?
Señor Borrell: No sé, unos 300 kg, bueno, ____, un poco más, mejor.
Pablo: A ver, ____ en base a 300 kg, el precio es de ...

d

Don Rogelio: El mercado chino ____ ... y Carmen habla chino ...
Carmen: La Sra. Ochoa ha llamado ____ usted, don Rogelio.
Don Rogelio: ¡Ah! Muy bien. ¿Otras novedades?
Carmen: Sí. El señor Borrell ha llegado protestando, no sé por qué, pero ya ____ Pablo.

e

Marcela: En otro momento ____ con más detalle.
Periodista: Vale. Pasando a otro tema, ¿ustedes forman personal?
Marcela: Sí, en la medida de lo posible. En este momento ...

f

Ana María: ¡Ah! Señor Meyer, ¡tanto tiempo! ¿Cómo está?
Señor Meyer: Bien, gracias. Me alegro de hablar con usted.
Ana María: Yo también. ¿Qué tal en Hamburgo? ¿____?
Señor Meyer: No, está lloviendo. Y ahí, ¿____ buen tiempo?

3 En este momento ...

Mire las ilustraciones y descríbalas. ¿Quién está ...

... negociando? — ... informando a la prensa? — ... esperando algo?
... soñando? — ... explicando algo? — ... flirteando con un cliente?

Realidad hispánica

Una radiografía muy útil

Según un experto, “la calidad es como el arte: todos lo reconocen, pero nadie lo puede explicar”. Por eso, el concepto de calidad ha ido cambiando hasta llegar a la “Calidad Total”. Mientras que antes se analizaba la calidad de los productos terminados, hoy en día hay controles durante todo el proceso de producción y los métodos son cada vez más seguros, gracias a las nuevas tecnologías. Actualmente, las Normas ISO 9000 garantizan la calidad y permiten la comparación internacional. Una empresa independiente se encarga del control y, si los productos satisfacen todas las exigencias, certifica la calidad.

A partir de los años 50 el concepto de calidad se extiende a toda la empresa. Se empieza a hablar de la “Gestión de Calidad Total” (GCT). Esta filosofía empresarial se desarrolla primero en Japón, poco después en Estados Unidos y luego en Europa. En 1988 se crea la “European Foundation for Quality Management” (EFQM) y en 1991 se establece el “Premio Europeo a la Calidad”. La GCT crea una cultura que permite a los empleados ser creativos, trabajar en equipo, ser responsables de sus tareas y participar en las decisiones. El objetivo es satisfacer lo mejor posible las necesidades de los clientes, de los empleados y de la región. Para lograr ese objetivo, ya no se controla sólo el proceso de producción, sino todo el funcionamiento y la organización de la empresa. Las auditorías externas permiten analizar la situación objetivamente. En base a esta “radiografía” se trata de aprovechar mejor los recursos, reducir costes, mejorar los productos y servicios, adaptarlos a las nuevas necesidades de los clientes, hacer innovaciones. En una palabra, las auditorías son una importante herramienta para lograr la “mejora continua”.

4 Familias de palabras

Forme familias de palabras.
Complete con las palabras que faltan.

la ____	funcionar	el ____
necesario	necesitar	la ____
mejor	____	la ____
el desarrollo	____	
el análisis	____	
satisfecho	____	
el ____	controlar	

5 Control de calidad

Complete las frases.

Antes ...
Hoy en día ...
A partir de los años 50 ...
Actualmente ...
En el 91 ...
Ya no ...

6 Informe.

Explique lo que sabe usted de ...

... las Normas ISO 9000.
... la Gestión de Calidad Total.
... las auditorías.
... la mejora continua.

Recuerde

A Gerundio

Das **gerundio** wird gebildet, indem die entsprechende Endung an den Verbstamm angehängt wird:

regelmäßige Verben			Verben mit Vokalveränderung im Stamm			unregelmäßige Verben	
-ar	**-ando**	prepar**ando**	e → i	decir	d**i**ciendo	leer	le**y**endo
-er	**-iendo**	hac**iendo**	o → u	dormir	d**u**rmiendo	ir	**yendo**
-ir	**-iendo**	escrib**iendo**	(ebenso: pedir, seguir, venir; poder)			(ebenso: traer, oír, caer)	

1 Das **gerundio** wird meist mit dem Hilfsverb **estar** verwendet. Es dient dann dazu etwas zu beschreiben, das gerade geschieht, ähnlich wie die Verlaufsform im Englischen.

estoy trabajando	Me estoy durmiendo.	Ich bin gerade am Einschlafen.
estás trabajando	¿Qué estás buscando?	Was suchst du (denn da)?
está trabajando	Está leyendo el periódico.	Er/Sie liest (gerade) die Zeitung.
estamos trabajando	Estamos trabajando.	Wir sind beim Arbeiten.
estáis trabajando	¿Qué estáis haciendo?	Was macht ihr gerade?
están trabajando	Están controlando todo.	Sie sind dabei alles zu kontrollieren.

2 Manchmal benutzt man das **gerundio** mit einem Vollverb.

Ha entrado protestando.	Er/Sie kam schimpfend herein.
Esperan leyendo el periódico.	Sie warten und lesen dabei/währenddessen die Zeitung.
Ha llamado preguntando por ...	Er/Sie hat angerufen und nach ... gefragt.

3 Verbindungen des **gerundio** mit bestimmten Verben haben jeweils eine besondere Bedeutung.

llevar + Zeitangabe + gerundio	betont die Dauer einer Handlung:
Ya **llevan dos horas controlando** todo.	Sie sind schon seit zwei Stunden dabei alles zu kontrollieren.
ir + gerundio	kennzeichnet sich allmählich abspielende Handlungen:
Van analizando los datos.	Sie analysieren (nach und nach) die Daten.
seguir + gerundio	kennzeichnet einen sich fortsetzenden Vorgang:
¿**Sigue nevando**?	Schneit es immer noch?

4 In vielen Wendungen steht das **gerundio** allein:

Volviendo al tema ...	Um wieder auf das Thema zurückzukommen, ...
Pasando a otro tema ...	Um ein anderes Thema anzuschneiden, ...
Pensándolo bien ...	Genau genommen ...

5 Gerundio + Pronomen

Pronomen können vor- oder nachgestellt werden. Nachgestellt werden sie an das **gerundio** angehängt.

direktes Objektpronomen	**Los** estoy buscando.	Estoy buscándo**los**.	Ich suche sie gerade.
indirektes Objektpronomen	**Le** sigo explicando.	Sigo explicándo**le**.	Ich erkläre es Ihnen weiter.
Reflexivpronomen	**Se** están aburriendo.	Están aburriéndo**se**.	Sie langweilen sich.

B Al + infinitivo

Diese Konstruktion drückt Gleichzeitigkeit aus und wird anstelle eines Satzes mit **cuando** verwendet.

Al pasar por los puntos de control, se toman muestras.	Wenn sie die Kontrollpunkte passieren, ...
Al terminar el proceso, las cajas se ponen en paletas.	Wenn der Vorgang abgeschlossen ist, ...

7 Mirando fotos

Relacione y complete las frases con el verbo *estar* y el gerundio.

mirar esquiar ver hablar pintar jugar comer beber

1. ☐ Maribel ________________ un cuadro muy bonito.
2. ☐ Los García ________________ fotos viejas.
3. ☐ Luz y Paco ________________ unos sandwichitos.
4. ☐ Octavio ________________ por teléfono con su novia.
5. ☐ Ernesto ________________ al fútbol con sus amigos.
6. ☐ Rosa ________________ la tele.
7. ☐ El gato ________________ leche.
8. ☐ Toda la familia ________________.

8 En la empresa

Haga diálogos según el modelo.

1. la jefa	firmar	los documentos	oficina
2. el empleado	buscar	el libro de pedidos	mesa de trabajo
3. el director general	presentar	un proyecto	sala de conferencias
4. la secretaria	abrir	un regalo	despacho
5. la empleada	escribir	un e-mail	ordenador
6. otra empleada	leer	una carta	ascensor
7. el portero	saludar a	un cliente	recepción
8. el químico	controlar	unas muestras	laboratorio
9. el ingeniero	diseñar	un nuevo modelo	planta de producción
10. los clientes	ver	una película	sala de reuniones

¿Qué está haciendo la jefa?

Está firmando los documentos.

¿Dónde los está firmando?

Está firmándolos en su oficina.

9 ¿Trabajas o estudias?

Complete el diálogo con los verbos que faltan.

estar	ir	llevar	seguir

A Pero, José, ¿en qué ____ pensando?
B En el trabajo. ¿Sabes? Ya ____ dos semanas trabajando.
A ¿Y ____ acostumbrándote?
B Más o menos. ____ teniendo problemas para levantarme temprano.
A Bueno, ya son las once. ¿Pagamos? Yo tengo prisa.
B ¿Vas a la universidad? ¿Todavía ____ estudiando?
A Sí, pero ya ____ terminando.
B ¿Y ya ____ buscando trabajo?
A Sí, pues. ____ leyendo los anuncios, pero no es fácil.
B Bueno, hasta luego, Juana. ¿____ hablando en otro momento?
A Claro, ¡hasta luego!

10 Un caos organizado

1 Describa la foto.

¿Conoce usted este tipo de almacén?
¿Sabe cómo funciona?
¿Cuáles cree que son las ventajas?
¿Y las desventajas?

Los estantes son muy altos.

2 Describa cómo funciona un almacén moderno.

1. Un camión va trayendo las paletas con productos.
un camión – traer las paletas con productos

2. ____
una elevadora de horquilla – sacar las paletas del camión

3. ____
un robot – buscar un lugar libre – llevar allí los productos

4. ____
el robot – ponerlos en el lugar correcto

5. ____
un ordenador – anotar dónde está cada producto

6. ____
un empleado – programar los nuevos pedidos

7. ____
el robot – buscar los productos pedidos

8. ____
el robot – traerlos – cargarlos en el camión del transportista

11 Una mujer muy activa

¡Todo el mundo quiere hablar con Olga! Le preguntan dónde está y qué está haciendo. Haga los diálogos.

Ejemplo:
A ¡Hola! ¿Olga? ¿Me escuchas? Soy tu madre. Oye, ya son más de las ocho. ¿Todavía estás durmiendo?
B ¡Qué va! Ya estoy saliendo de casa. ¡El domingo te llamo, mamá!

~~la madre~~	el jefe	el esposo
un colega	el mecánico	
una amiga	un cliente	
uno de los hijos		

12 Pantomima

1 Cada uno escribe una frase con gerundio en una tarjeta.

2 Se intercambian las tarjetas y se representan las frases en pantomimas.
Hay que adivinar la frase lo más precisamente posible.

¿Estás buscando las llaves?

¿No las encuentras?

¿Son las llaves de la oficina?

13 Fue todo espontáneo.

Transforme las frases como en el ejemplo.

Ejemplo: Cuando Luis terminó los estudios, empezó a trabajar. → Al terminar los estudios, empezó a trabajar.

1. Cuando entró en la oficina, vio a Clara.
2. Cuando la vio, pensó que era muy guapa.
3. Cuando habló con ella, vio que era simpática.
4. Cuando Clara se fue, le dio su teléfono.
5. Cuando hablaron por teléfono, quedaron para salir.
6. Cuando se encontraron, se abrazaron.

14 Encontrar trabajo es difícil.

1 **Describa la imagen y discuta con sus compañeros/-as sobre qué pueden estar conversando los jóvenes.**

2 **Lea el texto y compruebe.**

En estos momentos encontrar trabajo es muy difícil, y todavía peor sin experiencia. El problema es que tampoco es fácil conseguir un período de prácticas porque todavía hay pocas empresas que ofrecen esta posibilidad. Lo único es ayudar en la agricultura, por ejemplo en la cosecha de las aceitunas, pero es un trabajo de todo el día, duro y mal pagado. Por eso, muchos jóvenes pasan las vacaciones sin hacer nada. Durante el día están en el parque, bajo las palmeras, conversando y comiendo patatas fritas o fumando. Por la noche siguen conversando, y el botellón ... ¡nunca falta!

3 **Escuche las entrevistas y complete los datos en la tabla.**

nombre	edad	deseos/planos	experiencia	profesión	problema
José	______	______	cosecha de aceitunas	______	______
Ángeles	17	______	______	______	______
Javier	______	______	______	electricista	______
Ignacio	______	______	______	______	fábricas cerradas

4 **Vuelva a escuchar los diálogos para comprobar los datos. También puede consultar los textos en el anexo.**

5 **Describa la situación de los jóvenes.**

6 **¿Cómo es en su país?**

15 En el bar

Traduzca.

Ángeles und ihr Freund Ignacio sind in einer Bar. Sie trinken ein Bier und essen eine Kleinigkeit. Dabei sprechen sie über ihre Lage: Sie suchen Arbeit.

Ignacio: Oh, schau, da kommt José.

José: Hallo, wie geht's? Was macht Ihr (denn) hier?

Ángeles: Wir warten auf Dolores und ihre Schwester. Hast du sie nicht gesehen?

Ignacio: Möchtest du ein Glas mit uns trinken?

José: Ja, gerne. Wie ist es, habt ihr eine Arbeit gefunden?

Ignacio: Ach was, immer noch nicht, und du?

José: Ich auch nicht. Nur bei der Ernte gibt es Möglichkeiten, aber ...

Ángeles: ... es ist eine unheimlich harte Arbeit, und sie zahlen fast gar nichts!

Lección 6 ¡Sin financiación, imposible!

Solicitud de crédito

La capacidad de producción de la empresa está agotada desde hace tiempo, pero siguen llegando pedidos. No pueden atenderlos, pero tampoco pueden rechazarlos. ¡Es un dilema! Por eso don Rogelio irá al banco y solicitará un crédito.

a Ayudas y subvenciones para las Pymes

> **Nueva línea de créditos para Pymes**
> **Créditos a medida de sus proyectos**
>
> Ayudas y subvenciones nacionales y europeas.
> Asesoramiento gratuito para Pymes.
> Infórmese sin compromiso. Sólo debe rellenar el formulario adjunto y entregarlo en cualquiera de nuestas oficinas.
> En un plazo máximo de 72 horas recibirá un informe detallado.
> Más información en nuestra página web.
> www.bonafide.es
>
> **BONAFIDE**
> **EL BANCO DE LA BUENA FE**

b En el banco

Don Rogelio: ... hace tiempo que tenemos un proyecto y queremos ponerlo en marcha cuanto antes.
Empleada: ¿En qué consiste el proyecto?
Don Rogelio: Pues, mire, nuestro libro de pedidos está que explota y eso que estamos trabajando en tres turnos. Por eso, ahora queremos construir otra nave, ¿sabe? Y claro, tendremos que comprar máquinas también.
Empleada: Comprendo. Y las máquinas serán lo más caro, ¿no?
Don Rogelio: Efectivamente. Por eso, sin financiación, no podremos hacer nada.
Empleada: ¿Y qué tanto por ciento pueden financiar ustedes mismos?
Don Rogelio: Ese es el problema. Tenemos todo el capital invertido.
Empleada: Sin autofinanciación va a ser un poco difícil.
Don Rogelio: Ya sé, pero ¿habrá alguna posibilidad?
Empleada: Posibilidades hay siempre. Todo es cuestión de hablar, ¿no?
Don Rogelio: Por supuesto, para eso estoy aquí.
Empleada: Ustedes ya habrán pensado en todo. ¿Crearán nuevos puestos de trabajo?
Don Rogelio: Desde luego. No puedo decirle exactamente cuántos, pero calculo que entre ocho y doce.
Empleada: En ese caso podrán contar con una subvención. Si rellena el formulario, recibirá un informe detallado.
Don Rogelio: ¡Perfecto! ¿Y cuándo será eso?

1 El futuro

1 En el texto hay ejemplos de dos nuevos tiempos: el futuro simple y el futuro compuesto. Busque las formas y márquelas.

> Y las máquinas **serán** lo más caro, ...
> Ustedes ya **habrán pensado** en todo.

2 ¿Cómo se forma el futuro simple?

El futuro simple se forma con el ______________ + terminación:

yo	-é	nosotros/-as	________
tú	-ás	vosotros/-as	-éis
él/ella/Ud.	________	ellos/-as/Uds.	________

3 Complete con la forma de los verbos irregulares en primera persona.

ir	________	tener	________
poder	________	haber	________

4 ¿Y cómo se forma el futuro compuesto?

El futuro compuesto se forma con el futuro simple de

______________ + ______________.

c **¿Y la amortización?**

Don Rogelio: ¿Cómo están los intereses en este momento?
Empleada: Depende del tipo de crédito y de la forma de devolución. A largo plazo, lo más favorable es un crédito con garantía hipotecaria. ¿Pueden pagar una cuota de 20.000 euros por mes?
Don Rogelio: Sí, y más también.
Empleada: Vale. Necesitamos el informe del proyecto y el aval de tres personas acreditadas.
Don Rogelio: En cuanto al informe, ya lo tenemos. Los avales, los tendrá aquí dentro de una semana. Bueno, todos menos uno ...
Empleada: Entonces, por ahora, no podemos hacer nada.

d **De vuelta en la oficina**

Ana María: ¡Por fin, don Rogelio! ¿Qué tal? Supongo que le habrán dado el crédito, ¿no?
Don Rogelio: Pues, en principio sí. Dentro de tres días sabremos algo concreto. El problema es que necesitan tres avales y López está de vacaciones. Tendremos que esperar.
Ana María: ¿Y no habrá vuelto ya? Si quiere, lo llamo.
Don Rogelio: Pues, llámalo, por favor. Probar no cuesta nada.
Cinco minutos más tarde ...
Ana María: ¿Don Rogelio? El señor López estará pasado mañana en su oficina. La secretaria le dejará una nota ...
Don Rogelio: ¡Qué suerte! Gracias, Ana María.

2 Descúbralo usted mismo/-a.

Traduzca las siguientes frases. ¿Cuál es la función del futuro en cada frase? Marque con una cruz.

	relación con el futuro	hacer hipótesis
En 72 horas recibirá un informe detallado.	☐	☐
Las máquinas serán lo más caro, ¿no?	☐	☐
¿Y no habrá vuelto ya el señor López?	☐	☐

3 Requisitos y condiciones

Aquí tiene el formulario del banco para pedir subvenciones y ayudas. ¿Puede rellenarlo?

Rellene el formulario y en el plazo máximo de 72 horas recibirá un informe, detallándole aquellas ayudas y subvenciones a las que puede acceder.

Datos de la empresa:

Actividad principal: ....

Persona de contacto: ....

Cargo: ....

Dirección: ....

Localidad: ....

Provincia: ....

Código Postal: ....

Teléfono: ....

Fax: ....

E-mail: ....

Es cliente de Bonafide: Sí ☐ No ☐

Plantilla actual: ....

Datos sobre el proyecto de inversión:

Descripción del proyecto: ....

Localización del proyecto (población y provincia): ....

¿Ha comenzado el proyecto?: Sí ☐ No ☐ Fecha de inicio: ....

Importe estimado de la inversión: ....

Desglose aproximado:

Inmuebles: .... Mobiliario: ....

Maquinaria y equipos producción: ....

Instalaciones: ....

Equipos informáticos: ....

Puestos de trabajo a crear: ....

Financiación del proyecto (estimación):

Porcentaje de autofinanciación: .... %

Realidad hispánica

B A N C O   S O L

En el Banco Sol, tú eres lo más importante

¿Quiénes somos? El Banco Solidario de Bolivia es un banco que concede crédito a las personas que necesitan el dinero, y no a las que ya lo tienen.

Nuestra visión: Calidad de vida para todos. Posibilidad de trabajar, estudiar y vivir mejor.

Nuestros principios: Servicio, Responsabilidad, Reciprocidad.

Nuestra historia: En 1976 el profesor Muhamad Yunus creó el primer banco ético en Bangladesh para ayudar con "microcréditos" a las personas más pobres. La base es la confianza, otra garantía no es necesaria. Si un cliente no puede pagar enseguida, el banco espera.

Nuestros clientes: La mayoría de los clientes del Banco Sol son personas jóvenes. El 40 % tienen entre 35 y 45 años. Muchos son casi analfabetos, algunos hablan sólo quechua. Pero eso sí, son gente trabajadora. La mayoría viene del campo a buscar trabajo en La Paz. El 78 % son mujeres. Son nuestros mejores clientes, más responsables, con más sentido familiar. Por lo general se trata de familias muy numerosas, con ocho, diez o doce hijos.

El marido se ha ido y no tienen de qué vivir. Por eso, la mujer quiere poner una pequeña tienda o un puesto en el mercado. El banco le da una ayuda para empezar.

4 Informe.

¿Qué es el Banco Sol?
¿Cuál es el objetivo?
¿Cuál es el origen?
¿Y los principios?

BancoSol
Juntos crecemos

5 Las diferencias

Compare los bancos éticos con los bancos tradicionales. Explique las diferencias.

- los clientes
- los créditos
- la forma de concederlos
- la devolución del dinero

6 Informaciones y opiniones

1 Infórmese.

¿En qué otros países hay bancos éticos?
¿Qué hacen en cada caso?

2 Intercambien opiniones.

¿De quién cree usted que es el capital?
¿Cree que es una buena solución?
¿Cree que tendrá futuro este tipo de banco?

Recuerde

A Futuro simple

Das **futuro simple** wird gebildet mit dem Infinitiv und den Endungen: -é, -ás, -á, -emos, -éis, -án.
Die Endungen sind bei allen Verben gleich. Einige Verben verändern jedoch den Stamm.

regelmäßige Verben

pagar	ser	recibir
pagar**é**	ser**é**	recibir**é**
pagar**ás**	ser**ás**	recibir**ás**
pagar**á**	ser**á**	recibir**á**
pagar**emos**	ser**emos**	recibir**emos**
pagar**éis**	ser**éis**	recibir**éis**
pagar**án**	ser**án**	recibir**án**

unregelmäßige Verben

decir	di**ré**	poder	pod**ré**
hacer	ha**ré**	salir	sal**dré**
querer	quer**ré**	poner	pon**dré**
haber	hab**ré**	tener	ten**dré**
saber	sab**ré**	venir	ven**dré**

B Futuro compuesto

Das **futuro compuesto** wird gebildet mit dem **futuro simple** von **haber** und dem Partizip Perfekt.

haber	
hab**ré**	pensado
hab**rás**	pagado
hab**rá**	dado
hab**remos**	recibido
hab**réis**	vuelto
hab**rán**	hecho

C Gebrauch des *futuro simple* und des *futuro compuesto*

Zukunft

Recibirá un informe detallado. Sie werden einen ausführlichen Bericht erhalten.	Handlung, die in der Zukunft stattfinden wird.
En dos años **habremos pagado** el crédito. Wir werden den Kredit in zwei Jahren abbezahlt haben.	Handlung, die zu einem bestimmten Zeitpunkt in der Zukunft abgeschlossen sein wird.

Statt der Futurformen benutzt man auch die umgangssprachliche Umschreibung **ir a** + Infinitiv: va a recibir. → EP 1, S. 123

Vermutung

Das **futuro simple** benutzt man meist, das **futuro compuesto** fast ausschließlich, um Vermutungen auszudrücken.

Las máquinas **serán** lo más caro, ¿no? Die Maschinen sind wohl das teuerste, oder?	Vermutung, die sich auf den gegenwärtigen Moment bezieht.
Seguramente **vendrá** mañana. Er kommt sicher morgen.	Vermutung, die sich auf die Zukunft bezieht.
Ya **habrán pensado** en los detalles. Sie haben sicher schon an alle Details gedacht.	Vermutung, dass eine Handlung im Moment schon abgeschlossen ist.

Zukunft/Vermutung

Oft ist es nicht eindeutig, ob eine zukünftige Handlung oder eine Vermutung gemeint ist. Dann hilft der Kontext bzw. die Intonation um zu verstehen, was gemeint ist.

López **estará** en su oficina.	López wird in seinem Büro sein.	López ist bestimmt in seinem Büro.
Tendremos que esperar.	Wir werden warten müssen.	Wir werden wohl warten müssen.

Lección 6 A practicar

7 ¿Qué se hace?

1 **Busque en el texto de las páginas 48–49 los verbos que se usan en relación con estos términos.**

crédito	proyecto	subvención	informe	formulario	puestos de trabajo

2 **Escriba seis frases.**

Don Rogelio quiere solicitar un crédito.

8 ¿Qué harán Juan y Juana?

Ponga las siguientes frases en el futuro simple.

Ejemplo: Compran una casa y la pagan en cuotas.
→ Comprarán una casa y la pagarán en cuotas.

1. Juan y Juana van al banco y preguntan por un crédito.
2. Por suerte hay posibilidades.
3. El empleado: "En cinco días recibís la información".
4. Juan y Juana tienen que esperar cinco días.
5. Pagan 400 euros por mes.
6. Los intereses son del 4,5 %.
7. Juana busca otro trabajo.
8. Este año no pueden ir de vacaciones.
9. En diez años terminan de pagar la hipoteca.

9 ¿Por qué no llega el pedido?

Haga suposiciones. Utilice el futuro simple.

¿Por qué no ...	Supongo que ...	
1. ... llega el pedido?	llegará mañana.	(llega mañana)
2. ... suministran?	______	(no pueden)
3. ... es posible?	______	(la capacidad de producción está agotada)
4. ... trabajan en tres turnos?	______	(no es posible)
5. ... toman más personal?	______	(no encuentran personas adecuadas)
6. ... dejan de aceptar pedidos?	______	(no quieren perder clientes)
7. ... compran máquinas más rápidas?	______	(no tienen dinero)
8. ... amplían la fábrica?	______	(necesitan financiación)
9. ... piden un crédito?	______	(ya lo han pedido)
10. ... ponen en marcha el plan?	______	(lo ponen en marcha el año que viene)

10 ¿Sabes qué?

Haga frases según el ejemplo.

¿Sabes ...	No sé, ...	
1. ... qué hora es?	... serán las ocho y media.	las ocho y media
2. ... de quién es el coche?	______	de Pablo
3. ... dónde viven Pedro y Pablo?	______	en Madrid
4. ... a quiénes llama Ana?	______	a sus padres
5. ... por qué no viene Mercedes?	______	tener que trabajar
6. ... cuándo es la fiesta?	______	el sábado
7. ... a qué hora empieza?	______	a las nueve
8. ... cómo irás?	______	tener que tomar un taxi

11 ¿Qué pasa con ...?

Ya es la hora, pero la persona a la que todos esperan no llega. Haga frases.

Ejemplo: Supongo que Lola estará enfadada conmigo, porque no me llama.

Lola · los niños · tu novio · el Sr. García · las amigas de Ana · la jefa · el servicio · los auditores · los clientes de ... · el transportista

estar enfadado/-a · estar enfermo/-a · estar muy cansado/-a · estar en un atasco · tener un accidente · tener problemas con ... · no poder venir · tener que trabajar · no encontrar el lugar · olvidarse de la cita

12 En una fiesta

Complete el diálogo con los siguientes verbos.

estar · tener · haber olvidado · haber conocido · haber querido · haber tenido · haber dicho · haber venido

A Qué raro, ¿dónde estará Manuel?

B Tienes razón, ¿por qué no ______?

A ¿No ______ enfermo?

B ¡Qué va! ¿Se ______ de que hoy es la fiesta?

A No ______ ganas de venir. ¡Ya sabes que no le gustan las fiestas!

B Mira, allí está. ¡Manuel con novia! ¡No puedo creerlo!

A Yo tampoco. ¿Dónde se ______?

B No sé. ¡Qué guapa es! ¿Cuántos años ______?

A Parece mayor que él. ¿Por qué Manuel nunca nos ______ nada?

B Bueno, ______ darnos una sorpresa.

13 ¿Dónde estarán?

1 ¿Conoce la situación? Usted está de viaje, está nervioso/-a y cree que se ha olvidado de algo. Haga diálogos.

A

¿No has visto mis gafas?

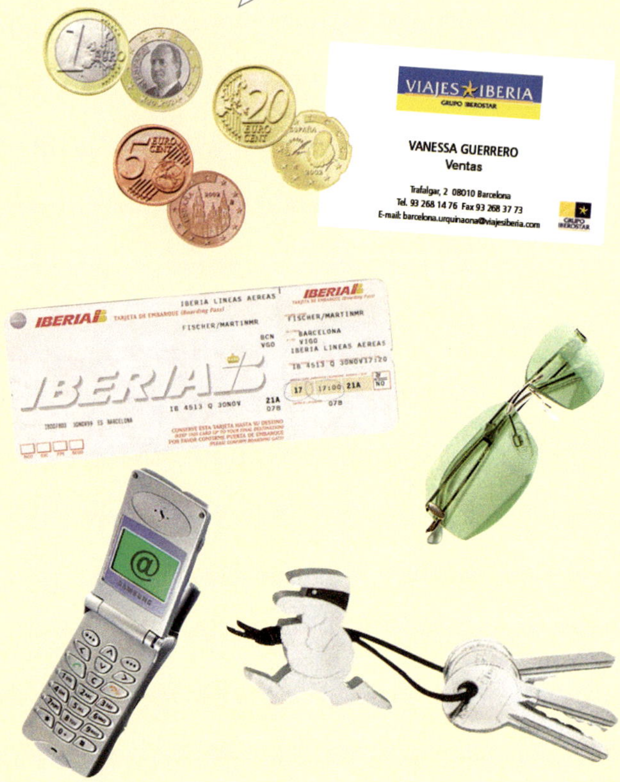

B

¿No estarán en el maletín?

2 Haga otros diálogos.

poner	dejar	olvidar

¡Dios mío, el móvil!
No sé dónde lo he puesto.

¿No lo habrás dejado en el bolso?

14 ¿Qué habrá pasado con ...?

La persona a la que espera todavía no ha llegado. Traduzca las frases.

1. Es wird wohl etwas dazwischen gekommen sein. Habrá tenido algún inconveniente.
2. Er hat wohl nicht kommen können. ______
3. Er wird krank sein. Estará enfermo.
4. Es ist wahrscheinlich Besuch gekommen. ______
5. Es hat bestimmt Probleme im Betrieb gegeben. ______
6. Er hat sicher keine Zeit mehr. ______
7. Vielleicht hat er die Nummer vergessen. ______
8. Er wird sicher morgen anrufen. ______

15 Es difícil exportar a Latinoamérica.

Traduzca el diálogo.

A Lateinamerika ist der Markt der Zukunft.
B Das stimmt. Trotzdem ist es nicht einfach nach Lateinamerika zu exportieren.
A Die Lage Boliviens ist nach wie vor schwierig, oder? (seguir + ser (gerundio))
B Na ja, wie die Lage in ganz Lateinamerika.
A Nein, nein. In Chile ist es anders. Im Moment gibt es keine Probleme.
B In Bolivien ja. Man kann dort keinen Kredit bekommen.
A Und ohne Finanzierung kann man nichts machen, oder?
B Natürlich, es ist unmöglich. Alles hängt vom Geld ab.

16 Formas de pago

Hay muchas formas de pago. Quien paga inmediatamente, paga "al contado" o "en efectivo". Quien compra algo a crédito, muchas veces lo paga "a plazos", etc. También los medios de pago son diferentes. El pago por Internet y por móvil ya es una realidad.

1 ¿Que se puede pagar por móvil? ¿Y por Internet?

La gasolina.

2 Relacione. Se puede pagar ...

1. ☐ ... en efectivo.
2. ☐ ... con tarjeta de débito.
3. ☐ ... con tarjeta de crédito.
4. ☐ ... por transferencia.

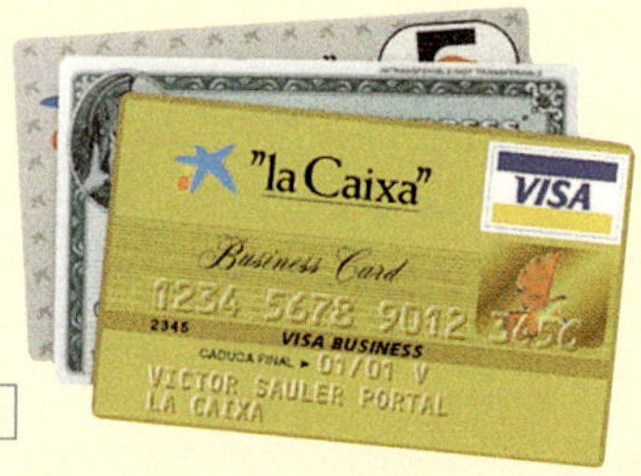

a

b

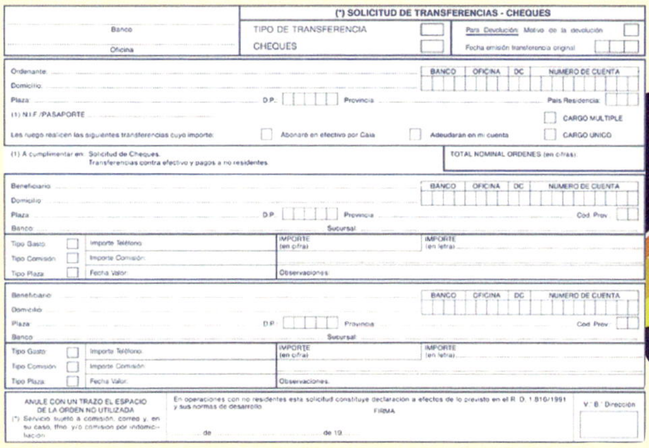

c

d

17 El índice "Big Mac"

1 Lea el artículo y explique en pocas palabras qué es el "índice Big Mac".

En 1986 la revista The Economist creó el llamado "índice Big Mac" para medir el nivel de desarrollo de los países del mundo, en función del precio de la famosa hamburguesa. En 2005 el índice Big Mac está a 2,90 dólares en EEUU y a 3,28 dólares en la zona Euro. Se usa también para medir el nivel de vida. ¿Cuántos minutos debes trabajar para comprarte un Big Mac? 10 minutos in Miami, 75 en México y 22 en Barcelona.

2 Compare.
Calcule cuántos minutos tiene que trabajar un obrero en su país para comprar un Big Mac.

Lección 7 Comida de negocios

Publicidad y propaganda

La empresa Torres sigue creciendo. Sin embargo, en el departamento de ventas están preocupados porque los jóvenes no compran los productos Torres. Por eso han decidido hacerse asesorar sobre el marketing más adecuado. En realidad, toda la empresa necesitaría un cambio de imagen. En una agradable comida de negocios, Marcela Ruiz y Pablo Iturraspe consultan a la Sra. Gómez, directora de la Consultoría ExitoSA de Madrid. Según ella, con un buen plan de marketing, lograrían un nuevo posicionamiento en el mercado.

a El mensaje llega.

Camarero: ¿Una mesa para tres? A ver, tendrían que haber reservado ... ¿Está bien aquí?
Pablo: Sí, perfecto, gracias. Ningún problema.
Camarero: Aquí tienen la carta. ¿Qué van a beber? ¿Un aperitivo?
Marcela: Preferiría un agua mineral. ¿Y para usted, señora Gómez? ¿Un cava?
Sra. Gómez: Sí, por favor. ¿Así que quieren sacar un nuevo producto?
Marcela: Pues sí, de eso precisamente nos gustaría hablar con usted ...
Pablo: Según el último estudio de mercado, sólo dos de cada diez jóvenes compran Mucho Gusto.
Sra. Gómez: ¿Y en qué se diferencian los otros productos de los suyos?
Pablo: En nada especial ... Bueno, sí, Cho-Co-Chi-No en el precio. En ese punto no podemos competir. Y Yankee Star, pues, tiene el nombre y, claro, mucha propaganda ...
Sra. Gómez: Evidentemente el mensaje llega.

b Despertar la imaginación

Marcela: Hemos diseñado un nuevo chocolate y nos interesaría su opinión.
Sra. Gómez: El lanzamiento de un nuevo producto es una gran oportunidad ...
Pablo: Por eso queremos hacer una buena campaña para persuadir al público joven.
Sra. Gómez: ¿A quién quieren persuadir? ¿Cuál es el grupo meta?
Marcela: El público objetivo son los jóvenes de 12 a 24 años. Las chicas quieren sólo pocas calorías, y ahí el mercado ya está saturado, pero los chicos ...
Sra. Gómez: ¿Y qué tiene de especial su chocolate? ¿Cuáles son las características principales? ¿Por qué creen que los chicos lo van a comprar?
Pablo: Se trata de un energético, ¿sabe? Ya los aztecas conocían las propiedades del cacao y ...
Sra. Gómez: Comprendo. Entonces deberían transmitir ese mensaje, despertar la imaginación de los chicos ...

1 El condicional

1 Apunte las formas del condicional simple que aparecen en los diálogos.

necesitaría ____________
____
____
____

2 Complete la tabla.

yo	____________
tú	lograr**ías**
él/ella/usted	____________
nosotros/-as	lograr**íamos**
vosotros/-as	lograr**íais**
ellos/ellas/ustedes	____________

c Lo que hace la diferencia ...

Sra. Gómez: Lo principal es la imagen y yo diría que el suyo es un buen mensaje: más gusto, más energía, más adrenalina. Claro que habría que pensar cómo transmitirlo mejor. A propósito, ¿ya tienen un nombre adecuado?
Pablo: No, pero Mucho Gusto es muy conocido ...
Sra. Gómez: Es demasiado formal, no llama la atención. El nombre debe despertar interés, motivar y sobre todo ser fácil de recordar. En publicidad siempre exageramos. ¿Qué les parece "Gustazo"?
Marcela: ¡Oh! ¡Qué gustazo! Sería un buen eslogan.
Pablo: ¡Sí! Y lo tendríamos que presentar con una parejita ...
Marcela: Pero, Pablo, ¡tú siempre pensando en lo mismo!
Sra. Gómez: Pues tiene toda la razón del mundo. Hay que despertar deseos, sentimientos, emociones ... Chocolates, hay muchos. Hay que diferenciarse de la competencia y lo que hace la diferencia ... ¡es la imagen!

d Tendrían que estar presentes ...

Marcela: ¿Y la presentación? Yo querría colores vivos, un diseño actual, divertido, quizás tipo Manga.
Pablo: ¡Qué lástima! Me he olvidado los dibujos. Los deberíamos haber traído, pero podría llamar a la oficina ...
Sra. Gómez: No importa, no es necesario. Tengo aquí unas muestras de publicidad para jóvenes. Pero ¿en qué medios han pensado?
Marcela: Pues queremos poner vallas publicitarias en el centro, quizás hacer algo en Internet ...
Sra. Gómez: No es suficiente. Tendrían que estar presentes en todos los medios: la prensa, la radio, la tele, el cine ... ¿Por qué no hacen un concurso? Así anunciarían el producto gratis. Otra posibilidad sería patrocinar eventos, hacer sponsoring de conciertos, por ejemplo.
Marcela: Ya apoyamos al equipo de fútbol de Flores, pero ...
Pablo: ¿Y las nuevas técnicas? Internet, las llamadas, los mensajes, el mailing, ¿son efectivas?
Sra. Gómez: Por supuesto, aunque cada técnica tiene ventajas e inconvenientes. Para un lanzamiento, lo mejor siguen siendo las muestras y los regalos.

Marcela: En eso ya habíamos pensado. ¡Oh, llega la comida!
Camarero: ¿Podrían hacer un poco de lugar, por favor?

2 Informe.

¿Qué problema tiene la empresa Torres?
¿Qué necesita saber la señora Gómez para poder asesorar a Marcela y a Pablo?
¿Cómo es el nuevo producto?
¿Qué es importante en el lanzamiento del nuevo producto?
¿Qué medios se usan para la publicidad?

3 ¿Para qué se usa el condicional simple?

Busque las frases del texto y ordénelas.

desear o pedir algo	proponer o aconsejar	otros usos
nos gustaría hablar con usted	deberían transmitir ese mensaje	tendrían que haber reservado

Realidad hispánica

4 El mundo de la publicidad

Vivimos rodeados de publicidad. Intercambie experiencias y opiniones.

vallas	anuncios	carteles	spots publicitarios	folletos

Pues, para mí, el cine es lo más efectivo.

¿Para qué productos hay publicidad?
¿Dónde se encuentra?

¿Qué medios cree que son más eficientes?
¿Qué empresa hace la mejor publicidad?

5 ¿Le gustan estos anuncios?

1 ¿A usted le gustan los anuncios? ¿Por qué?, o ¿por qué no?

2 Explique lo que le gusta y lo que no. Piense a quién van dirigidos, qué deseos, sentimientos, emociones despiertan. Compare opiniones.

inteligente	interesante	informativo/-a	sugestivo/-a	original
divertido/-a	atractivo/-a	chocante	bonito/-a	efectivo/-a

Este anuncio es bastante original, ¿no?

A mí este anuncio me parece muy sugestivo. ¡Mira qué chico tan atractivo! Creo que se dirige a las mujeres jóvenes.

Recuerde

A Condicional simple

Das condicional wird wie das futuro aus dem Infinitiv gebildet. Die Endungen sind für alle Verben gleich.

regelmäßige Verben

necesitar	deber	preferir
necesitar**ía**	deber**ía**	preferir**ía**
necesitar**ías**	deber**ías**	preferir**ías**
necesitar**ía**	deber**ía**	preferir**ía**
necesitar**íamos**	deber**íamos**	preferir**íamos**
necesitar**íais**	deber**íais**	preferir**íais**
necesitar**ían**	deber**ían**	preferir**ían**

unregelmäßige Verben

Im condicional sind dieselben Verben unregelmäßig wie im futuro.

decir	di**ría**	poder	pod**ría**
hacer	ha**ría**	salir	sal**dría**
querer	quer**ría**	poner	pon**dría**
haber	hab**ría**	tener	ten**dría**
saber	sab**ría**	venir	ven**dría**

B Gebrauch des *condicional simple*

Das condicional deutet zunächst auf eine Nichtwirklichkeit (Irrealität) hin, ist aber auch eine häufig gebrauchte Höflichkeitsform. Oft wird nur aus dem Kontext bzw. aus der Intonation klar, was gemeint ist. Das condicional ist nicht immer eindeutig, da die Grenze zwischen Bitten, Vorschlägen und Ratschlägen fließend ist. Unter Umständen kann sogar eine leichte Kritik gemeint sein.

Möglichkeit	**Sería** otra posibilidad.	Das wäre eine andere Möglichkeit.
Bitten	¿**Podrían** hacer un poco de lugar?	Könnten Sie etwas Platz machen?
Wunsch	**Preferiría** un agua mineral.	Ich würde lieber ein Mineralwasser trinken.
Vorschlag	**Podría** llamar a la oficina.	Sie könnten im Büro anrufen.
Ratschlag	**Deberían** transmitir ese mensaje.	Sie sollten diese Botschaft übermitteln.
Vorwurf	**Tendrían** que haber reservado una mesa.	Sie hätten einen Tisch reservieren müssen.

C Modalverben im *condicional*

Das condicional der Modalverben wird oft mit haber und dem Partizip kombiniert:

condicional simple + haber + Partizip

Ya **podría haber llegado**.	Er/Sie hätte (eigentlich) schon hier sein können.

Diese Konstruktion wird besonders in der gesprochenen Sprache verwendet und bezieht sich auf eine nicht mehr zu realisierende Handlung. Daher klingt häufig eine mehr oder weniger starke Kritik bzw. Selbstkritik an.

Tendrían que haber reservado una mesa.	Sie hätten einen Tisch reservieren müssen.
Deberíamos haber traído los dibujos.	Wir hätten die Skizzen mitbringen sollen.

6 ¿Vamos al cine?

Complete el diálogo con la forma del condicional correspondiente.

tener	ser	estar	decir	gustar	buscar	pasar	ir	venir	poder (2x)	quedar

Marisa: ¿Qué hacemos esta noche? Podríamos ______ ir al cine, ¿no?

Julieta: ______ estupendo ir los tres juntos.

Raúl: Ya me ______, pero tengo que trabajar.

Julieta: Me parece que ______ que hablar con el jefe.

Marisa: Sí, Julieta tiene razón. Yo en tu lugar le ______ que no se puede trabajar tanto.

Raúl: Pues, entonces ¡se ______ otro empleado! Y yo me ______ sin trabajo.

No, no. Yo no voy al cine. No ______ tranquilo ...

Marisa: Entonces, vamos tú y yo, Julieta. ¿______ a buscarme a las ocho?

Julieta: ¡Vale! Pero, ______ en metro, ¿no?

Marisa: ¡Por supuesto! ¿Y tú, Raúl, ______ más tarde a tomar una copa?

Raúl: Claro. ______ estar a las once en el bar de siempre.

7 Una comida de negocios

1 Escuche el diálogo y marque en la carta lo que quiere pedir la gente.

RESTAURANTE CELESTE

ENTRADAS
- Gazpacho
- Sopa del día
- Ensalada catalana
- Croquetas de pollo
- Tomates rellenos

CARNES
- Filete de ternera
- Chuleta de cerdo
- Cordero asado
- Solomillo con cebollas
- Lomo a la plancha

PESCADO Y MARISCOS
- Merluza a la romana
- Salmón a la sal
- Lenguado al horno
- Paella marinera
- Gambas al ajillo

POSTRES
- Flan casero
- Yogur
- Fresas con nata
- Helado
- Tarta de manzana

2 Ordene las tres partes del diálogo. Después escuche y compruebe.

1.

[1] *Camarero:* ¿Ya han elegido lo que van a comer?

[ ] *Camarero:* Pues sí, bastante, pero están muy buenas.

[ ] *Camarero:* ¿Por qué no toma el menú del día? De primero gambas al ajillo, de segundo salmón a la sal con patatas fritas y guarnición de verduras y de postre, flan o fresas.

[ ] *Pablo:* Sí, para la señora salmón a la sal y de primero, no sé, ¿las gambas?

[ ] *Sra. Gómez:* No está mal, pero ¿no tienen mucho ajo las gambas?

2.

[ ] *Camarero:* Por supuesto, naturalmente. ¿Y usted señora?

[ ] *Camarero:* Sí, son de Vilassar. Son muy frescos y muy buenos.

[ ] *Camarero:* A elección, señora. Hay de todo. Mire, hoy le recomiendo los espárragos.

[ ] *Marcela:* No sé, una ensalada mixta, ¿qué verduras trae?

[ ] *Marcela:* ¿Son de la región?

[1] *Sra. Gómez:* Yo preferiría el salmón con arroz en lugar de patatas fritas. ¿Sería posible?

3.

[ ] *Camarero:* ... pan con tomate, muy bien. ¿Algo más?

[ ] *Camarero:* Puede ser con patatas, patatas fritas o arroz.

[ ] *Camarero:* ¿Y el señor?

[ ] *Pablo:* Querría tomates rellenos y cordero, y pan con tomate para todos.

[ ] *Marcela:* Con patatas, por favor.

[1] *Marcela:* Pues muy bien. Y la merluza, ¿con qué viene?

[ ] *Marcela:* No, nada más. ¡Ah, sí! ¿Podría traernos otra botella de vino blanco bien fresco?

8 ¿Y ustedes, qué van a tomar?

1 Formen grupos de cuatro o cinco personas y elijan una persona de camarero/-a.

2 Hablen sobre lo que tienen ganas de comer.

A mí me gustaría comer una ensalada mixta.

Yo preferiría un gazpacho.

3 Pidan la comida. Pregunten qué es qué, cómo es, cómo viene, cómo está preparado/-a, qué tiene ...

preparación:	con/sin:	
asado/-a	huevo	dulce
frito/-a	leche	picante
al horno	ajo	salado/-a
a la romana	salsa	soso/-a
a la marinera	nata	rico/-a

Para mí, una ensalada mixta, pero sin tomate, por favor.

¿Con qué viene la chuleta de cerdo?

¿Nos podría traer una botella de agua, por favor?

9 El vino de la casa

Haga el diálogo.

A		B
fragt, was B möchte	→	weiß noch nicht
fragt, ob man schon Getränke bestellen soll	↙ →	ist einverstanden und fragt, ob A Fisch möchte
bevorzugt Fleisch, würde aber Paella essen	↙ →	isst auch gern Paella, wenn sie nicht zu salzig ist
würde also Paella und Lende nehmen	↙ →	nimmt Lachs als zweiten Gang
fragt, ob der Wein des Hauses gut ist	↙ →	bestätigt und schlägt einen Rosé (un vino rosado) vor
ist einverstanden	↙ →	möchte dazu eine Flasche Wasser

10 Una campaña publicitaria

1 ¿De qué se trata? Relacione.

Mandar propaganda por correo es hacer ...	1	a ... eslogan publicitario.
Pagar eventos culturales o apoyar un club de deportes se llama ...	2	b ... marketing.
Una frase simpática que habla de un producto o de una marca es un ...	3	c ... mailing.
El Jefe de Ventas y su equipo se ocupan del ...	4	d ... sponsoring.
Hoy en día muchas empresas venden por Internet. Hacen ...	5	e ... spots publicitarios.
En la tele vemos muchos ...	6	f ... cibermarketing.

2 El lenguaje publicitario. Opine y discuta.

¿Por qué piensa usted que se utiliza este lenguaje?
¿En qué otros sectores del idioma hay tantas palabras inglesas?
¿Pasa lo mismo en su idioma?
¿Y en otros idiomas?

3 ¿Qué les aconsejaría usted a Marcela y a Pablo? Proponga soluciones concretas y discútalas con sus compañeros/-as. Use el condicional.

poner vallas – publicar anuncios en ... – crear un spot para la televisión – presentar el producto en ... – hacer propaganda por radio – regalar muestras – patrocinar ... – mandar mensajes por e-mail

Lo más importante sería ...

Pues yo creo que tendrían que ...

También podrían ...

11 Mucha propaganda

1 ¿Cree que la propaganda es efectiva? Discuta con su compañero/-a.

¿Cómo se informa usted antes de comprar algo?
¿Le interesan los nuevos productos?
¿Le interesan las ofertas?
¿Compra los artículos que salen en los anuncios?
¿Cuál, por ejemplo?
¿Compara precios?

2 ¿Para qué cree usted que se utilizan ...

... el patrocinio de eventos?
... los concursos?
... las presentaciones?
... los regalos?

3 ¿Hay algo que le molesta de la publicidad? ¿Por qué?

propaganda de:	cigarrillos – bebidas alcohólicas – coches – móviles – productos de lujo
el uso de:	niños – imágenes chocantes – la mujer como objeto de deseo
la propaganda en:	la tele – el cine – la radio – el Internet

12 Me llamó la atención ...

¿Recuerda alguna campaña publicitaria (puede ser en su idioma) que le llamó la atención? ¿Cuál? ¿Y por qué?

Hay un anuncio que me parece muy llamativo porque ...

Lo vi por primera vez en la revista ...

También me gusta mucho la música del spot de ... en la tele. Es una música muy romántica y ...

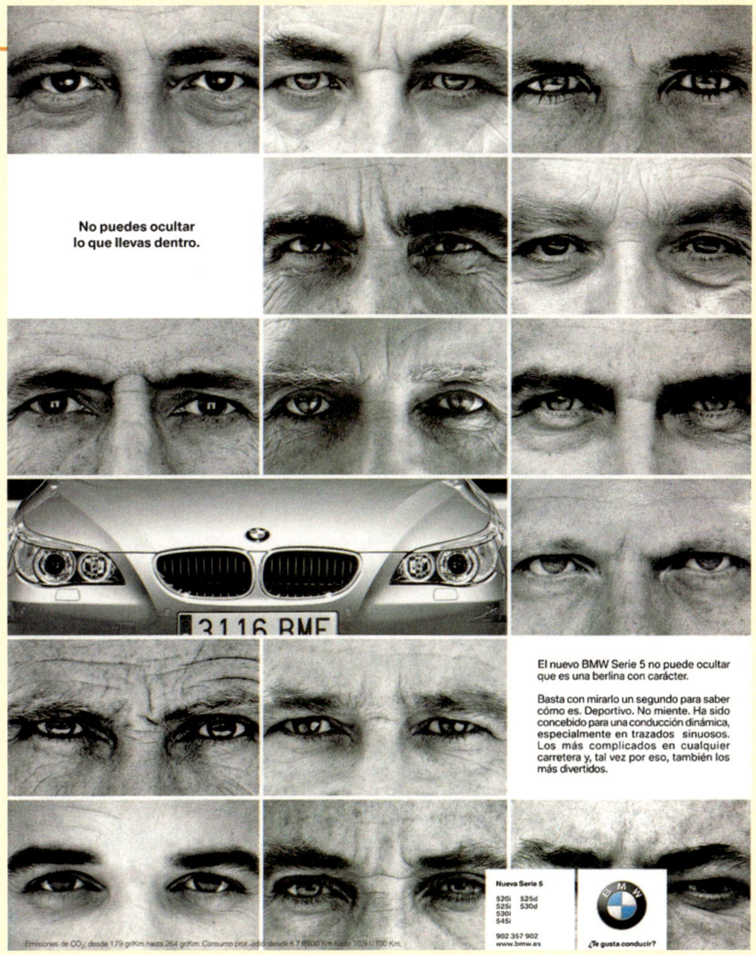

13 Spots publicitarios

Escuche los anuncios y tome notas.

	anuncio 1	anuncio 2	anuncio 3	anuncio 4	anuncio 5
¿De quién es el anuncio?	Michifuz				
¿De qué producto se trata?					
¿Cuál es el público meta?					

14 Escenario profesional

1 Piense en un nuevo producto y búsquele un nombre.

perfumes	cosméticos	zapatos de deporte	un restaurante	una moto	una nueva revista	viajes

2 Decida qué mensaje quiere transmitir.

3 Prepare la campaña de lanzamiento del nuevo producto. Utilice símbolos, dibujos, etc. para llamar la atención del consumidor. Escriba eslóganes originales. Piense en vallas publicitarias e información para un mailing.
Escriba anuncios para la prensa, la radio y la televisión.
Escriba mensajes para el correo electrónico.

4 Presente la campaña en clase.

Lección 8 ¿Voy bien por aquí?

Alquiler de un coche

La empresa Torres tiene el crédito acordado para ampliar la fábrica. Pero también hay que modernizar las oficinas. Piensan en comprar nuevas instalaciones y, por supuesto, adquirir ofimática de última generación. Marcela y Rogelio van a reunirse con la Sra. Álvarez Ortiz. Ella viene especialmente de Valencia para asesorarlos. Naturalmente, le gustaría aprovechar el viaje para visitar a varios clientes de la región. En este momento está planificando su visita.

a Le mando un plano.

Ana María: Sí, ¡díga!
Sra. Álvarez: Soy yo otra vez, Álvarez, de Valencia. Quiero comunicarle que ya tengo la fecha de viaje. ¿Está bien el lunes 13 para ustedes?
Ana María: Sí, nos va bien. ¿Viene en coche?
Sra. Álvarez: No, es más cómodo viajar en tren. Hay un "Euromed" que llega a las nueve.
Ana María: Entonces, la recogeremos a la estación.
Sra. Álvarez: Gracias, no es necesario. Voy a alquilar un coche porque tengo el tiempo muy justo y ...
Ana María: Si es así, mejor nos reunimos en Barcelona, en el Hotel Rex.
Sra. Álvarez: ¡Magnífico! Explíqueme, por favor, cómo llegar.
Ana María: ¡Oh, está bien señalizado! Usted llega a Sants, ¿no? El hotel está a cinco minutos, en el Recinto Ferial. Salga hacia la derecha y tome la calle de Tarragona. Siga ...
Sra. Álvarez: Momentito, por favor, que estoy anotando.
Ana María: Sí, perdone. Mire, es un poco difícil de explicar. Mejor le mando un plano.
Sra. Álvarez: Muy bien. ¿Me lo manda por fax?
Ana María: Sí, se lo mando enseguida.
Sra. Álvarez: Perfecto. Mándelo a la extensión 482.
Ana María: Vale. Otra cosa: ¿le reservo un hotel?
Sra. Álvarez: Sí, por favor. Resérvemelo para dos días.

b Un fax

TORRES & COMPAÑÍA S.L.
C/ ARENALES, 15–19 | E–08180 FLORES
TEL 937 878 600 | FAX 937 878 666

FAX

De:	Torres & Cía. Ana María Pérez	A:	Ofimueble & Ofimática Luisa Álvarez Ortiz
Fax:	937 878 666	Fax:	961 897 482
Páginas:	2	Fecha:	03.11.2006

Estimada Sra. Álvarez:
La dirección del hotel es c/ Lleida, 35. Aquí le mando la descripción del camino. Como le decía, está bien señalizado. Tome la calle de Tarragona hacia la derecha y siga todo recto en dirección a Plaza España. Va a pasar delante de la antigua plaza de toros y llegar a un cruce con una rotonda. Tome la Avenida Reina María Cristina, es la tercera salida. A mano izquierda verá el Palacio de Congresos. Siga hasta el semáforo y doble a la izquierda en la Avenida de Rius y Taulet. La calle de Lleida cruza la avenida. Tiene que doblar a la izquierda y enseguida verá el hotel. Es un edificio muy alto. Pregunte por mí o por Marcela. Cualquier cosa, escríbame un mensaje.

¡Buen viaje!

Ana María Pérez

1

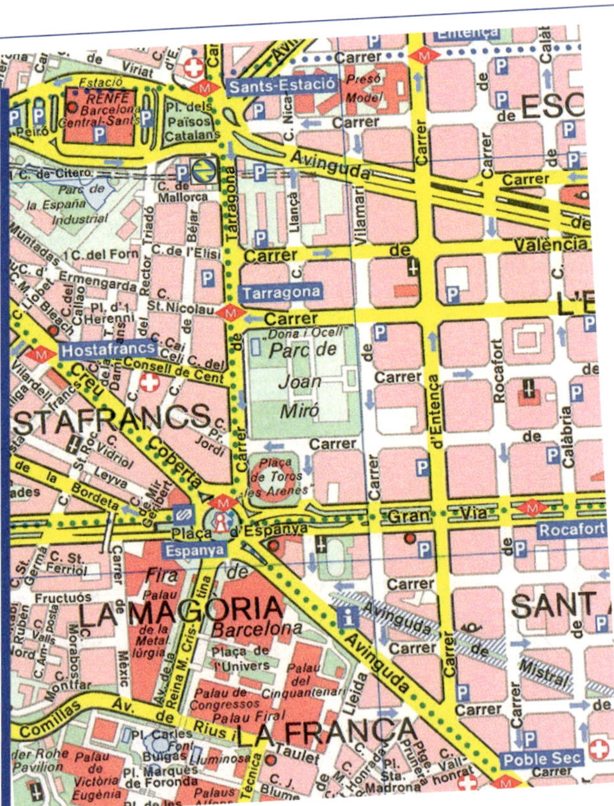

2

1 Informe.

¿Quién viene? ¿Cuándo llega? ¿Qué problema hay?
¿Cómo viene? ¿Dónde se reúnen? ¿Cuál es la solución?

c Depende del precio.

Empleada: ¡Bueno, bueno, chicas! ¡Contádmelo después! – Buenos días, señora. ¿La atienden ya?
Sra. Álvarez: No, todavía no.
Empleada: ¿En qué puedo servirle?
Sra. Álvarez: Quisiera alquilar un coche por cinco días.
Empleada: Muy bien. En qué coche ha pensado: ¿grande, mediano, pequeño?
Sra. Álvarez: Eso depende del precio, ¿no? ¿Cuánto cuesta, por ejemplo, un Renault Clio?
Empleada: 185 euros por cinco días. Pero estos días también hay una promoción de un Ford Mondeo por sólo 38 euros por día. Vale la pena, ¿no?
Sra. Álvarez: Sí, me conviene más, es más confortable. Una pregunta: ¿tiene aire acondicionado?
Empleada: Todos los coches tienen aire acondicionado y muchos también teléfono y sistema de navegación. ¿Me da el permiso de conducir?
Sra. Álvarez: Por supuesto, aquí lo tiene.
Empleada: Luisa Álvarez Ortiz. ¿Su dirección permanente es ésta?
Sra. Álvarez: Sí, Avenida del Puerto 82, Valencia.
Empleada: El precio incluye seguro a terceros y seguro parcial de robo. ¿Quiere otro seguro?
Sra. Álvarez: No, está muy bien. ¿Está todo listo?
Empleada: Sí, firme aquí, por favor. Ahora vaya con el impreso a la ventanilla 3 y entrégueselo a mi colega, pague en caja y vuelva aquí con el recibo. Mi colega le entrega las llaves. – José, te dejo las llaves. Por favor, dáselas a esta señora, yo voy a desayunar.

d El formulario

Contrato N° 63634 Fecha:

Datos del conductor	
Nombre:	Coche:
Apellidos:	Matrícula: 6328 DRN
Dirección en España:	Estado del coche: PERFECTO
Dirección país de origen: LA MISMA	Recogida: 13.11.06
Número de teléfono: 963357052	Entrega: 17.11.06
DNI/Pasaporte: 15.272.911-M	Seguro de robo:
Permiso de conducir: 90563603	Seguro de ocupantes:

e En camino

Ana María: Sí, ¡diga!
Sra. Álvarez: Soy yo, Álvarez. He tenido que hacer un desvío. Estoy en la Gran Vía. ¿Voy bien por aquí?
Ana María: No, no. Tiene que dar la vuelta.
Sra. Álvarez: ¿Y después? Es que me he salido del plano que me ha mandado y no sé cómo seguir ...
Ana María: Ningún problema, yo la guío.
Sra. Álvarez: ¡Suerte que tengo un coche con teléfono!

2 Alquiler de coches

Complete el formulario con los datos que faltan.
Escriba en letra de imprenta.

3 Informe.

¿Qué clase de coche quiere la Sra. Álvarez?
¿Qué datos son necesarios?
¿Qué documentos son necesarios?
¿Cómo hay que rellenar el formulario?

4 ¿Podría guiarla?

A continuación la Sra. Álvarez tiene una cita en el Hotel Italia, en la esquina de Gran Vía con Rocafort. Explíquele cómo puede llegar.

Realidad hispánica

LLEGA EL "CARSHARING"

El sistema de carsharing es popular en todo el mundo. En 500 ciudades europeas funciona con éxito y ya más de 13.000 usuarios comparten coche. El carsharing ha tenido el mayor éxito en ciudades y regiones con alta densidad de población y poco espacio como el Silicon Valley, en California. Allí los vehículos compartidos han permitido a muchas familias vender su segundo y tercer coche. El usuario dispone de un segundo coche cuando lo necesita sin pagar los gastos todo el año.

Un estudio hecho por el Ayuntamiento de Barcelona demostró que los coches están parados el 96,5 % del tiempo. No sólo producen gastos, sino que, al mismo tiempo, son la causa principal de los atascos. Todos conocemos las fatales consecuencias de éstos para la ecología. Además, con tantos coches parados, la ciudad pierde calidad de vida: faltan espacios verdes, lugares de paseo. Junto al uso del transporte público, el carsharing ofrece una buena alternativa para mejorar la situación del tráfico y disminuir la contaminación del aire en las grandes ciudades.

La empresa "Catalunya Carsharing" acaba de poner en marcha el sistema en Barcelona. Por el momento, da servicio sólo dentro de la ciudad. Cuenta con 20 coches y 10 aparcamientos para unos 400 clientes. Para poder utilizarlos el primer paso es registrarse como usuario. Las tarifas no son demasiado altas: hay que pagar 410 euros como cuota de acceso y 8 euros por mes. A esto hay que añadir – según el tipo de vehículo – entre 0,10 y 0,35 euros por kilómetro y entre 2,10 y 2,90 euros por hora de uso. La reserva puede hacerse por teléfono o por Internet (www.catalunyacarsharing.com).

5 Informe.

¿Qué significa "carsharing"?
¿Cómo funciona el sistema?
¿Dónde tuvo éxito?
¿Dónde se lo quiere utilizar ahora?
¿Qué sabe sobre la nueva empresa?
¿Cuánto cuesta el servicio?

6 ¿Compartimos coche?

Discuta sobre las ventajas y desventajas de compartir coche.

tener que registrarse	ahorrar tiempo	menos coches
reservar antes de usar	usar el coche cuando uno quiere	más calidad de vida
ser menos libre	ahorrar dinero	menos contaminación
aparcamientos lejos	viajar más cómodo	más espacios verdes

Ejemplo:

A Si hay menos coches en la ciudad, aumenta la calidad de vida.
B Pues, para mí, calidad de vida es poder ir y venir adónde quiero en cualquier momento.
C Yo pago impuestos, y quiero aparcar el coche delante de mi casa, ¿no?
A Y los niños, ¿dónde juegan?

Recuerde

A Bejahter Imperativ

2. Person: Die 2. Person Singular (tú) ist Ihnen bereits bekannt (⊠ EP 1, S. 147; ⊠ EP 2, S. 11).
Der Plural (vosotros/-as) wird aus dem Infinitiv gebildet – das -r wird durch ein -d ersetzt: preguntar → ¡preguntad!
In der Umgangssprache wird stattdessen auch häufig der Infinitiv verwendet (¡Esperar un momento!, ¡A practicar!).
In Lateinamerika benutzt man im Plural meist die 3. Person, auch wenn man sich duzt.

1. und 3. Person: Der Imperativ der 1. Person Plural (nosotros/-as) und der 3. Person Singular und Plural (usted/es) hat die „umgekehrten" Vokale der Infinitivendung (-ar: -e, -emos, -en; -er/-ir: -a, -amos, -an). Die 1. Person Plural wird aber meist mit vamos a + Infinitiv (¡Vamos a tomar algo!) oder mit einer Frage (¿Hacemos una pausa?) umschrieben.

	regelmäßige Verben			Verben mit Veränderung des Stammvokals		
	preguntar	vender	escribir	e → ie: cerrar	o → ue: volver	e → i: pedir
tú	pregunt**a**	vend**e**	escrib**e**	ci**e**rra	v**ue**lve	p**i**de
usted	pregunt**e**	vend**a**	escrib**a**	ci**e**rre	v**ue**lva	p**i**da
vosotros/-as	pregunt**ad**	vend**ed**	escrib**id**	cerrad	volved	pedid
ustedes	pregunt**en**	vend**an**	escrib**an**	ci**e**rren	v**ue**lvan	p**i**dan

Verben mit orthografischen Veränderungen

empezar	(usted/es) empie**c**e/n
explicar	(usted/es) expli**qu**e/n
pagar	(usted/es) pa**gu**e/n
seguir	(usted/es) si**g**a/n

Verben mit unregelmäßiger 1. Person im Präsens

conozer	conozco ⊠ (usted/es) cono**zc**a/n
producir	produzco ⊠ (usted/es) produ**zc**a/n

Verben mit unregelmäßigen Formen ⊠ Apéndice, S. 144

ser	**sé**, **sea**, sed, **sean**
ir	**ve(te)**, **vay**a, id, **vay**an
hacer	**haz**, ha**g**a, haced, ha**g**an
decir	**di**, di**g**a, decid, di**g**an
poner	**pon**, pon**g**a, poned, pon**g**an
salir	**sal**, sal**g**a, salid, sal**g**an
tener	**ten**, ten**g**a, tened, ten**g**an
venir	**ven**, ven**g**a, venid, ven**g**an

B Objektpronomen – zwei Pronomen in einem Satz

Die Objektpronomen stehen normalerweise unmittelbar vor dem konjugierten Verb (→ EP 1, S. 107 und S. 123).
Wenn zwei Pronomen in einem Satz zusammentreffen, steht das direkte Pronomen nach dem indirekten.

Firmo el contrato.	Ich unterschreibe den Vertrag.	¿**Me** manda el plano por fax?	Schicken Sie mir den Plan per Fax?
Lo firmo.	Ich unterschreibe ihn.	¿**Me lo** manda por fax?	Schicken Sie ihn mir per Fax?

Die indirekten Pronomen le/les werden vor la, las, lo, los durch se ersetzt.

Le mando un plano.	Ich schicke Ihnen einen Plan.	**Les** doy las llaves.	Ich gebe ihnen die Schlüssel.
Se lo mando enseguida.	Ich schicke ihn Ihnen sofort.	**Se las** doy.	Ich gebe sie ihnen.

Bei Konstruktionen mit Infinitiv oder gerundio können die Pronomen angehängt werden.

¿**Me lo** puede reservar? / ¿Puede reservár**melo**?	Können Sie es mir reservieren?
Se lo estoy explicando. / Estoy explicándo**selo**.	Ich erkläre es ihr/ihm/ihnen gerade.

Beim bejahten Imperativ müssen sie immer angehängt werden.

Resérve**me** el hotel. ⊠ Résérve**melo**.	Reservieren Sie es mir.
Dá**le** las llaves. ⊠ Dá**selas**.	Gib sie ihr/ihm.

7 Publicidad y propaganda

Busque los imperativos en los anuncios publicitarios y haga una lista.

Infinitivo	2ª persona singular	3ª persona singular

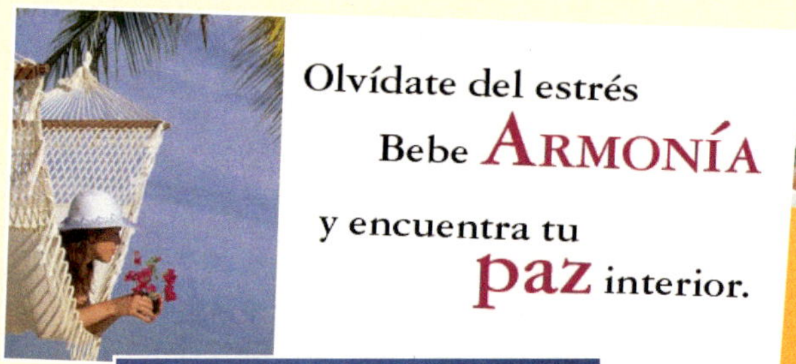

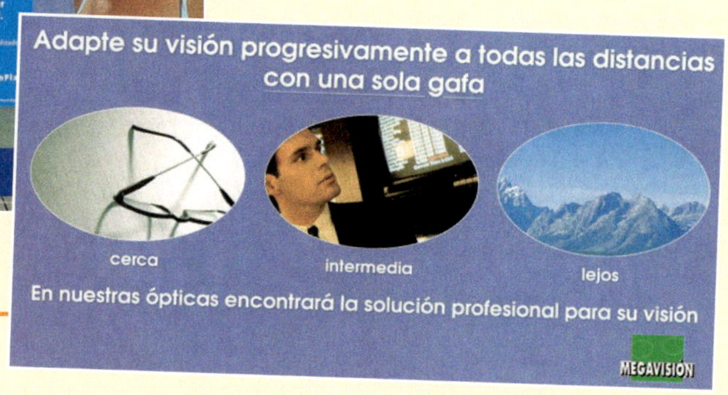

8 Imperativo

Complete la tabla con las formas del imperativo.

	usted	ustedes	tú	vosotros/-as
viajar	viaje			
conocer		conozcan		
venir			ven	
hacer				
volver				haced

9 Hay que saber vender.

Prepare un anuncio publicitario o un spot para la tele. Utilice los verbos del ejercicio 8 y otros verbos.

10 El sistema de navegación

Lea las instrucciones de uso del GPS y complételas con el imperativo de la 2ª persona singular.

Ejemplo: Conecte el aparato y pulse el botón "on". (conectar, pulsar)

1. ____ el idioma que desea y ____ clic. (elegir, hacer)
2. ____ el destino de su viaje y ____ un momento. (anotar, esperar)
3. En el monitor aparecen varios caminos. ____ cuál prefiere. (decidir)
4. ____ su viaje. ____ las instrucciones del GPS. (empezar, escuchar)
5. Si no dice nada, ____ todo recto. (seguir)
6. ____ tranquilo. Si hay un atasco o un desvío, el sistema le ofrecerá la mejor solución. (ir)
7. Al llegar a destino, ____ el sistema. ¡Buen viaje! (desconectar)

11 Dígalo de otro modo.

Utilice el imperativo.

Ejemplo: ¿Puede explicarnos cómo llegar? → Explíquenos cómo llegar.

1. ¿Me manda un mapa?
2. Deben tomar la autopista y salir en la tercera salida.
3. Tiene que doblar a la izquierda e ir en dirección a Valencia.
4. Tenéis que seguir hasta el semáforo.
5. Debe entrar a la rotonda.
6. ¿Me llamas al llegar aquí, por favor?

12 En dos pasos

Transforme las frases en dos pasos como en el ejemplo.

Ejemplo: Mercedes trae chocolate a los niños. → Ella les trae chocolate. → Se lo trae.

1. El señor Meyer da el maletín a Alicia.
2. El camarero recomienda las aceitunas a los clientes.
3. Pablo paga la factura al recepcionista.
4. El recepcionista da las llaves a Marta.
5. Los clientes le traen mazapán al Sr. Torres.
6. Carmen deja su bicicleta a Felipe.
7. Felipe cuenta chistes a los compañeros de trabajo.
8. Los abuelos han regalado un caballo a Adriana.

13 Preguntas y más preguntas

Conteste utilizando los pronombres correspondientes.

Ejemplo: ¿Quién le ha dado la llave? – Me la ha dado el portero.

1. ¿Me has traído las fotos? – Sí, ____.
2. ¿Podríais dejarnos los catálogos? – Por supuesto, ____.
3. ¿Te he dicho ya que voy a ir a Madrid? – No, no ____.
4. ¿Cuándo te compraste esa bicicleta? – ____ hace poco.
5. ¿Por qué no me devuelves mis libros? – No ____ porque los necesito.
6. ¿Nos puede mandar un plano de la ciudad? – Cómo no, ____ enseguida.
7. ¿Le ha entregado los formularios a mi colega? – Sí, ya ____.

14 Imperativo + pronombre

Complete las tablas.

decir	a mí	a nosotros	al Sr. Ruiz	a la Sra. Zamora	a ellas
tú	______	______	¡dile!	______	______
usted	¡dígame!	______	______	______	______

comunicarlo	a mí	a nosotros	al Sr. Ruiz	a la Sra. Zamora	a ellas
tú	¡comunícamelo!	______	______	______	______
usted	______	______	______	______	¡comuníqueselo!

15 Está todo bien señalizado.

1 Relacione.

1. ☐ el semáforo
2. ☐ el cruce
3. ☐ a la izquierda
4. ☐ el puente
5. ☐ a la derecha
6. ☐ la señal de tráfico
7. ☐ la autopista
8. ☐ todo recto
9. ☐ el túnel

a

b

c

d

e

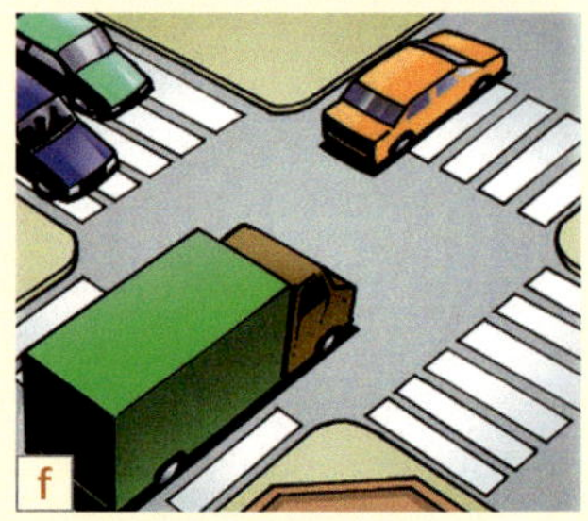
f

g

h

i

2 Escuche las instrucciones del GPS y complete las frases con expresiones del ejercicio 15.1.

Salga del aeropuerto hacia la ____. Vaya hasta el segundo ____. Siga todo recto hasta el tercer ____. Doble a la ____ y pase por el ____. Siga ____. Enseguida va a ver la señal de la ____. Tome la autopista en dirección a Santa Ana y salga en Río Seco. Es la cuarta o quinta salida. Vaya hasta el ____. Crúcelo y de allí sale la carretera número 45. Santillana del Mar está a doce kilómetros.

3 Un amigo quiere visitarle en Santillana del Mar. Explíquele el camino por teléfono.

Es fácil llegar: sal del aeropuerto hacia la derecha, ...

16 ¿Me puede decir cómo ir a ...?

Mire el plano de la ciudad y pregunte a su compañero/-a. A trabaja con este plano, B con el plano en la página 155.
A: Usted está en la estación y está buscando: un centro comercial / una piscina / el Bar Paco / un cine / el museo / el hospital. Su compañero/-a le explica el camino. Márquelo en el plano.

Oiga, ¿para ir a ...? ¿Sabe usted dónde está ...? Perdón, ¿hay un/una ... aquí cerca? Oiga, por favor, ¿... está lejos?	Vaya todo recto hasta el semáforo ... Tome la primera/segunda/tercera calle a la izquierda / a la derecha ... Siga hasta el cruce, allí doble ...

17 A ofrece, B agradece.

Complete los minidiálogos con el verbo que falta.

1. ¿Le puedo ____ en algo?	Pues sí, busco unos zapatos de verano.	ofrecer
2. ¿Le ____ el hotel?	Sí, por dos noches, por favor.	ayudar
3. ¿La ____ al aeropuerto?	No es necesario. Hay un autobús al centro.	llamar
4. ¿Le ____ un fax?	Sí, por favor, mándeme un plano también.	reservar
5. ¿Qué le ____? ¿Un whisky?	Mmm ... no. Es que tengo que conducir.	mandar
6. ¿Le ____ un taxi?	No gracias, son muy caros aquí.	ir a buscar

18 ¿Le puedo ayudar en algo?

Controle su fraseología y traduzca las frases.

1. Werden Sie schon bedient?
2. Womit kann ich dienen?
3. Woran haben Sie gedacht?
4. Was können Sie mir empfehlen?
5. Es kommt auf den Preis an.
6. Es lohnt sich, der Preis ist sehr günstig.
7. Sie müssen das Formular ausfüllen.
8. Das ist alles. Unterschreiben Sie hier, bitte.

Lección 9 Nuevas instalaciones

Descripción de productos

Por fin ha llegado el día de hacerse asesorar. Don Rogelio y Marcela se reúnen con la señora Álvarez Ortiz en el Hotel Rex en Barcelona. La señora Álvarez es la Jefa de Ventas de Ofimueble & Ofimática, una conocida Pyme de Valencia, especializada en muebles de oficina y en ofimática.

a No crean.

Don Rogelio: Bienvenida, señora. ¿Qué tal el viaje?
Sra. Álvarez: Todo bien, por suerte. Gracias por la invitación. Aquí tienen mi tarjeta.
Don Rogelio: Gracias. ¡No me diga! ¿Usted es interiorista? ¿No es especialista en ofimática?
Sra. Álvarez: Pues, claro. Lo importante al equipar una oficina es la armonía y de eso nos ocupamos los interioristas. Los escritorios, estanterías, archivadores, elementos de decoración, como alfombras y cuadros, son los que hacen el ambiente. Mi colega Juan Peñaloza se ocupa de la ofimática. Por cierto, suministramos a nuestros clientes ordenadores de última generación e impresoras de alta velocidad a precios sin competencia.
Don Rogelio: Sí, eso ponen en su anuncio, por eso nos pusimos en contacto con ustedes.
Marcela: He oído que la última tendencia es el "desk sharing", ¿no?
Sra. Álvarez: Efectivamente. Es una alternativa.
Marcela: Dicen que es un sistema mucho más económico.
Sra. Álvarez: No crean, depende. Si los alquileres son muy altos, sí. Si no, no vale la pena.

b No me digas.

Sra. Álvarez: Aquí les he traído algunas fotos de nuestras últimas instalaciones.
Marcela: ¡Ah! Mira, Rogelio. ¡Qué ambiente más acogedor!
Don Rogelio: ¡No me digas que te gusta! Parece un cuarto de estar y no una oficina.
Sra. Álvarez: Ha habido un cambio muy grande. Un lugar de trabajo no tiene por qué ser estéril. Al contrario: lo importante es sentirse bien.
Don Rogelio: ¿Wellness en la oficina? ¡Conmigo no! Yo lo que necesito es una silla cómoda, ¡y basta!
Marcela: No seas retrógrado. Quedaría bonito algo así, ¿no?
Sra. Álvarez: Lo del sillón cómodo se sobreentiende. Todos nuestros muebles son ergonómicos y regulables. La altura del monitor, por ejemplo, es muy importante.
Don Rogelio: ¡Es verdad! Yo siempre tengo dolor de espalda.

1 Informe sobre ...

... la reunión:
- el motivo y el lugar
- el rompehielos y el desarrollo

... las expectativas:
- lo que quiere don Rogelio
- las preferencias de Marcela

... el asesoramiento:
- la empresa Ofimueble & Ofimática
- la oferta actual y las nuevas tendencias

2 Descúbralo usted mismo/-a.

Complete la tabla con las formas del imperativo negativo.

	tú	usted	ustedes
creer	no creas	______	______
ser	______	no sea	______
decir	______	______	no digan

c No se preocupen.

Marcela: La verdad es que no sabemos por dónde empezar.
Sra. Álvarez: Para eso estoy yo, ¿no? Hagan una lista de sus necesidades actuales y previsiones futuras, pero no compren demasiadas cosas. Les recomiendo muebles funcionales, a ser posible modulares, así crecen con ustedes.
Don Rogelio: Estupendo. ¿Y los precios?
Sra. Álvarez: Depende. La mesa de ordenador más sencilla, de metal, cuesta sólo 90 euros, y ya hay sillas ergonómicas totalmente regulables por 60 euros. Claro que también hay otros modelos más elegantes.
Marcela: Por supuesto, queremos algo un poco mejor. Pero ¿y el estilo, la decoración?
Sra. Álvarez: Yo elegiría colores cálidos y una decoración sencilla, por ejemplo, plantas, quizás agua. El agua tranquiliza. Lo principal es la luz, la iluminación. ¡Ah, a propósito! ¡Es importante contar con muchos enchufes!
Don Rogelio: ¡Vaya, claro! Pero ¡en nuestra empresa no hay enchufes! Bromas aparte, si quiere le mandamos un plano detallado.
Sra. Álvarez: No se moleste. De cualquier modo pienso visitarlos pronto en Flores.
Marcela: Eso esperamos. ¿Nos deja ese catálogo también?
Sra. Álvarez: Lo siento. Suelo traer más, pero hoy tengo sólo uno y lo necesito. Pero no se preocupen, mañana mismo se lo hago mandar.
Don Rogelio: Vale, gracias. Y gracias por haber venido.
Sra. Álvarez: Gracias a ustedes por la invitación y ¡mucho éxito!

TODO PARA LA OFICINA

22

1

989 €

2

176 €

3

216 €

2134 €

23

4

1 Escritorio
2 Silla giratoria
3 Estante alto
4 Sofás y sillón

3 Muebles nuevos

Usted quiere equipar su oficina. Tiene muchas exigencias. ¿Qué muebles pide? Relacione.

Requisitos:			Usted pide:
tener una forma cómoda y adecuada al cuerpo	1	a	muebles regulables
poder adaptarse a cada persona	2	b	muebles modulares
poder combinarse de diferentes maneras	3	c	muebles ergonómicos

4 ¿Qué es importante para usted?

Opine y discuta con sus compañeros/-as.

Ejemplo:

A Para mí, es igual. Yo cuando trabajo, trabajo.
B Para mí, lo importante es tener mucho espacio.
C Yo tengo una foto de mi perro. Me gusta tener algo personal. Es que estoy muchas horas ahí ...

ambiente tranquilo	vista bonita
escritorio grande	silla cómoda
mucho espacio	buena decoración
mucha luz	objetos personales
muchas estanterías	...

Realidad hispánica

Compartir escritorio

Para poder competir en un mundo globalizado, recortar gastos es fundamental. Hay muchos factores que no se ven y uno de ellos son las oficinas. En Europa Occidental cada empleado dispone de un promedio de 32 metros cuadrados si se incluyen todas las instalaciones. Claro que hay enormes diferencias entre los confortables despachos de los directivos y las oficinas comunes.

Sin embargo, no todos los empleados están todo el día en el mismo lugar. Muchos viajan o visitan clientes. Otros cambian de departamento o hacen teletrabajo. Por otra parte siempre falta alguien, por diferentes motivos: ferias, exposiciones, cursos, seminarios, enfermedad, vacaciones, "días libres" por horas extras, etc. El resultado son altos costos que con el "desk sharing" pueden reducirse. Pero ¿cómo funciona este sistema?

Los escritorios no están reservados para nadie, se comparten. Cada empleado tiene su ordenador portátil, teléfono y todo lo que necesita en un trolley. Cuando el empleado llega, lo toma, busca un escritorio libre, busca un enchufe y se pone a trabajar. Si va a una reunión, lleva "su oficina" a la sala de conferencias y tiene todo a mano. Para telefonear tranquilamente puede ir a una oficina sin ruido. Cuando deja de trabajar, desconecta el trolley, lo cierra y lo lleva a su lugar. Al día siguiente vuelve a empezar: busca su trolley, busca un escritorio, ...

El sistema es racional y democrático. Todos tienen la misma decoración, las mismas posibilidades. Pueden conocer a otros empleados y a veces tener la vista más bonita. Sin embargo, muchos empleados no se sienten bien en un ambiente frío, impersonal. No les gusta cambiar todos los días de lugar. Dicen que llevar el trolley y regular los muebles es una pérdida de tiempo y que hay rivalidades por los mejores lugares. Muchas veces no se sabe dónde está quién. Para compartir tareas los colegas tienen que telefonear y organizarse primero. Comparten escritorio, pero no pueden ayudarse espontáneamente.

5 Y a usted, ¿le gustaría compartir escritorio?

1 Marque su opinión. Después compare y discuta con sus compañeros/-as.

El sistema me parece:
- ☐ práctico
- ☐ bien organizado
- ☐ limpio y ordenado
- ☐ burocrático
- ☐ impersonal

Lo que me gusta:
- ☐ Se conoce cada día otra gente.
- ☐ Se concentra mejor entre desconocidos.
- ☐ Se trabaja tranquilo/-a sin charlas.
- ☐ Todos los datos están en el portátil. Hay pocos papeles en los archivadores.

Lo que no me gusta:
- ☐ Hay pocas cosas personales.
- ☐ No se tiene un grupo fijo de compañeros.
- ☐ Hay que trabajar cada día en otro ambiente.
- ☐ Hay poco espacio para los documentos.
- ☐ Faltan voces, sonrisas, gestos conocidos.

2 Explique cómo debe ser su oficina ideal.

con escritorio compartido	para mí solamente	para mí y mi colega	con el jefe / la jefa
para varias personas	con muchas personas	para mí, es lo mismo	sin el jefe / la jefa

6 Teletrabajo

Un grupo busca argumentos a favor del sistema y otro, en contra. Opine y discuta. ¿En qué empresas cree que funciona este sistema? ¿Para quiénes puede tener ventajas? ¿Piensa que se trabaja más o menos?

Recuerde

A Verneinter Imperativ

Alle Formen des verneinten Imperativs haben die „umgekehrten“ Vokale ihrer Infinitivendungen: -ar: -e; -er/-ir: -a.

	regelmäßige Verben			Verben mit Veränderung des Stammvokals		
	preguntar	vender	escribir	e → ie: cerrar	o → ue: volver	e → i: pedir
tú	no pregun**tes**	no vend**as**	no escrib**as**	no c**ie**rres	no v**ue**lvas	no p**i**das
usted	no pregunt**e**	no vend**a**	no escrib**a**	no c**ie**rre	no v**ue**lva	no p**i**da
vosotros/-as	no pregunt**éis**	no vend**áis**	no escrib**áis**	no cerréis	no volváis	no pedáis
ustedes	no pregunt**en**	no vend**an**	no escrib**an**	no c**ie**rr**en**	no v**ue**lv**an**	no p**i**d**an**

Verben mit orthografischen Veränderungen

empezar	no empie**c**es, no empie**ce** ...
explicar	no expli**qu**es, no expli**que** ...
pagar	no pag**u**es, no pag**ue** ...

Verben mit unregelmäßiger 1. Person im Präsens

producir	produzco → no produ**zc**as, no produ**zc**a ...

Verben mit unregelmäßigen Formen → Apéndice, S. 144

ser	no **se**as, no **sea** ...
ir	no **vayas**, no **vay**a ...
hacer	no ha**g**as, no ha**g**a ...
decir	no di**g**as, no di**g**a ...
poner	no pon**g**as, no pon**g**a ...
venir	no ven**g**as, no ven**g**a ...

B Verneinter Imperativ + Pronomen

Anders als beim bejahten Imperativ dürfen die Pronomen an den verneinten Imperativ nicht angehängt werden. Sie stehen immer direkt vor dem Verb.

¡Díga**melo** todo!	Sagen Sie mir alles!	¡Explíca**melo**!	Erklär es mir!
¡No **me lo** diga!	Sagen Sie es mir nicht!	¡No **me lo** expliques!	Erklär es mir nicht!

C Llevar – traer

traer
(her)bringen
llevar
(hin)bringen

Jefe: ¿Me **trae** los documentos, por favor?
Bringen Sie mir bitte die Unterlagen (her)?
Secretaria: Sí, se los **llevo** enseguida.
Ja, ich bringe sie Ihnen sofort (hin).

Secretaria: Aquí le **traigo** los documentos.
Hier bringe ich Ihnen die Unterlagen.

D Perífrasis verbales

acabar de + Inf.	soeben getan haben	**Acaba de** llegar.	Er ist gerade angekommen.
ponerse a + Inf.	anfangen	El empleado **se pone a** trabajar.	Der Angestellte fängt an zu arbeiten.
dejar de + Inf.	aufhören	Cuando **deja de** trabjar, ...	Wenn er aufhört zu arbeiten, ...
volver a + Inf.	wieder tun	Al día siguiente **vuelve a** empezar.	Am nächsten Tag fängt er wieder an.
pensar + Inf.	vorhaben	**Pienso** visitarlos pronto.	Ich habe vor, Sie bald zu besuchen.
soler + Inf.	gewöhnlich tun	**Suelo** traer catálogos.	Gewöhnlich bringe ich Kataloge mit.
hacer + Inf.	lassen	Quieren **hacerse** asesorar.	Sie möchten sich beraten lassen.

7 En la oficina

Mire las fotos y relacione.

1. ☐ el escritorio
2. ☐ la estantería
3. ☐ la silla
4. ☐ la mesa redonda
5. ☐ la lámpara
6. ☐ la impresora
7. ☐ la fotocopiadora
8. ☐ el archivador
9. ☐ el sillón giratorio

a

b

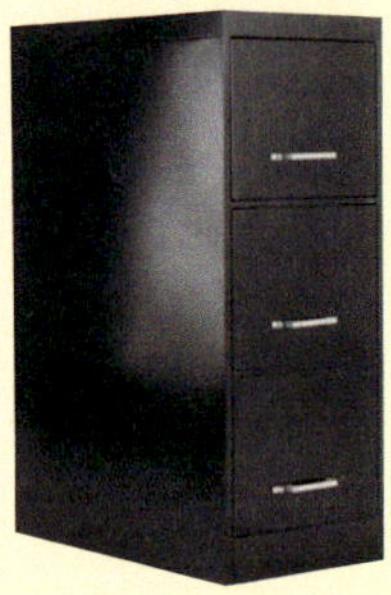
c

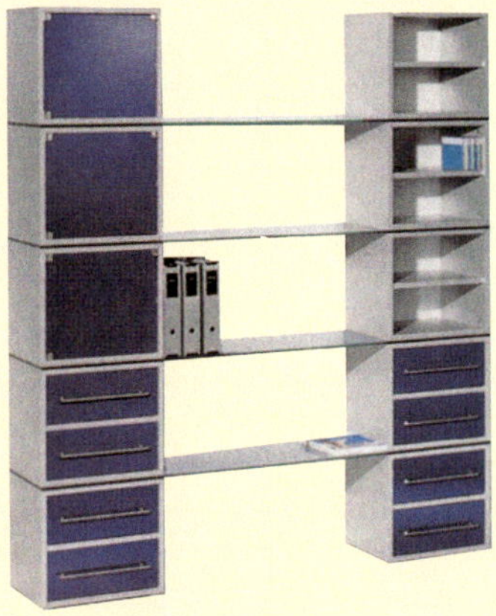
d

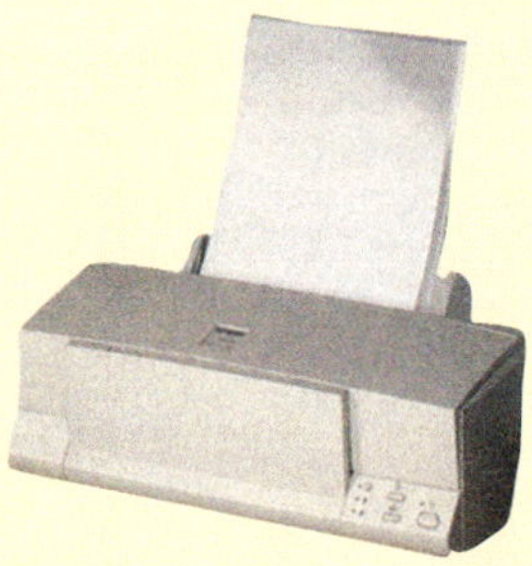
e

f

g

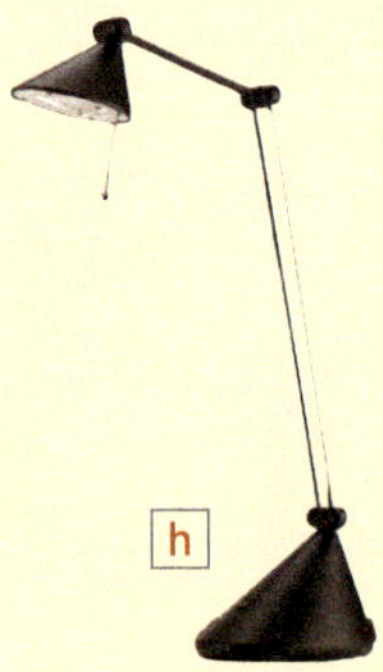
h

i

8 Cuestión de estilos

¿Qué muebles prefiere? Elija a su gusto y después compare con su compañero/-a.

Ejemplo:

A A mí me gustan los muebles funcionales, un poco futuristas y de colores fuertes.

B Yo prefiero muebles clásicos, colores decentes. Me encanta la luz indirecta y ...

muebles		colores	elementos de decoración
☐ clásicos	☐ modulares	☐ cálidos	☐ luz difusa
☐ antiguos	☐ regulables	☐ claros	☐ luz indirecta
☐ modernos	☐ ergonómicos	☐ decentes	☐ alfombras
☐ futuristas	☐ de metal	☐ fuertes	☐ plantas
☐ elegantes	☐ de madera	☐ oscuros	☐ fotos
☐ funcionales	☐ de plástico	☐ fríos	☐ cuadros

9 ¿Qué podríamos poner aquí?

Su empresa tiene oficinas nuevas. Usted y sus colegas deben equiparlas. Elijan uno de estos ambientes. Cada uno hace un esquema. Después deciden juntos cuál es la mejor solución.

- la secretaría
- la sala de espera
- el pasillo
- la sala de conferencias
- la oficina común
- la oficina de los gerentes

Ejemplo:
A ¿Por qué no ponemos el escritorio aquí y la estantería allí?
B ¿Y si ponemos un archivador en vez de la estantería?
C Sí, es verdad. Quedaría mejor.

Podríamos poner ...	Sería mejor ...
Habría más espacio.	Quedaría bonito.
Me parece bien/mejor ...	(No) me gusta mucho.
Yo prefiero ...	Y si ponemos ...

10 Español moderno

Explique lo que se entiende por ...

... el/la interiorista. ... la ofimática. ... el "desk sharing". ... el mueble ergonómico.

11 Expresiones sinónimas

Busque la expresión sinónima y relacione.

1.
los gastos 1	a las causas
recortar 2	b las consecuencias
los motivos 3	c reducir
los resultados 4	d los costos

2.
ponerse a 1	a volver a buscar
dejar de 2	b tener
disponer de 3	c empezar a
buscar otra vez 4	d terminar de

12 Imperativo

Complete las tablas.

afirmativo	tú	vosotros/-as	usted	ustedes
estudiar	estudia			
pagar		pagad		
poner			ponga	

negativo	tú	vosotros/-as	usted	ustedes
llamar	no llames			
escribir		no escribáis		
volver			no vuelva	
ser				no sean

13 Prohibido todo.

Mire las situaciones de los dibujos. Complete lo que dicen las personas.

trabajar	entrar	~~comer~~	volver	beber	aparcar	jugar	fumar

¡No comas ______ aquí!

¡Por favor, ______!

¡______ tanto!

¡______ más!

¡______ aquí!

¡______ con el perro!

¡______ al fútbol aquí!

¡______ tarde!

14 Conteste que no.

Conteste las preguntas utilizando el imperativo negativo.

Ejemplo: ¿Te espero a comer? – No, no me esperes.

1. ¿Te lo digo ahora?
2. ¿Le ayudo?
3. ¿Os escribo?
4. ¿Les traigo algo?
5. ¿Se lo digo al jefe?
6. ¿Os llamamos?
7. ¿Le hago una copia?
8. ¿Los vamos a buscar?

15 ¿*Traer* o *llevar*?

Complete los minidiálogos. En el primer diálogo A y B hablan por teléfono, en el segundo personalmente.

1. A Si usted viene mañana, ¿nos ____ un catálogo?
   B Sí, por supuesto. Les ____ todos nuestros catálogos. ¿Les ____ algo más? ¿Muestras, quizás?
   A No, no se moleste. No nos ____ nada más.
   B Pues, no es molestia. Tengo una mochila grande y puedo ____ muchas cosas.

2. A Hola, buenas tardes. Les he ____ cinco catálogos.
   B ¿Nos ha ____ la lista de precios también?
   A No, no está lista, pero se la ____ a la feria.
   B Es una buena idea. Yo también ____ todo allí.

16 Recursos de comunicación

Hay muchas "frases hechas" con el imperativo. Complete.

1. ¡No creas que es fácil! ______ Glaub nicht, dass es einfach ist!
2. ¡No te olvides! ______
3. ______ Sag bloß!
4. ¡No traiga nada! ______
5. ______ Gehen Sie noch nicht weg!
6. ¡No seas tonto! ______
7. ______ Machen Sie sich keine Sorgen!
8. ¡No se lo digas a nadie! ______
9. ______ Machen Sie sich keine Mühe!
10. ¡No pongas cara de tonto! ______

17 Perífrasis

Complete.

hacerse	ponerse (2x)	acabar	soler	volver	pensar (2x)

A ¿Sabes? ______ de darnos el crédito.

B ¡Qué bien! Y ¿qué ______ hacer ahora?

A ______ modernizar todo.

B ¿Vais a ______ a comprar muebles de metal?

A No sé, primero tenemos que ______ asesorar.

Y tú, ¿cuándo te vas a ______ a estudiar?

B Ya sabes, yo ______ estudiar por la noche.

Después de cenar ______ a trabajar.

18 Escenario profesional

Un grupo de "clientes" quiere amueblar sus nuevas oficinas. Otro grupo, el de los "expertos", los asesora (página 155).

Clientes:

1 **Preparen un esquema de sus oficinas.**
2 **Hagan una lista de las necesidades actuales** (somos ... personas, trabajamos mucho en grupos, tenemos contacto con clientes, queremos exhibir los nuevos productos ...).
3 **Hagan previsiones para el futuro** (queremos ampliar la gama de productos, contratar más personal ...).
4 **Decidan cómo quieren decorar la oficina** (queremos algo funcional, elegante, exclusivo ...).
5 **Háganse asesorar respecto a muebles y ofimática** (pidan precios, pregunten por ofertas y descuentos ...).

Preparativos para la feria

Don Rogelio ha decidido exponer en el Salón de la Alimentación, que se celebra cada dos años en Madrid. Es un poco tarde, sin embargo espera tener suerte. Quiere que las chicas reserven el hotel y los billetes y que consigan un stand de unos 25 metros cuadrados, que esté bien ubicado. Es importante que no sea demasiado caro.

a Lo primero es un stand.

Ana María: Nos gustaría poner un stand en el SAL. ¿Hay algún sitio libre todavía?
Empleada: Temo que no quede nada. A ver un momentito, por favor ... Pues tiene usted muchísima suerte: todavía quedan algunos sitios. Son pequeños, pero hay uno bastante central. ¿Le interesa?
Ana María: Por supuesto. ¿Cuántos metros tiene?
Empleada: Dieciocho. ¿Desea que le mande información detallada?
Ana María: Sí, por favor. Y, ¿podría decirme cuánto cuesta?
Empleada: Le mando la lista de precios también. Es necesario que confirme pronto la reserva.
Ana María: De acuerdo. Mándeme todo por e-mail, entonces.

b ¡Manos a la obra!

Ana María: ¡Ya tenemos un stand! Es pequeño, pero central.
Alicia: ¡Estupendo! Voy a buscar un vuelo. ¿Cuántos somos?
Ana María: Con el jefe, cinco.
Alicia: ¡Pues manos a la obra! ¡Espero que encontremos algún vuelo barato!
Ana María: Pues, chica, cueste lo que cueste, hay que hacer hoy mismo la reserva.
Alicia: Aquí hay una oferta de Spanair, ida y vuelta por 129 euros. Está bien, ¿no?
Ana María: Pues, sí. ¡Otra cosa ya no vamos a conseguir!
Carmen: Si quieres, yo me ocupo del hotel. Cerca del recinto de ferias, ¿no?
Ana María: ¡Claro, lo más cerca posible! ¡Ojalá tengamos suerte con el hotel también!

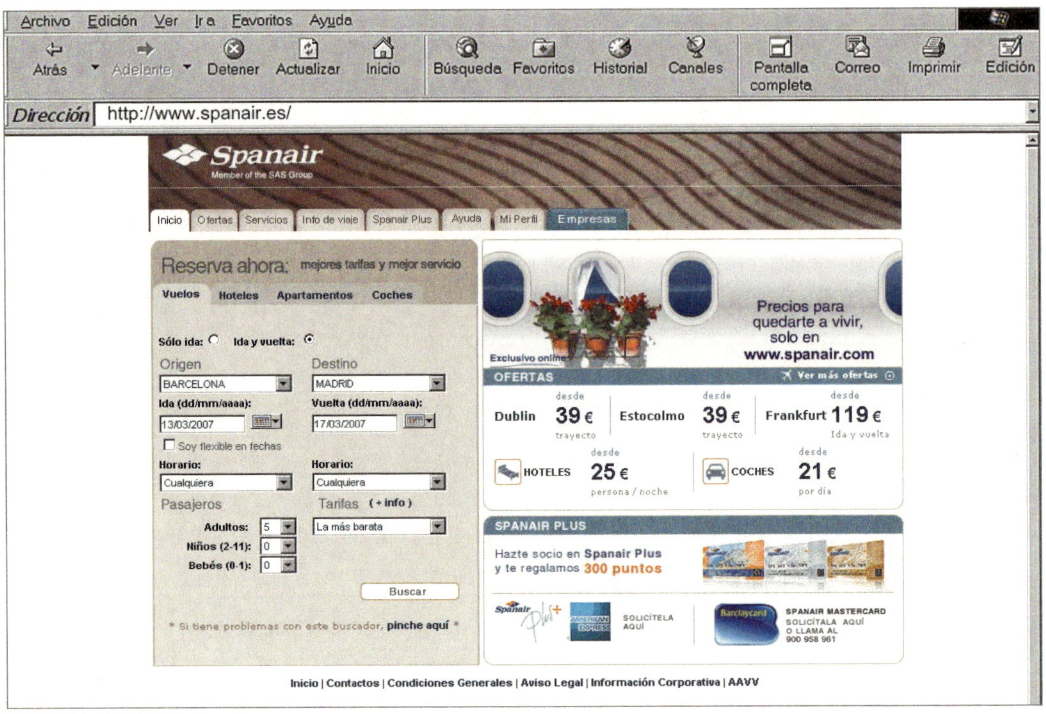

1 Descúbralo usted mismo/-a.

1 Busque las frases en los diálogos y complételas.

Quiere que las chicas ____.
¿Desea que le ____?
Temo que no ____.
Espero que ____.
Es importante que ____.
Es necesario que ____.

2 Son formas del presente de subjuntivo. ¿A qué otra forma verbal se parecen?

3 ¿Qué tienen en común estas frases?

4 Busque más formas de subjuntivo.

c **Espero que haya lugar ...**

Carmen llama a un hotel tras otro, pero no hay nada libre ...

Carmen: Llamo para hacer una reserva ...

Empleada: ¿Para qué fecha, señorita?

Carmen: Para mediados de marzo, para el Salón de la Alimentación.

Empleada: ¿Por cuánto tiempo?

Carmen: Pues, por cuatro días, del 13 al 17 de marzo.

Empleada: A ver ... un momentito. Sí, todavía quedan habitaciones libres.

Carmen: ¡Qué suerte! ¿Y cuánto cuestan?

Empleada: Con bufé de desayuno incluido, 165 euros por noche.

Carmen: ¡Vaya! ¿Son individuales?

Empleada: No, son dobles. Por uso individual hay un suplemento de 43,18 euros.

Carmen: ¿No hay tarifas especiales para grupos?

Empleada: Depende ...

d **¡Que tengan buen viaje!**

Empleada: ¿Cuántas personas son?

Carmen: Cinco. Necesitaríamos tres habitaciones, dos dobles y una individual.

Empleada: Lo siento. No hay disponibilidad. Pero es posible que quede algo en el Nacional. A ver, ... sí, sí ...

Carmen: ¿Y dónde está?

Empleada: En pleno centro. ¿Está usted en Internet?

Carmen: Sí, ¡aquí lo veo! ¡Es precioso! Lástima que no esté cerca de la feria. Y el precio, ¿es el mismo?

Empleada: El mismo, señorita. Y hay un autobús directo que une el hotel con la feria.

Carmen: ¡Qué bien! Eso es una gran facilidad. ¿Con qué tarjeta es más conveniente pagar?

Empleada: Es mejor que pague con Visa. ¿Quiere que le haga la reserva?

Carmen: ¡Vale! Gracias, muy amable.

Empleada: Gracias a usted y que tengan buen viaje.

Hotel NH Nacional ****

NH HOTELS

Situación: En él "Triangulo del Arte" entre el Museo Thyssen, el Museo del Prado y el Centro de Arte Reina Sofía, junto a la estación de Atocha, en pleno centro de Madrid, y frente al Jardín Botánico.

Habitaciones: Minibar, aire

TEMPORADA	REG.	2 DÍAS / 1 NOCHE	NOCHE EXT. V-D
01/11 - 04/12	AD	222,79	58,03
05/12 - 07/12	AD	264,71	61,93
08/12 - 04/01	AD	237,78	61,93
05/01 - 31/03	AD	222,79	58,03
01/04 - 01/04	AD	218,74	53,98
02/04 - 03/04	AD	260,38	57,61
04/04 - 09/04	AD	257,50	54,73
10/04 - 11/04	AD	216,04	51,28
12/04 - 30/04	AD	218,74	53,98
01/05 - 31/05	AD	225,05	53,98

Hotel NH Parque Avenidas ****

NH HOTELS

Situación: En el barrio de Salamanca, con fácil acceso a la M-30, al aeropuerto y al Recinto Ferial de IFEMA.

Habitaciones: Con baño completo, aire acondicionado, mini-bar, teléfono y TV.

Complementos: Restaurante, bar-cafetería, salones para convenciones y parking.

Dirección
Mesoneros Romanos, 13
Madrid.
Tel.: 91 532 15 52.

TEMPORADA	REG.	2 DÍAS / 1 NOCHE	NOCHE EXT. V-D
01/11 - 04/12	AD	218,74	53,98
05/12 - 07/12	AD	260,38	57,61
08/12 - 04/01	AD	233,46	57,61
05/01 - 31/03	AD	218,74	53,98
01/04 - 01/04	AD	216,04	51,28
02/04 - 03/04	AD	257,50	54,73
04/04 - 09/04	AD	254,62	51,85
10/04 - 11/04	AD	213,34	48,58
12/04 - 30/04	AD	216,04	51,28
01/05 - 31/05	AD	222,35	51,28
01/06 - 30/06	AD	209,74	51,28
01/07 - 14/07	AD	207,04	48,58
15/07 - 15/08	AD	219,65	48,58
16/08 - 31/08	AD	200,73	48,58
01/09 - 12/09	AD	209,74	51,28
13/09 - 31/10	AD	222,35	51,28

Suplemento L-J: 12/04-30/06 y 01/09-31/10: 10,80€, 01/11-31/03: 10,94€; 01-03/04: 11,28€; 01-31/07: 13,49€ por persona y noche
Suplemento habitación individual: 40,48€, excepto 01/11-04/12, 05/01-31/03 y 02-03/04: 43,18€; 05/12-04/01: 46,09€; 04-09/04: 41,77€; 10-11/04 y 01/07-31/08: 39,13€ por noche. L-J: Consultar.
Condiciones niños: De 0 a 12 años 1º gratis en S.A., resto de servicios pago directo hotel
Descuento 3ª persona: consultar
Suplemento fechas especiales: 26-28/09: 43,18€ por persona y noche

2 Informe.

¿Qué quiere hacer la empresa Torres?
¿Por qué es difícil hacer las reservas?
¿Cómo hacen para conseguir todo?
¿Cómo son los precios?
¿Dónde está el hotel?
¿Está lejos de la feria?

3 El SAL

Infórmese e informe. Busque informaciones en Internet (http://www.ifema.es/provisionales/sal.htm) y haga una pequeña presentación.

¿Qué significa SAL? ¿Cada cuánto tiempo se celebra? ¿Cuál es el tema la próxima vez?

Realidad hispánica

4 Entrenamiento para azafatas de ferias

Lea la encuesta y marque su opinión. Compare con sus compañeros/-as. Después lea la opinión de los expertos.

1. ¿Cuál es la propaganda más efectiva?
   ☐ la escrita ☐ la de la televisión ☐ la "boca a boca"

2. ¿A cuántas personas cuenta su experiencia ...
   a) ... un cliente satisfecho?
   ☐ a ninguna ☐ a 2–4 ☐ a 5–9 ☐ a 10–14 ☐ a 15 o más
   b) ... un cliente descontento?
   ☐ a ninguna ☐ a 2–4 ☐ a 5–9 ☐ a 10–14 ☐ a 15 o más

PROPAGANDA "BOCA A BOCA"

¿Lo sabía usted? Las noticias vuelan. Por eso, la mejor propaganda es la propaganda "boca a boca". Un cliente satisfecho cuenta sus experiencias a cinco personas, pero uno descontento a quince o más. O sea, cueste lo que cueste, haga todo lo posible para que no haya conflictos. Nadie debe tener motivos de queja. Sin embargo, en situaciones de mucho estrés la gente se pone nerviosa y es posible que haya malentendidos, equivocaciones u otras dificultades. Le recomendamos que mantenga la calma y que recuerde que no habla sólo con la boca. ¡Su mímica es el 55 % del mensaje!

Las 10 reglas de oro

- Pregunte con toda tranquilidad cuál es el problema.
- Escuche con interés. Mire a los ojos a la persona con la que habla.
- Diga que sí con la cabeza, así el cliente sabrá que usted comprende lo que dice.
- Déjelo hablar. No interrumpa nunca. Tampoco si hay un malentendido.
- Discúlpese. Diga, por ejemplo, "comprendo el motivo de su queja".
- Siga preguntando hasta aclarar bien el problema.
- Repita lo que ha escuchado y tome notas.
- No prometa cosas imposibles y evite la palabrita "pero".
- Solucione el problema lo antes posible. Si no sabe cómo, pregunte al cliente lo que puede hacer.
- Termine siempre en forma positiva: "Me alegra que esté todo aclarado" o "Espero que nos visite otra vez".

5 ¿Y usted?

1 Informe sobre sus propias experiencias. Compare con sus compañeros/-as.

Usted ha tenido un problema durante un viaje. ¿A quiénes se lo ha contado?
Usted ha estado en un evento que le ha gustado mucho. ¿A cuántas personas se lo ha dicho?
Usted ha visitado una feria o exposición interesante. ¿Cuánto tiempo sigue hablando del tema?

2 Compruebe ahora si la tesis arriba mencionada es verdad o no.

6 Entrenamiento profesional

1 Lea otra vez lo que opinan los expertos e informe.

¿Por qué es importante evitar conflictos? ¿Qué puede pasar entonces?
¿Cómo está la gente en situaciones de mucho estrés? ¿Qué se debe hacer en esos casos?

2 ¿Está en todo de acuerdo? ¿Qué es lo principal para usted?

Recuerde

A Presente de subjuntivo

Das presente de subjuntivo wird aus der 1. Person Singular des Indikativ Präsens abgeleitet. Die Verben auf -ar bekommen Endungen mit -e, die Verben auf -er und -ir Endungen mit -a.

Gruppenverben mit Veränderung des Stammvokals im Präsens ändern auch im presente de subjuntivo den Vokal in den entsprechenden Personen. Bei den Gruppenverben auf -ir ändern sich alle Personen.

regelmäßige Verben

reservar	vender	escribir
reserv**e**	vend**a**	escrib**a**
reserv**es**	vend**as**	escrib**as**
reserv**e**	vend**a**	escrib**a**
reserv**emos**	vend**amos**	escrib**amos**
reserv**éis**	vend**áis**	escrib**áis**
reserv**en**	vend**an**	escrib**an**

Verben mit Veränderung des Stammvokals

e → ie: pensar	o → ue: volver	e → i: pedir
p**ie**nse	v**ue**lva	p**i**da
p**ie**nses	v**ue**lvas	p**i**das
p**ie**nse	v**ue**lva	p**i**da
pensemos	volvamos	p**i**damos
penséis	volváis	p**i**dáis
p**ie**nsen	v**ue**lvan	p**i**dan

Verben mit orthografischen Veränderungen

buscar	bus**qu**e, bus**qu**es, ...
pagar	pag**u**e, pag**u**es, ...
empezar	empie**c**e, empie**c**es, ...

Verben mit unregelmäßiger 1. Person im Indikativ

conocer	cono**zc**o	cono**zc**a, cono**zc**as, ...
hacer	ha**g**o	ha**g**a, ha**g**as, ...
decir	di**g**o	di**g**a, di**g**as, ...

unregelmäßige Verben ⊠ Apéndice, S. 144 ff.

ser	**sea**, **seas**, **sea**, **seamos**, **seáis**, **sean**
dar	**dé**, **des**, **dé**, **demos**, **deis**, **den**
ir	**vaya**, **vayas**, **vaya**, **vayamos**, **vayáis**, **vayan**
estar	**esté**, **estés**, **esté**, **estemos**, **estéis**, **estén**
haber	**haya**, **hayas**, **haya**, **hayamos**, **hayáis**, **hayan**
saber	**sepa**, **sepas**, **sepa**, **sepamos**, **sepáis**, **sepan**

Der Indikativ bezieht sich auf die Realität und beschreibt sie objektiv. Der subjuntivo bezieht sich auf die Wunsch- bzw. Gefühlswelt und bewertet sie subjektiv.

Wünsche und Forderungen

Quiere que las chicas reserven el hotel.	Er möchte, dass die Frauen das Hotel reservieren.
¿**Desea que** le mande información?	Soll ich Ihnen Informationen zuschicken?

Auch im Relativsatz bezeichnet der subjuntivo ein gesuchtes bzw. gewünschtes Merkmal.

Buscan un stand **que** esté bien ubicado.	Sie suchen einen Stand, der günstig gelegen ist.

Hoffnungen und Gefühle

Espero que encontremos un vuelo.	Ich hoffe, dass wir einen Flug finden.
¡**Ojalá** tengamos suerte!	Hoffentlich haben wir Glück!
Temo que no quede nada.	Ich fürchte, es ist nichts mehr übrig.
Me alegra que tengamos un stand.	Es freut mich, dass wir einen Stand haben.
Lástima que no esté cerca.	Schade, dass es nicht in der Nähe ist.

unpersönliche und feststehende Ausdrücke

Es necesario que confirme la reserva.	Es ist erforderlich, dass Sie die Reservierung bestätigen.
Es mejor que pague con Visa.	Es ist besser, wenn Sie mit Visa zahlen.
Es posible que haya lugar.	Es ist möglich, dass noch Platz ist.
Cueste lo que cueste.	Koste es, was es wolle.

7 La habitación del hotel

Relacione.

1. ☐ la cama
2. ☐ el cuadro
3. ☐ la mesa
4. ☐ la lámpara
5. ☐ la silla
6. ☐ el sillón
7. ☐ la moqueta
8. ☐ la ventana
9. ☐ la calefacción
10. ☐ la cortina
11. ☐ el balcón
12. ☐ el espejo

8 Lo mejor de un viaje es ...

1 Escoja tres cosas que le gustan y tres que no le gustan.

conocer ciudades y países · conocer gente · descansar · ver a viejos amigos · no hacer nada · ver cómo vive otra gente · practicar idiomas

overbooking · cambiar de avión · el aire en el avión · el ruido · pagar las bebidas · servicios sucios · llegar con retraso · llevar mucho equipaje

2 Opine y compare con sus compañeros/-as.

Lo mejor de un viaje es ir a un buen hotel.

A mí no me gusta cambiar de avión.

Lo bueno es ... · Lo interesante es ... · A mí me encanta ...

A mí me molesta ... · Lo malo es ... · Y lo peor es ...

9 ¿Qué es importante para usted?

1 Complete las frases en subjuntivo.

bien ubicado · cerca de ... · vista bonita · mucho/poco ruido · limpio/-a · tranquilo/-a · buen servicio · comida buena · desayuno bufé · acceso a Internet · aire acondicionado · ascensor · piscina · balcón

el hotel
Es importante que el hotel esté ...
Para mí, lo principal es que sea ...
Es necesario que tenga ...
También es muy importante que haya ...
Y sobre todo que no haya ...

la habitación
Lo principal es que ...
También es necesario que ...
No es necesario que ...
Pero es muy importante que ...
Es igual que ... o que no ...

Para mí, es importante que el hotel esté cerca de la playa.

Lo principal es que tenga vista al mar.

2 Usted y sus compañeros/-as planifican un viaje. Intercambien opiniones.

10 No unimos ciudades ...

1 **Mire la imagen por diez segundos.**

¿Qué ve?
¿Qué significa la imagen?
¿Qué colores usa?
¿Con qué asocia estos colores?

2 **¿A quiénes cree que se dirige el anuncio? ¿Le gusta a usted?**

3 **¿Cómo se presenta la compañía en el anuncio?**

4 **Discuta. ¿Volaría usted con esta compañía?**

11 ¿Es posible? ¡Ojalá!

1 **Usted va a volar con una compañía desconocida. Todo es posible, pero nada es seguro. Haga frases.**

Puede ser que ...	conseguir un vuelo
Es posible que ...	haber vuelos directos
Espero que ...	llegar bien las maletas
Ojalá ...	haber servicio de a bordo
	no ser necesario pagar las bebidas
	poder dormir un poco durante el viaje

Puede ser que haya vuelos directos.

2 **Ahora está en el avión. Exprese sus sentimientos. Haga frases.**

Me alegro de que ...	ser un vuelo directo
Es una suerte que ...	no costar mucho
Siento que ...	el avión estar tan lleno
Suerte que ...	no poderse fumar
Lástima que ...	no haber nada para tomar

12 ¿Cómo quieren que sea?

Todos saben muy bien lo que quieren. Explique cómo tiene que ser qué. Utilice el subjuntivo.

los turistas

buscar un vuelo	ser barato
querer un hotel	estar bien ubicado
desear una habitación	tener acceso a Internet

Los turistas buscan un vuelo que sea barato.

el jefe

querer un stand	no costar mucho
necesitar empleados	hablar bien inglés
desear una secretaria	saber varios idiomas

los clientes

buscar productos	estar de moda
querer precios	ser competitivo
desear un móvil	sonar agradablemente

13 Una reserva

Haga un diálogo.
A: Usted tiene que viajar por trabajo.
Llame a un hotel para hacer la reserva.
Infórmese sobre:

- Lage und Anbindung zu Ihrem Ziel
- Verfügbarkeit eines Zimmers zum gewünschten Termin
- Möblierung des Zimmers (ggf. auch mit Internet-Anschluss)
- Preise und Zahlungsmöglichkeiten
- Alternative, falls kein Zimmer verfügbar ist

B: Usted trabaja en el hotel y le da la información a su compañero/-a.

14 Quejas, malentendidos y dificultades

Complete con la palabra que falta.

verbo	sustantivo, adjetivo
quejarse	Voy a apuntar todo en el libro de quejas.
preocuparse	La jefa está muy ____.
equivocarse	Ha habido una ____. Ha sido un error nuestro.
entender algo mal	Ha habido un ____, pero ya está todo aclarado.
solucionar algo	Es una buena ____. Ya no hay ninguna dificultad.
arreglar el asunto	Ya está todo ____.

15 Un cliente enfadado

¿Qué se le puede decir a un cliente enfadado? ¿Y qué no? Ordene las frases. Comente con sus compañeros/-as.

☺ Se le debe decir.	☹ No se le debe decir.

1. Ya sé, ya sé. Conozco bien el problema, ya lo he escuchado mil veces.
2. Explíqueme, por favor, qué es lo que pasa, ¿cuál es su problema?
3. Yo no soy responsable si mi colega no hace bien las cosas.
4. Sí, claro, es grave, pero tampoco tanto. Le vamos a devolver el dinero.
5. Ha sido un gusto conocerlo. ¡Buen viaje y hasta la próxima!
6. Siento mucho que tengan que esperar y cambiar de autobús.
7. La escucho, señora. Siga hablando. Estoy anotándolo todo.
8. ¡No puede ser! Tiene que haber un error. ¡Estoy seguro!
9. Vamos, tranquilo, ¡hay cosas peores! Ahí está el libro de quejas ...
10. Entonces, ¿usted ha tenido que esperar casi una hora? ¿Bajo la lluvia?

16 ¿Qué es lo que quiere el jefe?

Haga frases como en el ejemplo.

Ejemplo: Quiere que la secretaria llame a los clientes. Espera que los clientes lleguen bien.

el jefe	la secretaria	los clientes
querer que	llamar a los clientes	llegar bien
pedir que	fijar una fecha para la reunión	ser amables
decir que	aplazar la cita con el dentista	entender español
esperar que	reservar una mesa para esta noche	comprar mucho
desear que	tener las muestras a mano	firmar el contrato

17 Cueste lo que cueste.

Relacione.

Donde usted quiera. 1
Como usted diga. 2
Cuando usted pueda. 3

a Wie Sie wünschen.
b Wann immer Sie können.
c Wo Sie möchten.

Sea como sea. 4
Haga lo que haga. 5
Digan lo que digan. 6

d Egal, was die Leute sagen.
e Wie dem auch sei.
f Was er/sie auch immer macht.

18 Y que tenga vista al mar ...

Inés y Jorge quieren alquilar una casa. Complete la carta. Decida si es necesario el subjuntivo o no.

contestar estar enviar ser (3x)
tener (3x) poder recomendar

Estimados señores:

Mi esposo y yo queremos alquilar una casa de vacaciones para el mes de agosto. Para nosotros, lo principal ____ que la casa ____ cerca de la playa y si es posible, que ____ vista al mar.
Esperamos que usted ____ ayudarnos, que nos ____ una casa bonita. Es igual si la casa ____ vieja o nueva, pero queremos que ____ bastante grande, ya que ____ cinco hijos y queremos que ____ lugar para jugar.

Esperamos que nos ____ pronto y nos ____ fotos o catálogos de "nuestra casa".

Saludos cordiales

Inés Benítez

19 ¿Con subjuntivo o no?

Traduzca las frases. Decida si es necesario el subjuntivo.

1.
A Die Kinder möchten, dass ich mit ihnen zum Strand gehe.
B Heute habe ich leider keine Zeit.
A Vielleicht können wir aber morgen gehen.
B Hoffen wir, dass dann das Wetter gut ist.

2.
A Heute kommen die Kunden aus Madrid.
B Ich hoffe, es sind sympathische Leute.
A Es ist möglich, dass sie viel kaufen.
B Wir wollen mit ihnen in „La Vaca Paca" essen gehen.

Lección 11 En la feria

¡Cuánta gente!

La feria dura cinco días. Hoy está abierta al público. Hay muchísima gente y un ambiente casi de fiesta. Todo está muy bien decorado, lleno de fantasía y color, con una iluminación espectacular y música de fondo. La organización es perfecta. Amplios pabellones, bien señalizados, compiten por atraer a los visitantes. Los modernos stands de las diferentes empresas llaman la atención con acciones y presentaciones. Tanto los expositores como los empleados están satisfechos, a pesar de que tienen que trabajar hasta doce horas por día. Es siempre interesante y a menudo divertido hablar con el público, ver a los colegas de la competencia, tomar una copa o flirtear un poco con algún cliente ...

1 ¿Qué dicen?

Escuche las conversaciones y marque lo que hacen los/las empleados/-as y los/las clientes/-as. Comente con sus compañeros/-as.

	recibir	despedir	pedir algo	disculparse	informar	ofrecer servicios	expresar deseos	averiguar algo
empleados/-as	☐	☐	☐	☐	☐	☐	☐	☐
clientes/-as	☐	☐	☐	☐	☐	☐	☐	☐

2 Conversaciones típicas

1 Escuche otra vez y apunte los recursos para empezar una conversación. Complete la lista con otras expresiones que conozca.

2 Ahora apunte los recursos para terminar una conversación.

Quisiera hablar con ...

3 La feria

¿Usted ha estado en alguna feria? ¿En cuál? Explíqueselo a sus compañeros/-as.

4 Descúbralo usted mismo/-a.

1 Busque en los diálogos las expresiones con subjuntivo.

2 Busque las formas del subjuntivo que se refieren al pasado.

Realidad hispánica

La gran fábrica del mundo

Muchas industrias clásicas españolas, como la fabricación de zapatos, de juguetes o la industria textil se ven confrontadas con una nueva competencia: la de los productos chinos. Durante siglos China había estado aislada del resto del mundo, detrás de 6000 km de muralla. En los últimos años, ha abierto las fronteras y liberalizado su economía. Desde entonces crece a una velocidad espectacular. En muchos sectores ya es el primer exportador del mundo. Curiosamente, la economía es capitalista, pero el gobierno sigue siendo comunista.

China ha empezado exportando productos de poca calidad a precios muy bajos, pero ha mejorado muy rápido, comprando patentes o copiando tecnología extranjera. Hoy en día China es "la gran fábrica del mundo". Se trata de una producción masiva. Produce el 80 % de los reproductores de DVD, el 70 % de los juguetes, el 50 % de los zapatos, una de cada dos cámaras digitales, uno de cada tres móviles, una de cada cuatro lavadoras, casi la mitad de los textiles de algodón, gran parte de los televisores y de los aparatos de aire acondicionado, etc.

La gran ventaja de China es que allí el trabajo es muy barato, debido a la enorme cantidad de población. Mientras que en Europa un obrero no calificado gana unos 8 euros por hora, en China sólo gana 0,30 euros. Naturalmente, las condiciones de trabajo y de vida también son muy diferentes.

Los países occidentales deben acostumbrarse a esta nueva competencia, aunque la industria local sufra. En los EEUU, por ejemplo, ya casi todas las camisetas son chinas. En Europa los países con una fuerte industria textil como España, Italia y Francia piden medidas proteccionistas mientras que los demás países exigen libertad de comercio. Para poder exportar tecnología a la nueva potencia económica, dicen, también hay que comprarle sus productos. No se puede cerrar la importación.

5 Nueva información

Busque en el texto tres datos que le hayan llamado la atención. Utilice el imperfecto. ¿Recuerda las formas? Compare con sus compañeros/-as.

Yo no sabía que la gran muralla de China tenía 6000 km de largo.

Yo no pensaba que producía tantos ...

6 China

Infórmese e informe.

¿Cuántos habitantes tiene? ¿Cuáles son las ciudades industriales? ¿Qué idiomas se hablan? ¿Cómo es el gobierno?

7 Las empresas chinas

Opine y discuta con sus compañeros/-as: Las empresas chinas ...

1. ... exportan mucho por ...
   - ☐ la alta calidad de sus productos.
   - ☐ los precios muy competitivos.
   - ☐ los diseños exclusivos.

2. ... cuentan con ...
   - ☐ un mercado de trabajo muy favorable.
   - ☐ bajos costos por la producción masiva.
   - ☐ una gran experiencia y tradición.

3. ... compran ...
   - ☐ patentes.
   - ☐ saber hacer.
   - ☐ productos elaborados.
   - ☐ materias primas.

Recuerde

A Ausdrücke mit *subjuntivo* oder Indikativ

Ausdrücke mit *subjuntivo*	Ausdrücke mit Indikativ
1 Meinungsäußerung	
verneint (Man glaubt etwas nicht.)	bejaht (Man glaubt etwas.)
No creo que tarde en llegar.	**Creo que** está en la lista.
Yo **no pienso que** sea conveniente.	**Pienso que** es conveniente.
2 Möglichkeit	
quizás, tal vez: vielleicht (eher unwahrscheinlich)	**a lo mejor, quizás, tal vez:** vielleicht (wahrscheinlich)
Quizás llegue pronto.	**A lo mejor** llega pronto.
Quizás venga.	**Quizás** viene.
Tal vez la visite en Granada.	**Tal vez** la visito en Granada.
3 Zeitangaben	
Zukunft	Gegenwart, Vergangenheit
cuando: wenn	**cuando:** immer wenn
Visíteme **cuando** vaya a Granada.	**Cuando** voy a Granada, visito la Alhambra.
Besuchen Sie mich, wenn Sie nach Granada kommen.	Immer wenn ich in Granada bin, besuche ich die Alhambra.
en cuanto: sobald	**en cuanto:** sobald, als
Avíseme, **en cuanto** llegue la clienta.	**En cuanto** llegó, se tomaron un café.
Benachrichtigen Sie mich, sobald die Kundin kommt.	Sobald er angekommen war, tranken sie einen Kaffee.
mientras: solange	**mientras:** während, solange
Mientras no llegue el jefe, no puedo hacer nada.	Mira la presentación **mientras** espera.
Solange der Chef nicht da ist, kann ich nichts unternehmen.	Sie schaut sich die Präsentation an, während sie wartet.
antes de que: bevor (Zukunft + Vergangenheit)	**antes de +** Infinitiv: bevor
Antes de que se vaya, tiene que firmar.	**Antes de** irse firmó.
Bevor Sie gehen, müssen Sie (noch) unterschreiben.	Er unterschrieb, bevor er ging.
4 Bedeutungsunterschied	
para que: damit	**para + infinitivo:** um zu
Le dejo mi tarjeta, **para que** me llame.	¿A quién me dirijo **para** preguntar precios?
Ich lasse Ihnen meine Karte da, damit Sie mich anrufen.	An wen muss ich mich wenden, um die Preise zu erfahren?
aunque: selbst wenn (Möglichkeit)	**aunque:** obwohl (Tatsache)
No me importa **aunque** tenga que esperar.	Están contentos **aunque** tienen mucho trabajo.
Es macht mir nichts aus, selbst wenn ich warten muss.	Sie sind zufrieden, obwohl sie viel zu tun haben.

B Perfecto de subjuntivo

Das perfecto de subjuntivo wird mit dem presente de subjuntivo von haber + Partizip Perfekt gebildet.

haya llegado	Ojalá **haya pensado** en todo.	Hoffentlich habe ich an alles gedacht.
hayas llegado	Espero que **hayas recibido** mi fax.	Ich hoffe, du hast mein Fax bekommen.
haya llegado	Le agradezco que nos **haya visitado**.	Ich danke Ihnen, dass Sie uns besucht haben.
hayamos llegado	Me alegro de que nos **hayamos conocido**.	Ich freue mich, dass wir uns kennen gelernt haben.
hayáis llegado	Lástima que no lo **hayáis visto** todo.	Schade, dass ihr nicht alles gesehen habt.
hayan llegado	Es posible que **hayan quedado** catálogos.	Möglicherweise sind noch Kataloge da.

Das perfecto de subjuntivo bezieht sich auf die Vergangenheit, hat aber einen unmittelbaren Bezug zur Gegenwart. Es wird meist gebraucht, um Wünsche, Gefühle oder Möglichkeiten auszudrücken.

8 Sus experiencias

Intercambie experiencias y deseos con sus compañeros/-as.

¿Quién ha ido a una feria?
¿A qué feria?
¿Era sólo para profesionales?
¿Cuándo y dónde ha sido?
¿Qué ha hecho allí?
¿En qué stands ha estado?
¿A qué feria le gustaría ir?
¿Por qué?
¿Qué le gustaría hacer allí?

En agosto estuve en la Cebit, en Hannover. Me gustó mucho.

A mí me gustaría ir a la Feria del Automóvil, en Francfort. ¡Así probaría los coches nuevos!

9 ¿Quién es mejor comunicador?

1 ¿Recuerda los recursos de comunicación? Formen tres grupos. Cada grupo anota los recursos de comunicación necesarios para ...

A	B	C
– grüßen	– sich verabschieden	– sich bedanken
– sich erkundigen	– etwas ankündigen	– bitten, auffordern
– bedauern	– sich entschuldigen	– Einverständnis erklären
– Hoffnung äußern	– Wünsche äußern	– Meinungen äußern

2 Cada grupo presenta sus recursos al resto de la clase. ¿Cuántos recursos ha encontrado su grupo?

10 ¿Tardar o durar?

Complete con el verbo que falta.

¿Cuánto tarda? = ¿Cuánto tiempo necesita?

1. ¿Cuánto ____ la película?
2. ¿Cuántos días ____ la feria?
3. ¿Cuánto ____ en llegar una carta a Buenos Aires?
4. ¿Cuánto ____ la función de esta tarde?
5. ¿Cuánto ____ esta máquina para fabricar una tonelada?
6. ¿Cuántas horas ____ la batería de su ordenador portátil?
7. ¿Cuánto ____ en llegar el autobús?
8. ¿Cuánto ____ el viaje de Madrid a Toledo?

11 Productos genéticamente manipulados

Decida para cada frase si *aunque* se refiere a una posibilidad o a un hecho.

	Es posible. selbst wenn	Es un hecho. obwohl
1. Yo no sé mucho del tema, aunque todos hablan de eso.	☐	☐
2. Aunque todos digan que son buenos, yo no me lo creo.	☐	☐
3. Nadie sabe nada todavía, aunque se investiga mucho.	☐	☐
4. Aunque hagan mucha propaganda, aquí nadie los va a comprar.	☐	☐
5. Aunque en algunos países se cultivan, pienso que no son buenos para la naturaleza.	☐	☐
6. Dicen que no hay problemas, aunque nadie conoce las consecuencias.	☐	☐
7. Aunque no haya problemas, yo prefiero los productos tradicionales.	☐	☐
8. Yo también prefiero los productos tradicionales, aunque tenga que pagar un poco más.	☐	☐

12 Un nuevo cliente

Ordene los diálogos en la feria. Después escuche y compruebe.

1. Buscamos un proveedor de confianza.

☐ Un café, con mucho gusto, gracias. Estoy buscando un proveedor de confianza que pueda suministrarnos productos de chocolate con nuestra marca propia.

☐ Encantada. Soy Rosa Roca Benedetti, compradora de la cadena VIVO en Uruguay. Me ha llamado la atención que ustedes presenten una gran variedad de productos de chocolate.

1 Buenos días. ¿Puedo hablar con el Jefe del Departamento de Exportación, por favor?

☐ Sí, estamos muy especializados en el sector. Pero, siéntese por favor. ¿Quiere un café? ¿O quizás una copa de vino?

☐ Soy yo: Ana María Pérez. ¿En qué puedo servirle?

2. Productos que cumplan las directivas del Mercosur.

☐ Pues entonces le propongo que pruebe nuestras muestras. Aquí tiene, por ejemplo, un chocolate negro, elaborado con 100 % de cacao de origen guatemalteco.

☐ Lo principal es que sean de buena calidad y a muy buen precio, claro. También es necesario que cumplan las directivas del Mercosur.

☐ No, nada de eso. Este año hemos lanzado nuestra propia marca BUENPRECIO. Las ventas han sido un éxito, por eso queremos ampliar la gama.

1 ¿En qué ha pensado usted? ¿Algo especial? ¿Un diseño exclusivo, quizás?

☐ ¿Y cómo quiere que sean los productos?

3. Productos que no estén genéticamente manipulados.

☐ Sí, exactamente. – Bueno, ¿podría darme los precios de sus productos?

☐ Ah, me alegra saberlo, porque la manipulación genética es un tema muy controvertido en mi país.

1 Una pregunta. El cacao, ¿está genéticamente manipulado?

☐ Aquí no ha logrado imponerse todavía. Habrá que esperar unos años y ver qué es lo que pasa.

☐ ¡Por favor! Nuestra filosofía empresarial no admite materias primas manipuladas. Tanto el cacao como el azúcar son de producción controlada.

13 ¿Para qué?

Una las dos frases con *para* o *para que*.

Ejemplo: Le dejo mi tarjeta para que nos mantengamos comunicados.

1. Le dejo mi tarjeta.	Así nos mantenemos comunicados.
2. Te doy mi número.	Así me llamas.
3. Les escribo.	Quiero pedir precios.
4. Nos llama un taxi.	Así llegamos a tiempo al aeropuerto.
5. Me recomienda un restaurante.	Así puedo comer bien.
6. Os llamo.	Tengo que saber si venís.
7. Le mando la lista.	Así conoce nuestros precios.
8. Les envío las muestras.	Así las pueden mirar tranquilos.
9. La llevo a su casa.	Así no tiene que tomar el metro.
10. La beso.	Le muestro que la quiero.

14 ¿Usted lo cree?

Complete las frases positivas y negativas. ¿Hay que poner subjuntivo o indicativo?

1. No me parece que esté bien irse sin dejar propina.	A mí me parece que ___. El servicio ha sido malo.
2. Creo que esta vez la jefa tiene razón.	Yo no creo que ___ razón.
3. Quizás vuelva más tarde.	A lo mejor ___ enseguida.
4. Nos mantenemos en contacto.	Espero que nos ___ en contacto.
5. Si quieres, busco algo de comer.	¿Quieres que ___ algo de comer?
6. El jefe se va porque no quiere hablar con la clienta.	Avíseme en cuanto ___ la clienta. (llegar)
7. Yo no creo que venga.	Yo sí, seguro que ___ todavía.
8. A mí eso me parece muy importante.	A mí no me parece que ___ tan importante.

15 Nora y Susi

Las gemelas Nora y Susi han conocido a dos chicos extraordinarios. Susi siempre dice que sí, y Nora, que no ... Hagan minidiálogos.

¿Llamarán los chicos?
¿Tendrán interés en nosotras?
¿Nos vendrán a visitar?
¿Nos traerán algo?
¿Nos invitarán a salir?
¿Tendrán novia?

Yo (no) creo que ...	Quizás ...
(No) me parece que ...	Tal vez ...
(No) pienso que ...	A lo mejor ...
(No) digo que no ..., pero ...	Seguro que ...

Ejemplo:
Nora: ¿Qué te parece? ¿Nos llamarán los chicos?
Susi: ¿Por qué no? – Seguro que llaman esta noche.
Nora: ¡Qué va! Yo no creo que nos llamen, ni hoy ni ...

16 ¿Cuándo?

Complete las frases. Utilice el subjuntivo donde sea necesario.

1. No es problema, hágalo cuando _____ tiempo. (tener)
   Cuando Jorge _____ tiempo, siempre lee un buen libro. (tener)
2. Cuando yo _____ a Granada, quiero visitar la Alhambra. (ir)
   Cuando yo _____ a Madrid, visité el Museo del Prado. (ir)
3. Antes de _____ don Gonzalo leyó todo. (firmar)
   Antes de que _____, tienen que leer la letra pequeña. (firmar)
4. Mientras _____ no tendré dinero. (estudiar)
   Alicia come una manzana mientras _____. (estudiar)
5. En cuanto _____ lista la comida, vamos a comer. (estar)
   En cuanto Jorge _____ al hotel, se quitó los zapatos. (llegar)
6. Cuando _____ lo que había pasado, se alegró. (saber)
   Cuando _____ a casa, te voy a mandar un mensaje. (llegar)
7. En cuanto _____ algo, le avisaré. (saber)
   En cuanto _____ la factura, la pagamos. (llegar)
8. Hortensia dice que mientras _____, seguirá trabajando. (poder)
   Mientras _____, iba siempre en bicicleta a la oficina. (poder)

17 Primer pedido

Traduzca. Utilice el subjuntivo donde sea necesario.

1. Hoffentlich gefallen Herrn Domínguez unsere Muster.
2. Ich glaube nicht, dass die Produkte zu teuer sind.
3. Vielleicht kommt heute die erste Bestellung an.
4. Selbst wenn es eine kleine Bestellung ist, werde ich mich freuen.
5. Das Wichtigste ist ins Geschäft zu kommen.
6. Hoffentlich erhält Frau Echevarría bald unsere Kataloge.
7. Kann sein, dass sie schon Ende der Woche ankommen.
8. Ich glaube nicht, dass sie vor nächster Woche ankommen.
9. Vielleicht ruft sie uns bald an.

18 Escenario profesional: en la feria

1 **Elijan un sector que les interese. Formen dos grupos: empleados y público.**

2 **El público visita el stand. Cada persona quiere otra cosa. Algunos son muy amables. Otros están nerviosos o tienen problemas: Tienen prisa y la persona con la que desean hablar no llega y no llega ...**

El público prepara preguntas para:	Los/Las empleados/-as preparan:
– contactar a una determinada persona	– un panel con la exposición de productos
– informarse sobre los productos expuestos	– la presentación de un producto
– averiguar si hay presentaciones u otros eventos	– material informativo para los clientes
– solicitar información, muestras y regalos	– información sobre la feria

Negociar las condiciones

La señora Rosa Roca Benedetti, gerente de importación de los supermercados VIVO, ha visitado el stand de Torres en el Salón de la Alimentación (SAL) en Madrid. Quisiera distribuir los productos Torres en Sudamérica. Como se trata de una importante cadena, que cuenta con numerosas tiendas, la señora Roca trata de imponer sus precios y condiciones.

a **Hay que tener en cuenta que ...**

Ana María: Mira, Pablo: Ha llegado un e-mail de la clienta con la que hablé en Madrid.
Pablo: ¡Je, je, je! Si le vendiéramos a mitad de precio, nos comprarían inmediatamente.
Ana María: ¡Dios mío! ¡Qué se ha creído! ¿Cree que porque somos una pequeña empresa vamos a regalar nuestros productos? ¿O qué piensa esa mujer?
Pablo: No sé, no sé. Hay que tener en cuenta que tienen sucursales en tres países ...
Ana María: Entonces nos convendría llegar a un acuerdo.
Pablo: Sí, porque están en Argentina, Uruguay y Paraguay.
Ana María: ¡Un mercado enorme! ¿Y habría posibilidad de entrar también a Brasil?
Pablo: Probablemente. ¿También es Mercosur, no?

b **Si hubiera alguna posibilidad ...**

Pablo: Si fuera posible, habría que hacer algo ...
Ana María: Sí, si hubiera alguna posibilidad, habría que aprovecharla, pero ¿cómo?
Pablo: No sé. Si pudiéramos hablar personalmente, sería todo más fácil.
Ana María: ¿Y si fueras a Montevideo, Pablo?
Pablo: ¡Ojalá pudiera! Si no tuviera tanto trabajo, iría encantado.
Ana María: Sí, justo ahora es mal momento, pero deberíamos intentarlo, ¿no?
Pablo: Podemos hablarlo con don Rogelio y ver qué dice. Lástima que no esté.
Ana María: Pues, “los clientes no esperan”. Hay que contestarle hoy mismo.

Bocadillo económico

El Mercosur – El Mercado Común del Sur es un acuerdo de libre comercio compuesto por cuatro países: Argentina, Brasil, Uruguay y Paraguay. Existe desde el año 1991 y sigue el ejemplo de la Unión Europea. *(Stand November 2005)*

1 Descúbralo usted mismo/-a.

1 Busque las frases con “si” y anótelas. Busque también las consecuencias.

2 ¿Dónde va el subjuntivo?, ¿dónde va el condicional?

Condición
Si le vendiéramos a mitad de precio,

Consecuencia
nos compraría.

2 Informe.

¿Qué sabe de la Sra. Roca? ¿Qué quiere?

¿Cuál es el problema? ¿Pablo acepta la propuesta?

¿Tiene interés en la relación? ¿Por qué?

c Una oferta

Grandes Fábricas de Chocolates
Torres & Cía. S.L.

Sra. Rosa Roca Benedetti
Gerenta de Compras de Supermercados VIVO
Avenida Costanera n° 47
Colonia, Uruguay

Flores, 10 de mayo de 2007
Ref.: Su e-mail de la fecha

Asunto: Exportación de chocolate.

Estimada Sra. Roca Benedetti:
Quisiera agradecerle su visita en nuestro stand en la SAL.
Gracias también por su e-mail. Nos alegra mucho que se interese por nuestros productos. También a nosotros nos gustaría entrar en una relación comercial con la cadena VIVO, ya que todavía no estamos introducidos en ese mercado. Sin embargo, nos es imposible aceptar su propuesta. Comprendemos que la marca "Buenprecio" los obliga a vender muy barato y por ese motivo le pasamos la siguiente oferta en firme, que tiene una validez de treinta días a contar desde la fecha. Si nos pusiéramos de acuerdo sobre las condiciones, podríamos suministrarles regularmente e incluso concederles la distribución exclusiva de nuestra marca en el Mercosur.

Descripción del producto	Precio por tonelada
Chocolate con leche estándar	3.690 euros
Chocolate con avellanas, distintas clases	4.899 euros
Chocolate negro, calidad superior	5.545 euros

Sobre estos precios estaríamos dispuestos a concederles los siguientes descuentos:
3 % de descuento por la compra regular
5 % de bonificación especial por un volumen superior a 8 t por mes
15 % de descuento sobre todos nuestros productos en caso de ser sus proveedores exclusivos.

Todos nuestros precios se entienden bajo las condiciones habituales. Véase documento adjunto.
Nos alegraría mucho que nos pasaran pronto el primer pedido.
Quedamos a su disposición para cualquier pregunta.
La saluda muy atentamente

Pablo Iturraspe
p. p. Pablo Iturraspe
Jefe de Ventas

Arenales 15–19 | 08180 Flores | Tel 937 878 600 | Fax 937 878 666 | www.chocotorres.com | admin@chocotorres.com

3 Precios y descuentos

Los precios dependen de muchas cosas. Explique qué condiciones ofrece Pablo.

La calidad estándar cuesta _____ la tonelada.
Si quisieran calidad superior, el precio sería de _____.
Si prefirieran _____, _____.
Si compraran regularmente, podrían obtener una rebaja del _____ por ciento.
Si compraran más de un contenedor completo (8 t/mes), _____ una bonificación de _____.
Si vendieran exclusivamente productos Torres, podrían contar con _____.

Realidad hispánica

Microempresas, Pymes y grandes empresas

Como en todos los países mediterráneos, en España las empresas medianas, pequeñas y muy pequeñas son la base de la economía. Sobre todo las Pymes, o sea las "pequeñas y medianas empresas", tienen una importancia económica fundamental. Cuentan con un total de 10 a 49 y de 50 a 249 asalariados, respectivamente. Por el contrario, las grandes empresas, con más de 250 asalariados, no son tan importantes como en el resto de la Unión Europea.

Es que en España hay un mayor espíritu empresarial. Por un lado es cuestión de mentalidad: mientras que la mayoría de los europeos prefieren la seguridad, a los españoles les gusta más ser independientes. Por otro lado es también cuestión de necesidad. Si un español no encuentra empleo, abre un negocio y se "autoemplea". Por eso hay una gran cantidad de microempresas, donde trabajan entre una y nueve personas.

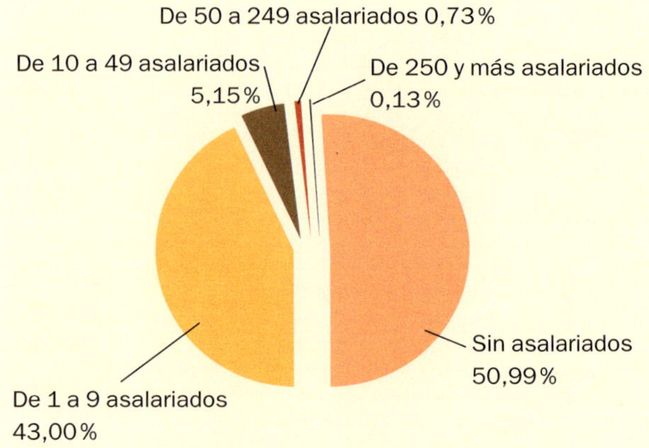

Fuente: Directorio Central de Empresas (DIRCE)

4 Gran esperanza en las "Pymes"

1 **Mire la estadística y explíquela.**

Sólo el cero coma trece por ciento de las empresas tiene más de 250 asalariados.

2 **Escuche la entrevista con la doctora Méndez. Subraye las expresiones que expresan acuerdo.**

Periodista: Todos hablan de las Pymes. Sin embargo, las grandes empresas son más conocidas ...
Dra. Méndez: Por supuesto, pero Pymes hay muchas. Dan trabajo a mucha gente, forman personal ...
Periodista: Los consorcios también forman personal.
Dra. Méndez: Sí, pero sólo especialistas.
Periodista: Puede ser, sí, pero también dan trabajo a los proveedores, ¿no?
Dra. Méndez: Eso es verdad, pero ellos fijan los precios, la presión es enorme. Y si cierran ...
Periodista: ¡Toda una región se queda sin nada! O sea que la base de una estructura sana, ¿son las Pymes?
Dra. Méndez: Efectivamente. La diversificación asegura la estabilidad de una región.
Periodista: Pero las Pymes no pueden hacer investigación. Desarrollar productos requiere capital ...
Dra. Méndez: En principio sí, pero las Pymes son menos burocráticas y pueden adaptarse rápido a las nuevas necesidades. A ver, ¿quién sale primero de un atasco: un camión o una moto?
Periodista: Pues la moto, claro.
Dra. Méndez: Con las Pymes pasa lo mismo. Precisamente esa es su gran ventaja. Son ágiles, reaccionan rápido ante las dificultades, tienen un "sexto sentido" para ver tendencias y encontrar huecos en el mercado.
Periodista: Gracias por la entrevista, señora Méndez. ¿Le llamo un taxi?
Dra. Méndez: ¡No! ¡Por favor! ¡Yo siempre voy en moto!

5 Pymes y grandes empresas

1 **Explique las ventajas de las Pymes. Haga frases.**

rápidas burocráticas ágiles
flexibles importantes
innovativas grandes

Las Pymes (no) son tan ____ como ____.
Las ____ son más ____ que ____.
Las ____ son menos ____ que ____.

2 **¿Dónde le gustaría trabajar, en una empresa grande o en una Pyme? ¿Por qué? Hable con sus compañeros/-as.**

Minidiccionario

einerseits	____	deshalb	____
andererseits	____	während	____
im Gegenteil	____	tatsächlich	____
selbstverständlich	____	genau	____

Recuerde

A Imperfecto de subjuntivo

Das **imperfecto de subjuntivo** wird von der 3. Person Plural des **indefinido** (z. B. **compraron**) abgeleitet. Es gibt zwei Arten von Endungen, die gleichbedeutend sind: **comprar ⟶ comprara/comprase; vender ⟶ vendiera/vendiese; abrir ⟶ abriera/abriese**. Die Formen auf **-ra** sind geläufiger als die Formen auf **-se**. ⟶ Apéndice, S. 144 ff.

comprar	vender	abrir	estar	poder	ser/ir
compr**ara**	vend**iera**	abr**iera**	**estuviera**	**pudiera**	**fuera**
compr**aras**	vend**ieras**	abr**ieras**	**estuvieras**	**pudieras**	**fueras**
compr**ara**	vend**iera**	abr**iera**	**estuviera**	**pudiera**	**fuera**
compr**áramos**	vend**iéramos**	abr**iéramos**	**estuviéramos**	**pudiéramos**	**fuéramos**
compr**arais**	vend**ierais**	abr**ierais**	**estuvierais**	**pudierais**	**fuerais**
compr**aran**	vend**ieran**	abr**ieran**	**estuvieran**	**pudieran**	**fueran**

Man benutzt das **imperfecto de subjuntivo** hauptsächlich, um Bedingungen auszudrücken, die nicht erfüllbar erscheinen. Im Bedingungssatz mit **si** steht **imperfecto de subjuntivo**, der Hauptsatz steht im **condicional**. Ist die Bedingung erfüllbar, stehen beide Sätze im Präsens.

Si **tuviera** tiempo, **viajaría**.
Wenn ich Zeit hätte, würde ich verreisen.
Si les **vendiéramos** a mitad de precio, **comprarían**.
Wenn wir ihnen zum halben Preis verkaufen würden, würden sie kaufen.

Die Bedingung kann vor- oder nachgestellt werden:

Si **pudiéramos hablar** personalmente, **sería** más fácil.
Wenn wir persönlich miteinander sprechen könnten, wäre es einfacher.
Si no **tuviera** tanto trabajo, **iría** encantado.
Wenn ich nicht so viel zu tun hätte, würde ich gern fliegen.

Sería más fácil, si **pudiéramos hablar** personalmente.
Es wäre einfacher, wenn wir persönlich miteinander sprechen könnten.
Iría encantado, si no **tuviera** tanto trabajo.
Ich würde gern fliegen, wenn ich nicht so viel zu tun hätte.

Das **imperfecto** von **subjuntivo** wird auch gebraucht, um ...

- Wünsche höflich auszudrücken:

Quisiera distribuir sus productos. — Ich möchte Ihre Produkte vertreiben.

- Vorschläge zu machen:

¿Y si **fueras** a Montevideo? — Und wenn du nach Montevideo fahren würdest?

- Wünsche auszudrücken, deren Erfüllung eher unwahrscheinlich ist:

¡Si **hubiera** alguna posibilidad! — Wenn es nur irgendeine Möglichkeit gäbe!
¡Ojalá **pudiera**! — Wenn ich doch nur könnte!

Bocadillo económico

In Geschäftsbriefen verwendet man das **imperfecto de subjuntivo** häufig, um jemanden höflich aufzufordern etwas zu tun.

Si nos **hicieran** un descuento, compraríamos. — Wenn Sie uns Skonto gewähren würden, würden wir kaufen.
Nos alegraría que nos **pasaran** un pedido. — Wir wären erfreut, wenn Sie uns einen Auftrag erteilen würden.
Le agradeceríamos que nos **mandara** muestras. — Wir wären Ihnen dankbar, wenn Sie uns Muster schicken würden.
Sería necesario que **abriera** un crédito a mi favor. — Sie müssten ein Akkreditiv zu meinen Gunsten eröffnen.

6 No se haga rogar.

1 Relacione las expresiones con significados parecidos.

vender	1	a	solicitar un crédito
tener	2	b	estar dispuesto a
pedir un crédito	3	c	distribuir
pedir	4	d	contar con
pensar en	5	e	mandar
hacer un precio especial	6	f	tener en cuenta
querer hacer	7	g	conceder un descuento
enviar	8	h	rogar

2 Haga seis frases en pretérito indefinido con las expresiones de la columna derecha.

Ejemplo: Ayer fui al banco y solicité un crédito para pagar el coche.

7 Definiciones

Explique con sus propias palabras lo que significa.

- la oferta en firme
- la validez de la oferta
- la distribución exclusiva
- la propuesta
- los/las asalariados/-as
- el "sexto sentido"

8 Imperfecto de subjuntivo

Complete la tabla.

infinitivo	3ª pers. pl. indefinido	imperfecto de subjuntivo yo	tú	él/ella/Ud.	nosotros/-as	vosotros/-as	ellos/ellas/Uds.
recibir	recibieron	recibiera	________	________	________	________	________
poder	pudieron	________	pudieras	________	________	________	________
escribir	________	________	________	escribiera	________	________	________
hacer	________	________	________	________	hiciéramos	________	________
saber	________	________	________	________	________	supierais	________
volver	________	________	________	________	________	________	volvieran
tener	________	tuviera	________	________	________	________	________
ser	________	________	fueras	________	________	________	________
haber	________	________	________	hubiera	________	________	________

9 Sueños y deseos

Traduzca las frases.

1. ¡Si yo estuviera en su lugar!
2. ¡Si tuviéramos más tiempo!
3. ¡Si fuera millonario, te lo regalaría!
4. ¡Ojalá fuera así!
5. ¡Si me dijeras de qué se trata!
6. ¡Si supieran lo que va a pasar!

10 Si fuera posible ...

Relacione.

Si pudiéramos,	1	a	si lo supiera.
Iría a visitarte,	2	b	te ayudaríamos.
Créeme que te lo diría,	3	c	si fuera mío.
Por supuesto que te daría el libro,	4	d	tomaríamos el metro.
Podríamos volver juntas,	5	e	si estuvieras en casa.
Si no hubiera huelga,	6	f	si esperaras un poco.

11 Un cliente descontento

Ponga los verbos en las siguientes frases.

saber	disculparse	ser	haber
hacer	llegar	tener	conocer

1. Si los pedidos ____ en fecha, no habría problemas.
2. Si ellos se ____, no me enfadaría tanto.
3. Si la calidad ____ buena, todos estarían satisfechos.
4. Si nos ____ un descuento, aceptaríamos la mala calidad.
5. Si ____ lo que pasa, estaría más tranquilo.
6. Si ____ más tiempo, iría personalmente a ver la fábrica.
7. Si ____ otro proveedor, no sería tan grave.
8. Si ____ a otro, no le compraría más a don Bartolo.

12 La realidad es otra.

Decida dónde debe ir el condicional y dónde, el imperfecto de subjuntivo. Haga frases como en el ejemplo.

Ejemplo: Manuel no me escribe ni un mensaje. Estoy preocupada. (escribir – estar tranquila)
→ Si Manuel me escribiera un mensaje, estaría tranquila.

1. Yo voy en coche al trabajo porque vivo lejos. (vivir cerca – ir a pie)
2. El abuelo nos invita a visitarlo en Toledo. (tener tiempo – visitarlo)
3. Todos quieren zapatos rojos porque están de moda. (no estar de moda – nadie comprarlos)
4. El cliente quiere que le enviemos los productos lo antes posible. (estar terminados – enviarlos hoy mismo)
5. Quiere que le concedamos un descuento. (ser posible – hacerlo con mucho gusto)
6. Los obreros trabajan ocho horas por día. (ser necesario – trabajar más)
7. No hacen propaganda. Venden poco. (hacer propaganda – vender más)
8. Los clientes no nos pagan. (pagar – no haber problemas)

13 Soñar no cuesta nada ...

Compraría un coche nuevo, si tuviera dinero.

Mire los dibujos y haga las frases.

1. comprar coche nuevo – tener dinero

2. ir a la playa – hacer calor

3. ir a esquiar – haber nieve

4. bailar salsa – no estar enferma

5. aprender chino – tener tiempo

6. llevar la cámara – poder viajar

14 Todo sería posible.

Traduzca las siguientes frases. Utilice el imperfecto de subjuntivo y el condicional.

1. Wenn Frau Álvarez käme, könnten wir anfangen.
2. Hätten wir Zeit, würden wir es heute noch machen.
3. Wenn wir mehr Kapital hätten, könnten wir die Firma vergrößern.
4. Wenn das möglich wäre, wären alle zufrieden.
5. Wenn die Produktion automatisch wäre, würde man Kosten sparen.
6. Wenn wir in New York ausstellen würden, könnten wir die Produkte auf dem US-Markt einführen.
7. Wenn wir die Preise senken würden, würden wir mehr verkaufen.
8. Wir würden mehr verdienen, wenn wir weniger Stunden arbeiten würden.

15 ¿Es lo mismo?

1 Complete las frases. Ordénelas en dos grupos según el significado.

1. ¿Es la _____ tecnología?
2. Lo haríamos nosotros _____.
3. Lo dijo la jefa _____.
4. Las ideas son las _____.
5. El precio no es el _____.
6. Siempre los _____ problemas.
7. ¿Es usted el Sr. García? – Sí, él _____.

2 Ahora traduzca las siguientes expresiones.

sofort	Lo consulto _____.
heute noch	_____ le doy la respuesta.
gleich morgen	_____ le mando un fax.
genau hier	Nos encontramos _____.
das Gleiche	¿No es _____ para ustedes?
genau deshalb	_____ queremos comercializarlo.
gleichzeitig	Hablan todos _____.
genau das	¿Es eso lo que necesitan? – Sí, _____.

16 ¿Qué sabe del Mercosur?

1 **Lea las informaciones y complete la tabla.**

El país más pequeño tiene 176.215 km² y el nombre de un río.
Un país tiene casi 3 millones de km² (2.766.889). Exporta mucha carne.
El Peso Uruguayo y el Guaraní son las monedas de los países con nombres de ríos.
Asunción es la capital del país en el que se hablan dos idiomas.
El Real es la moneda del país con más de 180 millones de habitantes, que no hablan castellano.
El Peso es la moneda de un país con unos 37 millones de habitantes, junto al Río de la Plata.
El Amazonas pasa por un país que tiene 8.512.00 millones de km².
El país de 5,4 millones de habitantes tiene unos 406.752 km² de superficie.

país	Argentina	Brasil	Paraguay	Uruguay
capital	______	______	______	______
moneda	______	______	______	______
idiomas	______	______	castellano y __	______
km²	______	______	______	______
habitantes	______	______	______	3,3 millones
río	______	______	______	______

2 **Compare con su compañero/-a. ¿Han puesto los mismos datos?**

17 El Mercosur y otros acuerdos

Mire el mapa en la cubierta al final del libro. ¿Qué países constituyen ...

... la Comunidad Andina? ... el Mercosur? ... el TLCAN (NAFTA)?

Lección 13 Gastos y disgustos

Reclamaciones y cartas monitorias

Desde que don Rogelio se ha decidido por la gestión de calidad sólo piensa en racionalizar. Busca una mejora continua, pero en su empresa todo va bien ¿Qué mejorar entonces? Para saberlo, se hace asesorar por una consultoría. Juntos llegan a la conclusión de que convendría hacer imprimir las etiquetas en el extranjero. Hasta ahora las han hecho hacer en una imprenta local y han estado siempre satisfechos. En realidad sienten cancelar una relación de tantos años, pero los negocios son los negocios. La empresa recomendada tiene sede en Manila, producción en Cebú y clientes en todo el mundo.
Se contactan y pasan un pedido a prueba.

a Si no hubiera sido por eso, ...

Ana María: Hola, buenos días. La estoy llamando desde España.
Inés: ¿De parte de quién? ¿Torres? Ah, sí, sí, ¿es por el pedido? Pues ...
Ana María: Sí, claro. Quisiera saber qué pasa.
Inés: Yo confirmé la orden el mismo día y la pasé a Cebú.
Ana María: ¿Y cuándo van a llegar las etiquetas?
Inés: No sé exactamente. Estamos con unas lluvias terribles y el camión no puede pasar.
Ana María: Pero nos habían prometido la ejecución inmediata. ¡Y ya llevan diez días de retraso!
Inés: Lo siento. Si no hubiera sido por el tifón, las etiquetas ya estarían en sus manos.
Ana María: Bueno. ¿Y para cuándo podemos contar con la primera entrega?
Inés: ¡A ver! Para la semana que viene. A más tardar el viernes la tiene allí. ¿Vale?
Ana María: ¡Vale! Solamente espero que esta vez no haya inconvenientes.

b ... no habríamos tenido problemas.

Don Rogelio: ¿Y? ¿Has podido averiguar algo?
Ana María: Sí, dicen que ha habido un tifón, que si no hubiera sido por eso, ya habrían llegado ...
Don Rogelio: Podrían habernos avisado, por lo menos, ¿no?
Srta. Díaz: Si no hubiéramos cambiado de imprenta, no habría habido problemas.
Don Rogelio: Créame, Hortensia, si yo hubiera sabido esto, no lo habría hecho ...
Srta. Díaz: ¡Nos habríamos ahorrado muchos dolores de cabeza!
Don Rogelio: Sí, es verdad. Habría sido mejor para todos. No tendríamos que haber cancelado la relación con nuestra imprenta de toda la vida.

1 Informe.

¿Por qué don Rogelio quiere cambiar de proveedor?
¿Por qué cree usted que han elegido una empresa filipina?
¿Por qué lleva retraso la producción?
¿Cuándo tendría que haber llegado el pedido?

c Una reclamación

GRANDES FÁBRICAS DE CHOCOLATES
TORRES & CÍA. S.L.

Flores, 25/06/2007

Reclamación de pedido

Estimados señores:

En la fecha recibimos las 10.000 etiquetas ordenadas el cuatro del corriente, según pedido confirmado por ustedes el mismo día. Lamentablemente la calidad no corresponde a las exigencias. Por consiguiente, nos vemos obligados a rechazar el envío. Les ruego comprendan nuestra situación. Para nuestros productos, la presentación lo es todo. Su impresión es poco nítida porque han utilizado un papel de calidad inferior. Si hubieran utilizado papel como el de las muestras, no habría habido dificultades. Tendrían que habernos avisado, si no era posible.

Este nuevo retraso nos causa grandes perjuicios. Es la primera vez que no podemos suministrar a nuestros clientes dentro del plazo fijado. Les rogamos que nos envíen las etiquetas dentro de diez días a contar desde la fecha. En caso contrario, consideren anulado el pedido. Nos reservamos el derecho de exigir indemnización por daños y perjuicios. Les agradeceremos nos confirmen el pedido.

Sin otro particular
p.o. Ana Maria Pérez

d La respuesta

Philprint Ltd.
Flower Bd. 104 • 1097 Manila • Filipinas

Torres & Cía. S.L.

Manila, 25/06/2007

Disculpa y confirmación de pedido
Ref.: s/fax del 25/06/07, c/c Cebú

A la atención de Ana María Pérez:

Sentimos que la ejecución de su primer pedido no les haya satisfecho y les pedimos disculpas por lo ocurrido. Como usted bien dice, el problema es el papel. Si no hubiera sido por el tifón, no habría habido problemas. En nuestro depósito en el puerto teníamos preparado papel de calidad A1, pero las calles estaban cerradas y el camión no pudo llevarlo a fábrica. Para no hacerlos esperar, utilizamos otro papel. Por supuesto le enviaremos las nuevas etiquetas tan pronto como sea posible, ya que estamos interesados en una colaboración a largo plazo y esperamos poder contar pronto con nuevos pedidos suyos.
La saluda atte.
p.p. Inés Márquez

P.D.: Les facturaremos las etiquetas a mitad de precio por los inconvenientes causados.

2 Informe.

¿Cómo se ha desarrollado la colaboración?
¿Qué solución ofrece la Sra. Márquez?

3 Saludos y despedidas

¿Cómo empiezan y terminan las cartas?
¿Conoce otros saludos?

4 Transforme.

Si no ...	... entonces
han cambiado de imprenta	haber problemas
han pasado un pedido	tener dolores de cabeza
ha habido un tifón	utilizar papel de calidad inferior
utilizar otro papel	tener dificultades

Si no hubieran cambiado de imprenta, no habría habido problemas.

Realidad hispánica

FUTURO DEL TRABAJO – TRABAJO DEL FUTURO

El fenómeno es viejo. Una persona o un departamento se separa de la empresa y trabaja independientemente, como "empresa subcontratada". Como se trata de otra empresa, se habla de "externalización" ("outsourcing"). En los años 80 muchas empresas empiezan a trasladar la producción al extranjero para ahorrar costos. Se empieza a hablar de "deslocalización". Mientras que los trabajos de "cuello blanco" se siguen haciendo en España, los de "cuello azul", se realizan en países de mano de obra barata. Así, hoy en día, el obrero español compite con el latinoamericano y el latinoamericano, con el chino.

En los 90 Internet permite el acceso rápido y barato a datos e informaciones desde cualquier lugar del mundo. Esto hace posible la "deslocalización" de nuevos sectores. Los primeros servicios que se trasladan son los centros de llamadas. Poco a poco siguen otros: la contabilidad, la facturación, los análisis financieros y los programas informáticos. En el nuevo milenio se trasladan incluso la investigación y el diseño, cosa que hasta hace poco nadie creía posible. Cada vez más fábricas cierran sus puertas y buscan nuevos emplazamientos. El fenómeno se conoce como externalización al extranjero u "offshoring". Los países receptores son sobre todo Irlanda, Canadá, Israel, la India, los países de Europa Oriental y algunos países en desarrollo con mano de obra calificada. Las ventajas son la creación de empleo, el aumento de los sueldos y del nivel de vida de la población.

En Europa se pierden puestos de trabajo a corto plazo. Sin embargo, si las empresas ahorran costos, son más competitivas y, si les va bien, a todo el país le va bien. Por eso no tiene sentido querer salvar los viejos puestos de trabajo con medidas proteccionistas. El desafío es crear nuevos puestos en otros sectores. De ahí la importancia fundamental de la investigación, tanto en la empresa como en la universidad.

5 Vocabulario económico

1 Explique quiénes son:

- los trabajadores de "cuello blanco"
- los trabajadores de "cuello azul"

2 Complete.

Cuando una empresa ...	se habla de ...
... trabaja con empresas subcontradadas,	______________.
... traslada la producción al extranjero,	______________.

6 ¿Un modelo con futuro?

Intercambie opiniones.

¿Cuáles son las ventajas y desventajas de la externalización?
¿Cree usted que la tendencia va a seguir todavía? ¿Hasta cuándo?
Busque cinco trabajos o profesiones que, en su opinión, no pueden externalizarse.

Recuerde

A *Pluscuamperfecto de subjuntivo* und *condicional compuesto*

Das pluscuamperfecto de subjuntivo bildet man mit dem imperfecto de subjuntivo von haber (hubiera/hubiese) + Partizip Perfekt. Die Formen hubiese, hubieses usw. sind weniger geläufig als die Formen hubiera, hubieras usw.

Das condicional compuesto bildet man mit dem condicional von haber + Partizip Perfekt.

pluscuamperfecto de subjuntivo		condicional compuesto	
(si) **hubiera**	controlado	**habría**	buscado
(si) **hubieras**	sabido	**habrías**	tenido
(si) **hubiera**	pedido	**habría**	escrito
(si) **hubiéramos**	llegado	**habríamos**	recomendado
(si) **hubierais**	podido	**habríais**	visto
(si) **hubieran**	dicho	**habrían**	escrito

Man benutzt diese beiden Formen, um auszudrücken, was in der Vergangenheit geschehen wäre, wenn die Voraussetzungen dazu eingetreten wären. Da diese nicht gegeben waren, ist der Bedingungssatz irreal. Die Bedingung, der „Wenn-Satz", steht im pluscuamperfecto de subjuntivo, der Hauptsatz steht im condicional compuesto.
Die Bedingung kann vor- oder nachgestellt werden. In Ausrufen fehlt sie oft.
Si no **hubiéramos cambiado** de proveedor, no **habríamos tenido** problemas.
Wenn wir den Zulieferer nicht gewechselt hätten, hätten wir keine Probleme bekommen.
No **habríamos tenido** problemas, si no **hubiéramos cambiado** de proveedor.
Wir hätten keine Probleme bekommen, wenn wir nicht den Zulieferer gewechselt hätten.
¡**Habría sido** mejor! Das wäre besser gewesen.

In der Umgangssprache benutzt man das pluscuamperfecto de subjuntivo häufig auch im Hauptsatz.
¡Nos **hubiéramos ahorrado** muchos dolores de cabeza! (Nos habríamos ahorrado ...)
Hubiera sido mejor para todos. (Habría sido mejor para todos.)
Si no hubiera sido por el tifón, ya **hubieran llegado**. (... ya habrían llegado.)

B Modalverben → EP 2, S. 59

Um einen Vorwurf wegen versäumter Pflichten oder Möglichkeiten auszudrücken, verwendet man das condicional simple eines Modalverbs + haber + Partizip Perfekt.

Podrían habernos avisado, por lo menos. (Habrían podido avisarnos.)	Sie hätten uns wenigsten benachrichtigen können.
Tendrían que haber esperado el papel. (Habrían tenido que esperar el papel.)	Sie hätten auf das Papier warten müssen.
Deberían habernos informado.	Sie hätten uns informieren sollen/müssen.

Bocadillo económico

Bei Bitten in Geschäftsbriefen lässt man das **que** vor dem **subjuntivo** oft weg. Häufig benutzt man auch den Infinitiv.

Les ruego (que) comprendan nuestra situación.	Ich bitte Sie, unsere Situation zu verstehen.
Le agradeceré (que) me confirme el pedido.	Ich bitte Sie, mir den Auftrag zu bestätigen.
Les rogamos enviarlas (que las envíen) dentro de diez días.	Wir bitten Sie, sie innerhalb von zehn Tagen zu schicken.

7 Grandes cambios

1 Describa la situación de la empresa Torres antes y después del cambio.

1. Antes ...
   tener un proveedor local
   estar satisfechos durante años
   no haber problemas

2. Un día ...
   empezar a interesarse por la gestión de calidad total
   hacerse asesorar
   decidir cambiar de empresa

3. Entonces ...
   contactar con la imprenta recomendada
   pasar un pedido a prueba
   confirmar el pedido

4. Ahora ...
   no llegar las etiquetas
   averiguar qué pasa
   mandar una reclamación

2 Explique el motivo del retraso. ¿Qué es lo que ha pasado? ¿Por qué han tenido dificultades?

estación de lluvias	tifón	camino cerrado	camión	papel en el puerto	querer cumplir el pedido
no hacer esperar al cliente	mandar pedido	hacer rebaja	lamentar		

Ejemplo: Lo que pasa es que han tenido problemas. Están en la estación de lluvias. El camino estaba cerrado ...

8 Calidad total

Complete las frases con las preposiciones que faltan.

por (2x)	para	de (2x)	con (3x)	desde

1. La gerenta de Trebatextil se interesa ____ la gestión de calidad.
2. Cree que quizás haya alguna posibilidad ____ mejorar la producción.
3. El Sr. Ramírez de Consultodo S.L. ha venido ____ asesorarla.
4. Hay que evitar pérdidas de tiempo ____ las máquinas.
5. Lo principal es deshacerse ____ todo lo que no es necesario.
6. La empresa compara sus resultados ____ los de otras empresas.
7. Quieren hacer controlar la producción ____ un auditor.
8. ____ hace dos meses hay problemas ____ los proveedores.

9 Herramientas de gestión

Aquí tiene las herramientas de la calidad total. Usted ya conoce muchas de ellas.
Relacione los conceptos. Después intente explicarlos.

justo a tiempo 1	a Outsourcing
administración ágil 2	b Benchmarking
mejora continua 3	c just in time
diferenciación 4	d Spezialisierung
externalización 5	e schlanke Verwaltung
comparación 6	f ständige Verbesserung

10 ¡No me diga!

Complete el diálogo con las expresiones que faltan. Después escuche y compruebe.

démelo	comunícame	como usted quiera	llámalo	no me esperen	no me diga
date prisa	se lo leo	esté donde esté	enseguida	llame quien llame	dígame

Auditor: Aquí tengo el informe, ahora ____.
Don Rogelio: No, por favor, no me lo lea. Prefiero leerlo yo mismo. ____, por favor.
Auditor: ____. Aquí lo tiene.
Don Rogelio: Ana María, por favor, ____ con el Sr. Iturraspe y dile al Sr. Navarro que venga también. Ah, y no estoy para nadie. ____, que no me moleste.
Ana María: El Sr. Navarro viene ____, pero el Sr. Iturraspe no está en la oficina.
Don Rogelio: Trata de localizarlo, ____. Es muy importante.
Ana María: Pues, ____ dónde lo puedo encontrar. Ya lo he llamado al móvil, pero no contesta.
Don Rogelio: ____ al coche, entonces.
Pablo: ¡Hola, don Rogelio! Soy yo, Pablo. En cinco minutos estoy allí. Ya pueden empezar. Llego enseguida. Por favor, ____.
Don Rogelio: ____, Pablo. Es muy importante. Parece que el informe no es nada favorable.
Pablo: ¡Hombre! ¡____! Bueno, ya estoy allí enseguida.

11 Abreviaturas comerciales

1 Marque el significado correcto.

p. p.	por protesta – puros problemas – por poder – ¡pamplinas, pamplinas!
P. D.	¡por dios! – para damas – por desinfección – posdata
p. o.	por orden – por olvidar – por ocho días – para otro
atte.	atentado – artículo – atentamente – atención por favor
p. d.	por la derecha – por delegación – por desgracia – prohibido ducharse
cc	¡cuente, cuente! – con confianza – con copia – con cama

2 Complete el minidiccionario.

per Prokura	____	im Auftrag	____
Nachtrag/P. S.	____	in Kopie an	____
in Vertretung	____	Mit freundlichem Gruß	____

12 Lolo no hace nada.

Complete las frases con las expresiones correspondientes.

pensar	empezar a	ponerse a	hacerse	dejar de	volver a

1. Lolo ha dejado de estudiar y escucha música todo el día.
2. Desde que ha ____ interesarse por el flamenco, no piensa en otra cosa.
3. Por la noche ____ tocar la guitarra.
4. Quiere ____ hacer un traje, pero no tiene dinero.
5. Cuando tenga el traje, ____ dar conciertos.
6. Los padres no están contentos. Quieren que ____ estudiar.

13 ¿Qué habría pasado?

Si hubiera dormido bien, no habría tenido dolor de cabeza.

Mire los dibujos y haga frases.

1. yo, dormir bien
   no tener dolor de cabeza

2. Juan, no hacer mucho deporte
   no dolerle los brazos

3. los niños, ponerse el abrigo
   no estar resfriados

4. nosotros, no comer cosas picantes
   no tener dolor de estómago

5. Merche, ir al médico enseguida
   no tener fiebre ni dolor de garganta

6. José Luis, no ir a esquiar
   no romperse la pierna

14 Clientes satisfechos

Traduzca las frases.

Ejemplo: Si yo hubiera conocido sus productos, los habría comprado antes.

1. Hätte ich Ihre Produkte gekannt, hätte ich sie schon früher gekauft.
2. Hätten Sie nach Mustern gefragt, hätten wir sie Ihnen zugeschickt.
3. Wäre alles in Ordnung gewesen, hätte man schneller arbeiten können.
4. Hätte ich heute arbeiten müssen, hätte ich nicht an den Strand gehen können.
5. Hätten Sie uns Rabatt gewährt, hätten wir nicht neue Zulieferer gesucht.
6. Hätten Sie uns besser informiert, hätten wir den Vertrag schon unterschrieben.
7. Hätten wir gewusst, dass die Preise steigen, hätten wir noch nicht verkauft.
8. Hätten Sie mich nicht gut bedient (atender), wäre ich nicht wiedergekommen.

15 Vocabulario telefónico

1 Ordene las expresiones según su uso.

1. ¿Puede pasarme con ...?
2. Adiós y muchos saludos a ...
3. Quisiera hablar con ...
4. Mi nombre es ... Llamo desde ...
5. Un momento, le paso con mi jefa.
6. Está en una reunión.
7. Le doy el número de la extensión / del móvil / particular.
8. Llame más tarde, por favor.
9. No cuelgue, por favor.
10. Empresa ... ¡Buenos días!
11. ¿Quiere dejar un recado?
12. Está hablando por otra línea.
13. No lo/la puedo localizar.
14. Pruebe otra vez.
15. ¿Podría repetirme su nombre?
16. ¿Puedo ayudarle en algo?
17. ¿Me comunica con ...?
18. ¿Por qué asunto es?
19. ¡Dígame!
20. Eso es todo. Gracias por su llamada.
21. ¿De parte de quién?
22. ¿De qué se trata?
23. La comunico enseguida.

sich am Telefon melden: ____
das Gespäch beginnen: ____
um Weiterleitung bitten: ____
nach dem Namen des Anrufers / der Anruferin fragen: ____
nach dem Anliegen fragen: ____
weiterverbinden: ____
eine andere Nummer geben: ____
angeben, warum jemand nicht zu sprechen ist: ____
jemanden bitten nicht aufzulegen: ____
jemanden bitten später noch einmal anzurufen: ____
sich verabschieden: ____

Para	Sr. Rodrigo Rodríguez
Fecha	Martes 13
Hora	13 h.

Durante su ausencia	
el Sr. / la Sra.	Su novia
de	
Tel	

☒ ha telefoneado	☐ desea que le llame
☐ desea una entrevista	☐ volverá a llamar
☐ ha venido a visitarle	☐ urgente
☐ devuelve su llamada	

Mensaje
Desea saber si es tan fácil colarse en su corazón como en el intranet de su empresa.

2 **Elija uno de estos motivos para telefonear. Prepare un diálogo con los recursos de arriba y preséntelo a la clase.**

- alquilar un coche
- concertar una cita
- reservar un hotel
- confirmar una entrevista
- averiguar por un vuelo
- aplazar una fecha

16 ¿Con quiénes ha podido comunicarse?

Usted trabaja en “Lacasona”. Pronto es el aniversario de su empresa y habrá una gran fiesta. Todos los clientes están invitados, pero a algunos es difícil encontrarlos. Marque en la lista de invitados.

puede comunicarse ✔ tiene que llamar más tarde ? es imposible comunicarse –

☐ Sr. Borrego ☐ Sra. Santillana ☐ Sra. Altamirano ☐ Srta. Moreno ☐ Ing. Cortés ☐ Sra. Roca
☐ Sr. Campos ☐ Srta. Barrios Plaza ☐ Dra. Darragueira ☐ Sr. Caballero ☐ Sr. Salinas ☐ Sr. Medrano

1. A El señor Borrego, por favor.
   B Lo siento. La empresa está cerrada hasta fin de mes. Yo soy el portero.

2. A ¿Puede pasarme con el señor Salinas?
   B Sí, un momentito. Ya le paso la comunicación ... Oiga, no puedo localizarlo. Llame dentro de una hora, por favor. Le doy el teléfono directo: extensión 123.

3. A ¿Con la señorita Moreno, por favor?
   B Sí, soy yo, ¿con quién hablo?
   A Mi nombre es ... de Lacasona.
   B ¿En qué puedo servirle?

4. A ¿Puede comunicarme con la señora Roca?
   B No, la gerenta está de viaje toda la semana.

5. A ¿Me puede pasar con la señorita Barrios Plaza?
   B ¡Espere un momento, por favor! Ahora le paso con ella.

6. A ¿Está el señor Campos?
   B ¡Qué mala suerte! Acaba de salir, pero creo que va a volver a la oficina.

7. A ¿Me pasa con la señora Altamirano?
   B La señora Altamirano tiene una conferencia en la otra línea. ¡No cuelgue, por favor! Le paso con ella.

8. A ¿Me puede comunicar con el señor Caballero?
   B No, ya no trabaja aquí, lo siento.

9. A ¿Está la señora Santillana?
   B No, no se encuentra en la oficina en este momento. Ha salido un momentito. ¡Vuelva a llamar, por favor!

10. A ¿Está el señor Medrano, por favor?
    B No, está de vacaciones hasta fin de mes.
    A Pero es urgentísimo.
    B Entonces le doy el número del móvil.

11. A ¿Con el doctor Darragueira, por favor?
    B En este momento es imposible, está en una reunión. ¡Oh, tiene usted suerte, justo hace una pausa!

12. A Usted se ha comunicado con el estudio de ingenieros Cortés y Jara. Los ingenieros están en la Patagonia. Por favor, deje su mensaje después de la señal, gracias.

Lección 14 La gran fusión

Alianzas y fusiones amistosas y hostiles

La globalización ha llegado al sector del chocolate. Las grandes superficies imponen sus condiciones. Los consorcios ya dominan el mercado y la concentración sigue. Cada semana hay nuevas alianzas y fusiones, amistosas u hostiles. La guerra de precios es cada vez más dura y la empresa Torres ya no puede competir. Si quiere sobrevivir, deberá fusionarse. De una fusión pueden surgir sinergias. Quizás logren encontrar otros nichos y desarrollar nuevas ideas.

a Rumores de alianza

Flores. Según un informe publicado ayer en el "Schokoblatt" de Zurich, continúan los planes de expansión de un importante consorcio internacional del ramo del chocolate. Al parecer ha hecho una interesante oferta a una casa de nuestra localidad.

b Desmentido

BARCELONA. Como ya informamos, Mezclé S.A. quiere comprar una empresa de nuestro medio para asegurarse el mercado español. Se trata de la conocida fábrica de chocolates Torres. Los empleados temen la pérdida de puestos de trabajo. Rogelio Torres, Gerente de la empresa, ha desmentido ayer que hayan recibido una oferta.

c Nuevos rumores

Flores. Según informaciones confidenciales, siguen las negociaciones entre dos empresas tradicionales de nuestra región: las Grandes Fábricas de Chocolates Torres, con sede en el Polígono Industrial Flores, por un lado, y La Chata – Horchata de Valencia, por el otro. Esa fusión puede tener importantes consecuencias para toda la región.

d Fusión confirmada

La fusión se llevará a cabo de inmediato
Ayer fue confirmada la fusión entre Torres y La Chata. Las dos empresas esperan obtener grandes sinergias. Actualmente son estudiados los pormenores por un asesor independiente. En los próximos días serán dados a conocer en detalle los resultados de las negociaciones. Al parecer han sido tomadas todas las medidas necesarias para garantizar el empleo. La fusión se concretará en los próximos meses. Antes de fin de año se elegirá la nueva administración y se dará a conocer oficialmente el nombre de la nueva empresa.

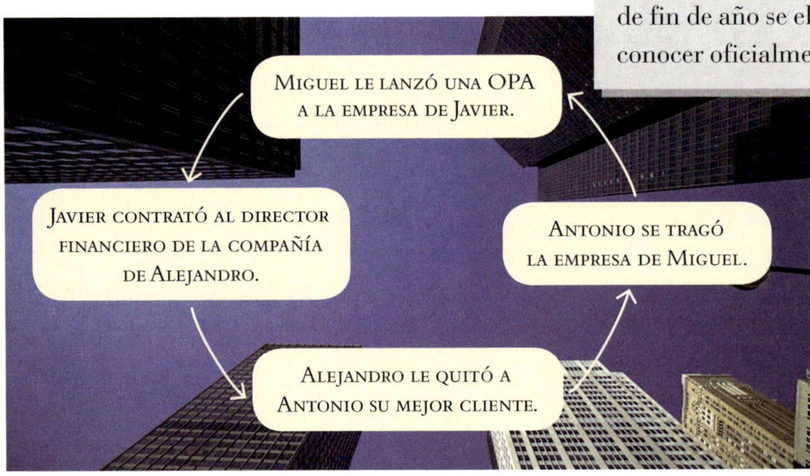

1 Informe sobre ...

... la situación económica actual en general.
... las consecuencias para la empresa Torres.
... los últimos rumores.
... los planes de la empresa Torres.
... los detalles de la fusión.
... las expectativas.

2 Descúbralo usted mismo/-a: la voz pasiva.

Complete las siguientes frases con los participios y explique qué pasa con ellos.

Ayer la fusión entre Torres y La Chata fue ____.
Actualmente son ____ los pormenores.
En los próximos días serán ____ a conocer los resultados.
Al parecer han sido ____ todas las medidas necesarias.

e | **Una responsabilidad social muy grande**

Alicia: Es que los consumidores se fijan cada vez más en los precios ...
Don Rogelio: Sí, y la lucha de los gigantes sigue. Si no hacíamos algo a tiempo, nos tragaban seguro.
Alicia: En ese caso, la pérdida de puestos de trabajo hubiera sido sólo cuestión de tiempo.
Don Rogelio: Pues claro, por eso mismo nos fusionamos. Como empresarios tenemos una responsabilidad social muy grande.
Alicia: Lástima que los consorcios no piensen así. Sólo buscan el máximo provecho.
Don Rogelio: Bueno, uno hace lo que puede, ¿no? Para eso somos una empresa familiar.
Alicia: Pues por eso me gusta trabajar aquí. Lástima que ya termine mi contrato ...
Don Rogelio: Si yo pudiera, te haría fija, pero ya sabes, ¡tengo que consultarlo!
Alicia: Sí, ya sé. ¡Para usted tampoco es cosa fácil!
Don Rogelio: ¡Una fusión no es fácil para nadie! Hay que replantearlo todo.

f | **Hay que involucrar al personal.**

Alicia: El estrés es inevitable, supongo. Dicen que muchas veces hay rivalidades entre el personal. Incluso he oído hablar de mobbing ...
Don Rogelio: Es verdad. Tenemos que hacer algo para evitar posibles problemas.
Alicia: La Cámara de Comercio ofrece cursos especiales. Si quiere, averiguo.
Don Rogelio: Pues sí, hazme el favor. Otra cosa, Alicia: ¿qué piensas de La Chata?
Alicia: Parece ser la empresa ideal. ¡La horchata light ha sido premiada!
Don Rogelio: Sí, y lo mejor es que ha sido desarrollada por ellos mismos, en sus laboratorios.
Alicia: ¡Qué bien! Pero dígame, don Rogelio, ¿ya tienen el nombre definitivo?
Don Rogelio: ¡Todavía no! Hay varias propuestas: "Choco-chat", "Chatatorre", "Horchoc", ¡qué sé yo!
Alicia: ¿Por qué no hacemos un concurso? Sería una manera simpática de involucrar al personal.
Don Rogelio: Pues sí, tienes razón. Lo pensaré.

g | Concurso

Se busca nombre

Se busca: El nombre más adecuado para la nueva empresa.

Requisitos: El nombre elegido tiene que:
- ser corto y original,
- sonar bien, también en otros idiomas,
- despertar sentimientos y emociones agradables,
- permitir un logo y/o un eslogan simpático.

Condiciones: Podrán participar en el concurso todos los miembros del personal.
La propuesta deberá ser entregada en sobre cerrado antes del 30.05.

Premios: El ganador o la ganadora del concurso será premiado/-a con un fin de semana de relax en Mallorca. Entre los demás participantes se sortearán otros premios.

3 Participe también del concurso.

Los requisitos ya los conocen. Discutan en grupos cuál es el nombre más adecuado. Presenten el nombre y expliquen por qué lo han elegido.

4 Opine.

¿Qué piensa usted del método utilizado para elegir el nombre de la nueva sociedad?

Realidad hispánica

5 Formación personal

Lea el título del texto y conteste las preguntas.

¿Ha oído hablar del tema a menudo?
¿Qué se entiende por formación continua?
¿Qué cursos visita o ha visitado usted?
¿Quiénes ofrecen estos cursos generalmente?

FORMACIÓN CONTINUA

En una época de cambios rápidos, las exigencias de formación profesional son cada vez mayores. La capacitación lo es todo, pero ya no basta con tener un título. Hay que actualizarse constantemente. Aprender es parte del trabajo de cualquier empleado. Quien deja de aprender, comienza a olvidar. Muchas empresas se han dado cuenta de que su verdadero capital es el personal y ofrecen cursillos de perfeccionamiento, especialización y sobre todo actualización.

Sin embargo, en nuestros días, información es lo que sobra. Desde el rincón más alejado del mundo, se pueden conseguir datos, sólo es cuestión de saber encontrarlos. Por eso, otro "éxito de venta" son los ya clásicos cursos de multimedia y tecnología de la información, junto con los idiomas. La "gestión de conocimientos" es un nuevo desafío. Otro desafío es la internacionalización. Es necesario aprender a moverse en otras culturas. Los idiomas son la llave.

A la hora de buscar trabajo, lo fundamental es saber comunicar. Por eso muchos cursillos tienen por objetivo transmitir técnicas de discusión y de solución de conflictos para mejorar el funcionamiento del equipo. Son muy útiles, ya que la gran presión de tiempo y los cambios "de la noche a la mañana" producen estrés. El estrés es a menudo la causa de nuevos conflictos, y estos, de más estrés.

6 ¿Y usted?

Busque los cursos más interesantes para usted. ¿Qué curso le gustaría hacer? ¿Y por qué no lo hace? Compare con sus compañeros/-as.

Informática	Retórica
Idiomas	Técnicas de discusión
Técnicas para telefonear	Moderación
Técnicas de presentación	Conducción de personal

A mí me gustaría hacer un curso de ..., pero no tengo mucha constancia.

No tengo mucho tiempo.

Me da vergüenza.

Esos cursos son muy caros.

Soy un poco vago/-a.

Me parece que es muy difícil, no tengo capacidad para eso.

Recuerde

A Passiv

Das Passiv wird mit ser + Partizip gebildet. Das Partizip muss in Geschlecht und Zahl an das Subjekt angeglichen werden. Wenn der Urheber der Handlung eine Rolle spielt, wird er mit der Präposition por angeschlossen.

Los pormenores **son estudiados por** un asesor.	Die Einzelheiten werden von einem Berater geprüft.
El ganador o la ganadora **será premiado/-a**.	Der Sieger oder die Siegerin wird mit einem Preis belohnt werden.

Man kann alle Zeiten im Passiv bilden. Die gebräuchlichsten sind:

presente	Actualmente **son discutidos** los pormenores.	Zurzeit werden die Einzelheiten diskutiert.
perfecto	**Han sido tomadas** todas las medidas necesarias.	Alle nötigen Maßnahmen sind getroffen worden.
indefinido	Ayer **fue confirmada** la fusión.	Gestern wurde die Fusion bestätigt.
futuro	En los próximos días **serán dados** a conocer los resultados.	In den nächsten Tagen werden die Ergebnisse bekannt gegeben werden.

Das Passiv wird im Spanischen nicht so häufig verwendet. Es kommt vor allem in der geschriebenen Sprache vor. Meistens benutzt man die 3. Person Singular oder Plural.

B Zustandspassiv

Das Ergebnis einer passivischen Handlung wird mit estar + Partizip ausgedrückt. Das Partizip muss in Geschlecht und Zahl an das Subjekt angeglichen werden.

La fusión **está confirmada**.	Die Fusion ist bestätigt.
Los contratos **están firmados**.	Die Verträge sind unterschrieben.

C Unpersönliche Sätze

1 se

Viel häufiger als Passiv benutzt man Konstruktionen mit unpersönlichem se. → EP 1, S. 107

Se busca nombre.	(Es wird ein) Name gesucht.
Se sortearán los premios.	Die Preise werden ausgelost werden.

2 uno/-a

In Verbindung mit reflexiven Verben benutzt man uno/-a statt se. Uno/-a wird auch gelegentlich bei nicht reflexiven Verben verwendet, wenn der Sprecher / die Sprecherin sich mit einbezieht.

Uno/-a tiene que decidirse.	Man muss sich entscheiden.
Uno/-a hace lo que puede.	Man tut, was man kann.

3 hay que

Statt se tiene que oder uno/-a tiene que benutzt man sehr häufig hay que + Infinitiv. → EP 1, S. 67

Se tiene que replantearlo todo.	**Hay que** replantearlo todo.	Man muss alles neu konzipieren.
Uno/-a tiene que actualizarse.	**Hay que** actualizarse.	Man muss sich auf den neuesten Stand bringen.

4 3. Person Plural

Wenn die Urheber einer Handlung unwichtig sind oder wenn es sich um Behörden, Organisationen usw. handelt, verwendet man oft Sätze mit dem Verb in der 3. Person Plural.

Dicen que muchas veces hay rivalidades.	Man sagt, dass es häufig zu Rivalitäten kommt.
Han anunciado lluvias para mañana.	Für morgen wurde Regen angekündigt.

7 Minidiccionario

Complete.

la fusión hostil	____________	los pormenores	____________
____________	die freundliche Übernahme	____________	die Verhandlungen
los rumores de alianza	____________	el asesor independiente	____________
____________	vertrauliche Informationen	____________	die Ergebnisse

8 ¿Qué piensa usted?

Lea otra vez los artículos sobre la fusión y opine.

¿Quién puede haber sido el "informante confidencial"?
¿Le parece una noticia importante para Flores? ¿Por qué?
¿Cómo se puede preparar al personal para una fusión?
¿Qué problemas puede haber en la nueva empresa?

Hexagon presenta una OPA hostil sobre Leica por 715 millones

Sáenz dice que los supervisores son la barrera de las fusiones europeas

9 Infórmese e informe.

¿Qué fusiones importantes hubo últimamente en su país?
¿De qué clase de empresas se trata? ¿Cómo es el nuevo nombre?
¿Fueron fusiones más bien amistosas o un poco hostiles?
¿Muchos empleados perdieron sus puestos de trabajo?
¿Qué otras consecuencias tuvo la fusión?

El grupo sueco Tele 2 compra Comunitel por 257 millones

10 Los pormenores

1 **¿Qué cree usted que tienen que negociar dos empresas que se fusionan? Piense en todos los detalles y haga una lista.**

¿Qué hacer con dos jefes?

2 **Compare con su compañero/-a. Sistematicen juntos las ideas, tema por tema.**

3 **Expongan las ideas principales. Discutan con sus compañeros/-as y busquen posibles soluciones.**

11 Requisitos para el concurso

Mire otra vez el texto de la página 113. Explique cómo tiene que ser cada cosa.

La empresa Torres quiere que ...
1. ... los participantes envíen ____ las propuestas en sobre cerrado.
2. ... las respuestas ____ antes del 30.05.
3. ... el nombre ____ corto y original, ____ sentimientos y emociones agradables, ____ bien, también en otros idiomas, ____ un logo y/o un eslogan simpático.

12 Pregunte a su colega.

Felipe ha estado enfermo. Alicia le informa sobre el concurso. Haga el diálogo.
A ha escuchado algo de un concurso y quiere saber todos los detalles. B mira el anuncio del concurso en la página 113, contesta las preguntas de A e informa sobre los detalles.

Partner A:
- erzählt, dass man ihm/ihr gesagt habe, dass es einen Wettbewerb gebe.
- erkundigt sich, worum es dabei geht.
- möchte etwas über die Bedingungen wissen, z. B. wer mitmachen darf und wie lange der Wettbewerb läuft.
- stellt fest, dass man noch Zeit habe mitzumachen.
- erkundigt sich, ob es einen Preis gibt.
- äußert sich positiv über den Preis und kündigt an mitmachen zu wollen.
- fragt nach den Kriterien, die der Name erfüllen soll.

13 La voz pasiva

Complete con el participio que falta.

1. Los cuadros han sido ____ en el "período rosa". (pintar)
2. La fábrica ha sido ____ por motivos de seguridad. (cerrar)
3. Las empresas fueron ____ en 1949. (fundar)
4. Los productos serán ____ por un interiorista. (diseñar)
5. Los premios fueron ____ por el rey Juan Carlos. (entregar)
6. Esta autopista había sido ____ en los años ochenta. (construir)
7. Las facturas todavía no han sido ____. (pagar)

14 De pasiva a activa

Transforme las frases como en el ejemplo. Atención: el tiempo del verbo debe ser el mismo.

Ejemplo: En la fecha ha sido confirmado el proyecto de fusión por el Sr. Navarro.
→ En la fecha el Sr. Navarro ha confirmado el proyecto de fusión.

1. La noticia fue confirmada por el jefe de redacción.
2. Actualmente son estudiados los pormenores por un asesor independiente.
3. En los próximos días serán dados a conocer los resultados por la prensa local.
4. Al parecer la fusión será realizada dentro de los próximos meses por las dos empresas.
5. Serán tomadas por los gerentes todas las medidas necesarias para asegurar los puestos de trabajo.
6. La noticia ha sido comentada por todos.

15 De activa a pasiva

Transforme las frases como en el ejemplo. Atención: el tiempo del verbo debe ser el mismo.

Ejemplo: Los clientes firmaron ayer el contrato.
→ El contrato fue firmado ayer por los clientes.

1. Don Graciano fundó la empresa La Chata en 1990.
2. Poco después desarrollaron un nuevo procedimiento.
3. Lo patentaron en 1992.
4. En los laboratorios desarrollaron nuevos productos.
5. Los lanzaron al mercado el año pasado.
6. Este año han premiado la horchata light.
7. El año que viene van a construir un nuevo edificio.

16 Zustandspassiv

Complete.

1. Los aparcamientos ____ reservad____.
2. La señora ____ preocupad____.
3. Las habitaciones ____ muy bien decorad____.
4. La discoteca ____ cerrad____.
5. Todas las mesas ____ ocupad____.
6. El contrato ____ firmad____.
7. Los vuelos a Ibiza ____ cancelad____.
8. Los coches ____ alquilad____.

17 Noticias de prensa

Escriba frases como en el ejemplo.

Ejemplo: los partidos de la oposición – criticar al gobierno
Los partidos de la oposición han criticado al gobierno. → El gobierno ha sido criticado por los partidos de la oposición.

1. la policía – encontrar el coche robado
2. un desconocido – robar el famoso cuadro de Picasso
3. el presidente – recibir a los expertos internacionales
4. un empleado – publicar en Internet los datos confidenciales
5. la comisión – rechazar el proyecto
6. el representante de la empresa – confirmar la noticia
7. el secretario de gobierno – desmentir los rumores
8. la ministra – premiar a los deportistas

18 Dicen que ...

Complete las frases impersonales.

Se	Uno/-a	Hay que	Dicen que

1. ______________ el fin de semana va a nevar.
2. ______________ pueden alquilar esquís en el hotel.
3. ______________ tiene que informarse en la recepción.
4. ______________ llevar gafas porque hace mucho sol.
5. ______________ el año pasado hubo varios accidentes.
6. ______________ nunca sabe lo que puede pasar.

19 ¿Con voz pasiva?

Usted trabaja para un periódico bilingüe en Mallorca. Traduzca el artículo que escribió un colega alemán para los turistas. Utilice la voz pasiva o una construcción alternativa donde le parezca conveniente.

Barcelona. Am Donnerstag wurde im „Schokoblatt“ in Zürich ein Bericht über Verhandlungen zwischen den beiden Firmen Torres y Compañía S.L. und La Chata – Horchata veröffentlicht. Die Gerüchte über eine Fusion wurden gestern von Rogelio Torres bestätigt. Obwohl noch Einzelheiten diskutiert werden, wird der Vertrag am Montag unterschrieben werden. Rogelio Torres erklärte, dass die notwendigen Maßnahmen getroffen wurden, um die Arbeitsplätze zu sichern.

20 Todavía no ha sido encontrado.

Escriba una noticia de prensa.

aeropuerto – cerrar
todos los vuelos – cancelar
turistas – llevar a hoteles y clubes deportivos
carta – analizar – comisión de expertos
autor de la carta – identificar – policía
tratarse de un joven de 22 años
foto – publicar – prensa
empleado de banco – reconocer cliente – informar a la policía
tomar la autopista en dirección frontera
policía – buscar en otros países – pedir ayuda internacional

Como ya informamos, el miércoles se encontró una carta muy rara en el aeropuerto de ...

21 Escenario profesional

En una conferencia de prensa dos periodistas preguntan a don Rogelio los pormenores de la fusión. Repartan los roles y preparen las preguntas y las respuestas. Después escenifiquen la conferencia.

Periodistas:

Versuchen Sie herauszufinden,
- warum die Firma Torres fusionieren möchte.
- ob die Firma Probleme hatte.
- warum sie ausgerechnet mit dieser Firma fusionieren will.
- was mit der Belegschaft passieren wird.
- ob weiterhin in Flores produziert wird.
- ob Teile der Produktion ausgelagert werden.
- ob es einen Wechsel in der Geschäftsführung geben wird.

Don Rogelio:

Erklären Sie, dass
- die Fusion nötig war um zu überleben.
- die Firma erfolgreich war, aber die Konkurrenz immer härter wird.
- sich aus der Fusion mit dieser Firma große Synergien ergeben.
- alles getan wird, um die Belegschaft zu erhalten.
- zum Teil weiterhin in Flores produziert wird.
- eine Auslagerung der Produktion verhindert werden soll.
- es einen Wechsel in der Geschäftsführung geben wird, dass Sie aber dazu noch nichts sagen können.

Lección 15 Una gran recepción

Hablar en público

La fusión, de la cual todo el mundo habla desde hace meses, se ha concretado al fin. Con este motivo se celebra una fiesta, a la que están invitados los amigos de las dos casas. Don Rogelio Torres y don Graciano Costa Soler dirigen unas palabras al público, interrumpidos por numerosos aplausos.

1 Don Rogelio

Imagínese el discurso en esta situación y conteste las preguntas. Después escuche y compare.

¿Qué agradece don Rogelio? ¿De qué se alegra? ¿Qué deseos tiene? ¿Qué más puede decir?

a Saludo y despedida

"Señoras y señores, quisiera saludarlos en nombre de la empresa Torres y en el mío y agradecerles que hayan venido de cerca y de lejos a celebrar con nosotros este grato acontecimiento. Un saludo especial al Sr. Meyer, que ha venido especialmente desde Hamburgo para estar con nosotros en este día. Quisiera aprovechar la oportunidad para expresar nuestro agradecimiento a quienes han depositado su confianza en nosotros durante tanto tiempo. Me alegra compartir estos momentos con todos ustedes y brindar juntos por la futura colaboración. ¡Salud, señoras y señores! Mil gracias también al equipo de personal, sin cuya incondicional ayuda no hubiéramos logrado el éxito alcanzado. ¡Un gran aplauso para todos!
Y ahora quiero despedir a quienes voluntariamente nos dejan: la señorita Hortensia Díaz, el señor Francisco Navarro, el señor Pablo Iturraspe, la señorita Carmen Chu-Lin y mi esposa, Marcela Ruiz Sabater. A todos, nuestro agradecimiento y este pequeño reconocimiento por sus servicios. Les ruego un momento de atención. ¡Atención, por favor! ¡Atención! Como todos ustedes bien saben, es cada vez más difícil afrontar la competencia, por lo cual hemos decidido unir nuestros esfuerzos a los de La Chata – Horchata, como ya lo anunciamos en la invitación.
Para nuestros amigos extranjeros: la horchata es una bebida tradicional de Valencia. Podrán probarla enseguida. ¡Oh! ¡Pueden probarla ya! ¡Gracias, Alicia, siempre anticipando el futuro! Pues como ven, señoras y señores, nuestras empresas se complementan bien y confiamos en el efecto sinérgico de la fusión. Por el momento ya tenemos dos nuevos productos: horchata de chocolate y ... ¿a ver si adivinan? – ¡¡Chocolate de horchata!! ¡Sí, exactamente! Y ahora quiero presentarles al señor Costa Soler, quien será el nuevo Director. – Don Graciano, tiene usted la palabra."

2 La fiesta

¿Cuál es el motivo de la recepción?
¿Quiénes cree usted que son los invitados?

3 Informe.

Adriana, la ex colega, llega tarde a la fiesta. Quiere saber lo que ha dicho don Rogelio. Dígaselo en pocas palabras.

4 ¿Qué ha dicho?

1 Escuche la conferencia y cuente en pocas palabras de qué temas habla el Sr. Costa Soler.

2 Lea el texto y subraye las informaciones más importantes.

b El futuro es nuestro.

"Mi nombre es Graciano Costa Soler y tengo mucho gusto en saludar al distinguido público. Hasta ahora he sido Gerente de La Chata y acabo de ser elegido Director General de la nueva empresa. Puedo decir que hoy es un día de fiesta para todos nosotros, ya que a partir de la fecha entra en vigencia la fusión con la estimada empresa Torres, una cooperación que se desarrollará gradualmente hasta alcanzar la fusión total.
Nuestra compañía evolucionó mucho y está preparada para dar este paso. Hemos hecho nuestros 'deberes'. Cambiamos el concepto de producción por el de servicio y pusimos en marcha un sistema informático que nos permite reaccionar rápidamente ante las necesidades cambiantes del mercado. Para nosotros, la calidad es lo primero. Nuestra norma es calidad. Por eso hemos sido la primera empresa española del sector que obtuvo la certificación ISO 9001: 2000 y por eso nuestros amigos nos han elegido para llevar a cabo una alianza.
La nueva empresa se llamará 'Chocolachata'. La ganadora del concurso ha sido Alicia Alonso, la futura encargada de Marketing. Ella apoyará a Felipe Navarro en su proyecto 'Gustazo', que será el primer producto de 'Chocolachata'.
Ya lo ven. Juntos podemos mirar con optimismo al futuro. Juntos podemos decir: ¡El futuro es nuestro!
Nada más, señoras y señores. Muchas gracias por su atención. ¡El bufé está abierto! Pueden ir pasando al comedor. ¡Adelante! Y ¡buen provecho!"

c Una nota en Intranet

Archivo Edición Ver Ir a Favoritos Ayuda

Atrás Adelante Detener Actualizar Inicio Búsqueda Favoritos Historial Canales Pantalla completa Correo Imprimir Edición

Dirección http://intranet.torres.com Vínculos

Empresa | **Novedades** | Plantilla | Comunicación | Formación | Vacantes

El Sr. Costa Soler empezó saludando al público y dijo que hasta ese momento había sido Gerente de La Chata y que acababa de ser elegido Director General de la nueva compañía. Destacó que era un día de fiesta para todos, ya que en ese momento entraba en vigencia la fusión con la Casa Torres. Afirmó que la cooperación se desarrollaría gradualmente hasta alcanzar la fusión total. Añadió que su compañía había evolucionado mucho y estaba preparada para dar ese paso.

5 Descúbralo usted mismo/-a.

Compare la nota en Intranet de Casa Torres con las palabras del Sr. Costa Soler.

Lo que dijo el Sr. Costa Soler:	Lo que ponen en Intranet:	El tiempo del verbo:	
he sido Gerente	→ ______	perfecto	→ pluscuamperfecto
es un día de fiesta	→ ______	______	→ ______
se desarrollará gradualmente	→ ______	______	→ ______
evolucionó mucho	→ ______	______	→ ______

Realidad hispánica

6 Hablar en público

Cuente sus experiencias.

¿Tiene experiencia en hablar en público?
¿En qué oportunidades lo ha hecho?
¿Ha estado nervioso/-a?
¿Cuáles son sus "trucos" contra el miedo?

Consejero profesional: ¿Cómo hablar en público?

Mucha gente tiene miedo de hablar en público, y más en otro idioma. Si sigue nuestros consejos, no tendrá problemas.

¿Cómo preparar una presentación?

- Tenga en cuenta a quiénes va dirigida y piense por qué querrán escuchar su ponencia.
- Concéntrese en lo principal, en el mensaje que quiere transmitir.
- Estructure su ponencia con claridad. Haga una lista que le sirva de guía.
- Recuerde que es importante visualizar la información. Encargue pizarras, paneles, etc.
- Trate de involucrar al público en su presentación.

¿Cómo hacer para no estar nervioso/-a?

- Lo importante es prepararse bien y no pretender ser perfecto/-a.
- Si es posible, visite antes la sala y asegúrese de que todo esté en orden.
- Si su presentación es con Power Point, compruebe si el proyector digital funciona y si hay cables y enchufes.

¿Cómo empezar?

- Sonría para crear buen ambiente y ganarse la simpatía del público.
- Explique en pocas palabras cómo está estructurada su ponencia y en qué consiste el mensaje.
- No empiece por Adán y Eva, en caso contrario pronto se dormirán todos/-as oyentes.

¿Cómo seguir y terminar?

- No sea demasiado serio/-a. Una anécdota es más efectiva que cien estadísticas.
- Haga pausas para mantener la atención. Utilice preguntas retóricas.
- No se exceda en el tiempo. Reserve unos minutos para contestar preguntas.

7 Y usted, ¿qué opina?

1 Subraye lo que crea importante y compare con sus compañeros/-as.

2 Explique.

¿Hay algo con lo que no está de acuerdo?
¿Ha aprendido algo que puede servirle?
¿Va a utilizarlo? ¿En qué oportunidad?

8 ¡Qué diferencia!

Explique en qué se diferencia una buena presentación de una mala.

los medios	la estructura
la manera de hablar	las pausas
el contenido	los ejemplos
el volumen de la voz	la duración

Recuerde

A Indirekte Rede

Wenn wir über etwas berichten, das jemand gesagt hat, benutzen wir die indirekte Rede. Sie besteht aus einem einleitenden Hauptsatz und einem Nebensatz, der immer mit **que** eingeleitet wird.

Hauptsatz in einer Zeit der Gegenwart/Zukunft

Steht das Verb des Hauptsatzes in **presente**, **perfecto** oder **futuro**, werden die Verbzeiten im Nebensatz beibehalten. Es müssen nur die Pronomen und die Form des Verbs sowie Orts- und Zeitangaben angepasst werden.

"**Yo** lo **hago**."	Ha dicho que **él** lo **hace**.	Er hat gesagt, er mache es.
"**Estos de aquí** son **mis** libros."	Ana dice que **esos de ahí** son **sus** libros.	Ana sagt, das (da) seien ihre Bücher.
"**Nosotros** no **podemos ir** a la fiesta."	Dicen que **ellos** no **pueden venir** a la fiesta.	Sie sagen, dass sie nicht zur Party kommen könnten.

Fragen ohne Fragewort werden mit **si** eingeleitet.

"¿Lo comprendes todo?"	Inés pregunta **si** lo comprendo todo.	Inés fragt, ob ich alles verstehe.

Hauptsatz in einer Zeit der Vergangenheit

Steht der einleitende Hauptsatz in einer Vergangenheitszeit, müssen die Verbzeiten im Nebensatz verändert werden.

direkte Rede	indirekte Rede	direkte Rede	indirekte Rede	
			Dijo / Decía / Había dicho	Er sagte / hatte gesagt,
presente	imperfecto	**es**	que la calidad **era** lo principal.	die Qualität sei das Wichtigste.
perfecto	pluscuamperfecto	**he sido**	que **había sido** Gerente.	er sei Geschäftsführer gewesen.
indefinido	pluscuamperfecto	**fue**	que la ganadora **había sido** A.	die Siegerin sei A. gewesen.
futuro	condicional	**será**	que G. **sería** el primer producto.	G. werde das erste Produkt sein.

In der gesprochenen Sprache bleiben Verben im **indefinido** häufig unverändert (Dijo que la ganadora **fue** A.).

Der Imperativ wird durch **imperfecto de subjuntivo** wiedergegeben.

"**Tomen** asiento."	Juan dijo que **tomáramos** asiento.	Juan sagte, wir sollten Platz nehmen.
"**Llámame** mañana."	Rosa me pidió que **la llamara** mañana.	Rosa hat gesagt, ich solle sie morgen anrufen.

B Relativpronomen

1 Que, el que, el cual, quien

Das Relativpronomen **que** ist unveränderlich und steht für Personen und Sachen. → EP 1, S. 147

Nach Präpositionen wird **que** um den bestimmten Artikel erweitert (**el que**, **la que**, **los que**, **las que**). In diesem Fall können auch **el cual**, **la cual**, **los cuales**, **las cuales** verwendet werden.

Für Personen steht auch das Pronomen **quien** bzw. **quienes** zur Verfügung, das eher in der Schriftsprache benutzt wird.

Se celebra una fiesta, **a la que / a la cual** están invitados todos los amigos.	Es wird ein Fest gefeiert, zu dem alle Freunde eingeladen sind.
Quiero despedir **a quienes** nos dejan.	Ich möchte diejenigen verabschieden, die uns verlassen.

2 Cuyo/-a

Das Pronomen **cuyo/-a** (deren/dessen) wird für Personen und Sachen verwendet und richtet sich in Geschlecht und Zahl nach dem folgenden Substantiv. Es kann auch mit einer Präposition stehen. **Cuyo/-a** wird selten benutzt, es besteht die Tendenz, stattdessen einen Relativsatz mit **que** zu bilden.

La empresa, **cuyos** productos conocen, se fusiona.	Die Firma, deren Produkte sie kennen, fusioniert.
Gracias al equipo de personal, **sin cuya** ayuda ...	Danke an das Mitarbeiter-Team, ohne dessen Hilfe ...

9 Invitaciones y felicitaciones

1 Mire las fotos y lea las siguientes invitaciones y felicitaciones. Descubra cuál es el motivo y complete los textos.

1 la fusión

2 la inauguración

3 la despedida de soltera

4 la boda

a

Nos complacemos en invitarles a festejar con nosotros ____ de nuestro local.

Las celebraciones tendrán lugar el día 24 de agosto a las 11 horas. Se llevarán a cabo en los salones de la Cámara de Comercio de esta ciudad. Por la tarde los invitados podrán visitar el nuevo local. En el programa encontrarán mayores informaciones.

Comuníquenos si participará y cuántas personas vendrán.

Esperando poder contar con su grata presencia, les saluda atentamente

Fernando Ferreira

b

Reciban nuestras más cordiales felicitaciones con ocasión de ____ de su empresa y la fundación de la firma "Chocolachata".

Les deseamos también en el futuro toda clase de éxitos y esperamos seguir contándoles entre nuestros apreciados clientes.

Cordialmente,

Ernesto y Chelita Echea

c

Enrique Rodríguez Alarcón
Mariana Carrasco Sotomayor

Fernando Diego Ocampo
Rosabel Mora Salazar

Se complacen en invitar a ____ de sus hijos

Trinidad María y Gonzalo Ramiro

el día 21 de septiembre, a las 18.30 horas,
en la Iglesia de San Francisco de nuestra ciudad.

d

Hola a todas:
Parece que llega la hora, pero antes queremos festejar "como Dios manda".
¿Vendréis a ____?
Será, como todas nuestras fiestas, en la casa rural de los Sotomayor, en Valdepeñas, el sábado 15 a las 15 horas.
Si alguna de vosotras no puede venir, por favor, que avise.

Un abrazo
Trini

2 Clasifique las invitaciones y felicitaciones en formales e informales.

3 Elija una invitación formal y comuníquele por teléfono a un amigo de qué se trata. Su amigo hace muchas preguntas, no sabe si ir o no. Convénzalo de que vayan juntos. Haga el diálogo.

¿Por qué?	¿A qué hora?
¿Dónde?	¿Quiénes están invitados?
¿Cómo?	¿Cómo hay que ir vestido?
¿Cuándo?	¿Hay que llevar un regalo?

No sé, no tengo muchas ganas ...
No conozco a nadie ...
Si es ahí, va a ser muy formal ...
No tengo nada que ponerme ...

10 Una invitación formal

Usted es trainee en la empresa Lopecito. Justo es el 25 aniversario. Escriba la invitación para los clientes y proveedores de la casa.

a usted y su pareja	su grata presencia
nos complacemos en	confirmar el número de personas
con motivo de	nos alegraríamos de poder contar
tendrá lugar	el programa adjunto

11 Información exacta

1 Su colega Rita le ha contado lo que el Sr. Costa Soler dijo en la recepción. Como a usted le interesa mucho, lee otra vez el discurso completo en la página 121. Busque lo que dijo exactamente.

1. El Sr. Costa Soler se presentó y saludó al público.	"Mi nombre ___."
2. Habló de sus actividades en la empresa La Chata.	"Hasta ahora ___."
3. Afirmó que para todos era un día de fiesta.	"Puedo decir que ___."
4. Anunció de qué modo se llevaría a cabo la fusión.	"La cooperación se ___."
5. Explicó que ya estaban preparados para la fusión.	"Nuestra compañía ___."
6. Se refirió a la filosofía de su empresa.	"Para nosotros, ___."
7. Mencionó la certificación que habían obtenido.	"Hemos sido ___."
8. Destacó que juntos tendrían grandes perspectivas.	"Juntos podemos ___."
9. Agradeció al público su atención.	"Nada más, ___."
10. Invitó a pasar al comedor.	"El bufé ___."

2 ¿Cómo decir "decir"? Busque los verbos que ha utilizado Rita para referirse a lo que dijo el Sr. Costa Soler y haga un asociograma.

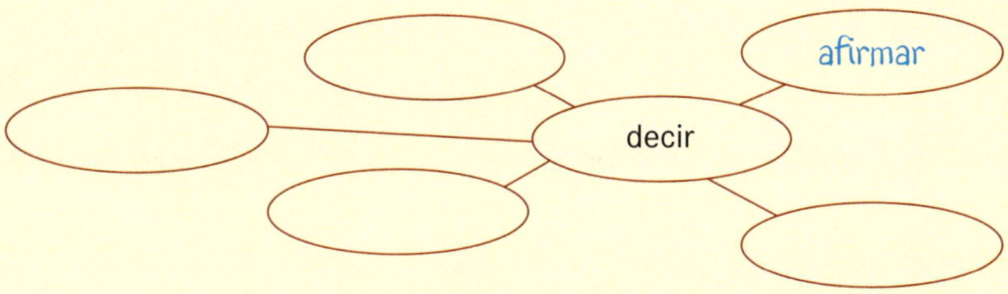

12 En la fiesta

1 Usted también está en la fiesta, conversando con Felipe. Todos hablan fuerte y usted oye muchas conversaciones. "Adivine" quién dice qué y apunte los nombres de los protagonistas.

1. "Hacía mucho que estaba cansada de trabajar, pero pensaba que sin mí, la empresa no podría funcionar. Aquí eran todos un poco mi familia. Dios quiera que tengan suerte con la Chocolachata."
2. "Tengo una oferta excelente de Lechea, y me alegro de volver a mi país. Creo que aquí ya me estoy olvidando del idioma, y eso no puede ser. Con don Rogelio seguiremos jugando al golf."
3. "Al fin voy a ponerme a trabajar en lo mío. Ya saben que soy psicóloga, ¿no? Pues ahora me daré el gusto y abriré un consultorio. Me voy a especializar en problemas laborales. Experiencia no me falta ..."
4. "Yo me voy satisfecho. Ya he trabajado bastante. Hay que dejar lugar para los más jóvenes. Me alegro de que Felipe pueda seguir en la empresa."
5. "Ya muchas veces había recibido ofertas. Siempre he dicho que no porque me gustaba trabajar aquí, pero ahora todo es diferente. Me voy a Madrid, a trabajar en una multinacional."
6. "Sí, yo me quedo, pero sólo por un tiempo. Es que estoy embarazada. Nadie lo sabe todavía, ni siquiera el padre. No me preguntéis quién es. No se lo voy a decir a nadie."

2 No todos hablaron con todos, por eso, después de la fiesta, se cuentan lo que oyeron. Transforme las frases en estilo indirecto.

Oye, tú has hablado con ..., ¿no?

Sí, claro, dice que ...

13 Una mesa redonda

1 **En "Paislandia" hay mucho paro. Para solucionar el problema, el gobierno ha invitado a los representantes de otros partidos, de las asociaciones empresariales, de los sindicatos y de las universidades. Escuche lo que dicen y decida quién es quién.**

1. Profesora de la universidad: ☐
2. Representante del Partido Azul: ☐
3. Presidente de la Asociación de Empresarios: ☐
4. Ministra de Economía: a
5. Director de la Unión de Sindicatos: ☐

2 **Informe quién dijo qué. Utilice el estilo indirecto.**

La Ministra de Economía dijo que la situación en Paislandia era muy difícil, que el paro ...

14 Todo es relativo, también los pronombres.

Complete las frases.

1. La empresa, cuyos productos usted conoce, se ha fusionado.
2. Los señores Moreno y Sosa, ____ son viejos clientes, están allí.
3. Los productos ____ hablamos se venden bien.
4. El tema ____ conversamos es muy controvertido.
5. El señor Juan Moreira, ____ es el Director de Novago, no ha venido.
6. El motivo ____ hacemos la fiesta es la fusión.

de los que/cuales
que/quien
~~cuyos~~
por el que/cual
que/quienes
sobre el que/cual

15 Hablar en público

Complete el minidiccionario. ¡Cuidado con los falsos amigos!

la reunión	Konferenz, Besprechung	la presentación	
la conferencia		decir unas palabras	
el discurso		tener la palabra	
la ponencia		pedir un aplauso	

16 ¿Qué se necesita para una presentación?

Relacione los términos y las fotos.

1. ☐ el ordenador portátil
2. ☐ la pantalla de proyección
3. ☐ el DVD
4. ☐ el proyector digital
5. ☐ los rotuladores
6. ☐ el papel y los bolígrafos

a

d

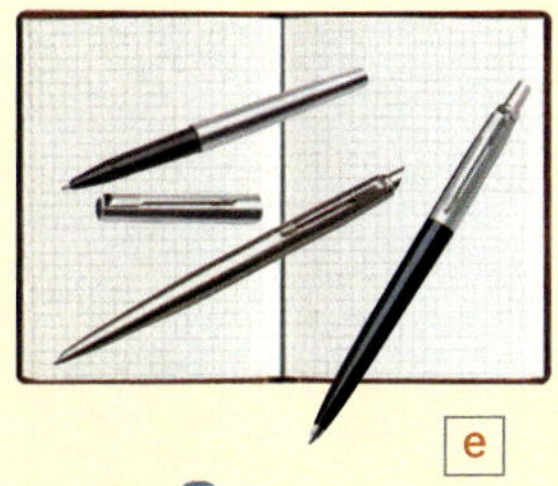
e

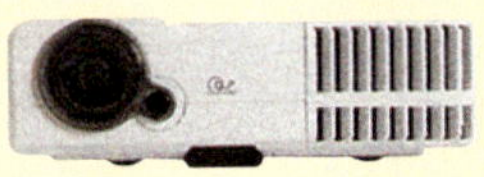
b

c

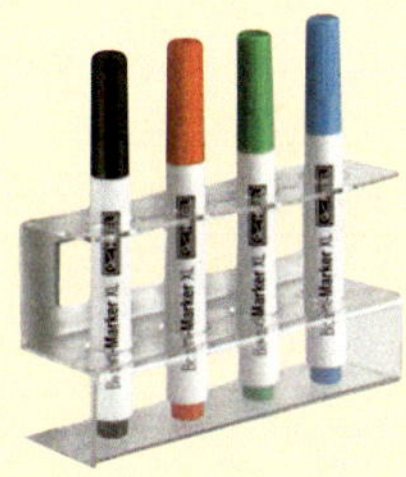
f

17 Antes de la conferencia

1 Usted va a dar una conferencia en Salamanca. Marque en la lista todo lo que necesita.

☐ sillas en círculo
☐ sillas en filas
☐ acceso a Internet
☐ recibir un fax
☐ hacer una presentación Power Point
☐ mostrar una película en DVD
☐ escribir los resultados en fichas
☐ fijar las fichas en un panel

2 Escriba un e-mail y explique lo que necesita y por qué.

Mail Archivo Edición Listado Buzón Mensaje Formato Ventana Ayuda
Mensaje nuevo
Enviar Dirección Adjuntar Tipo de letra Borrador Imprimir
Para:
Cc:
Asunto:
Cuenta:

Hola ...:
¿Qué tal? ¿Cómo estás? ¿Cómo van los preparativos?
Sabes, quisiera ..., por eso necesito ...
¿Será posible conseguir eso? ¿Puedes ocuparte de todo?
¡Me haces un gran favor! Muchas gracias.
Un abrazo y hasta el sábado

18 Haga el diálogo.

Elija una de estas situaciones. Llame a un colega y asegúrese de que esté todo listo cuando usted llegue. Haga el diálogo y utilice las expresiones de los ejercicios 16 y 17.

1. Usted es el Director/a de Exportaciones de su empresa y tiene que darles un curso sobre los productos a sus representantes en Latinoamérica.
2. Usted es Jefe/-a de Personal y tiene que formar al personal de la nueva sucursal que acaban de abrir en España.
3. Usted es técnico/-a y tiene que poner en marcha las instalaciones que han exportado a otro país y formar al personal que se va a ocupar de las mismas.

Apéndice

El español en clase

Pedir y ofrecer ayuda

¡Oiga/Oye, por favor!	Hören Sie / Hör mal, bitte.
¿Puedo ayudarle/-te?	Kann ich Ihnen/dir helfen?
¿Puede/s ayudarme?	Können Sie / Kannst du mir helfen?
Tengo problemas con ... ¿Qué puedo hacer?	Ich habe Probleme mit ... Was soll ich tun?
¿Tiene/s un bolígrafo/lápiz?	Haben Sie / Hast du einen Kugelschreiber/Bleistift?
¿Me podría/s dar ...?	Könnten Sie / Könntest du mir ... geben?

Pedir una explicación

Perdone, ¿puede hablar más despacio, por favor?	Entschuldigen Sie, können Sie bitte langsamer sprechen?
Perdón, (yo) no lo entiendo.	Entschuldigung, ich verstehe das nicht.
¿Puede explicarlo (otra vez)?	Können Sie das (noch einmal) erklären?
¿Puede repetirlo (otra vez), por favor?	Können Sie das bitte (noch einmal) wiederholen?
¿Cuánto tiempo tenemos?	Wie viel Zeit haben wir?
Tengo una pregunta.	Ich habe (noch) eine Frage.
(Yo) no he entendido el/los ejercicio/s.	Ich habe die Aufgabe/n nicht verstanden.
No entiendo la palabra/frase "...".	Ich verstehe das Wort / den Satz „..." nicht.
¿Cómo se dice "..." en alemán / en español?	Was heißt „..." auf Deutsch / auf Spanisch?
¿Se puede decir también "..."?	Kann man auch „..." sagen?
¿Qué significa / quiere decir "..."?	Was bedeutet „..."?
¿Cómo se pronuncia "..."?	Wie spricht man „..." aus?
¿Cómo se llama esto en español?	Wie heißt das auf Spanisch?
¿Cómo?	Wie bitte?
¿Puede poner un ejemplo, por favor?	Können Sie bitte ein Beispiel nennen?
¿Cómo se escribe "..."?	Wie schreibt man „..."?
¿Se escribe "..." con/sin "s"?	Schreibt man „..." mit/ohne „s"?
¿Qué es esto/eso?	Was ist das hier / das da?
¿En qué página está?	Auf welcher Seite steht das?
¿Es correcto/falso?	Ist das richtig/falsch?
¿Cuándo se utiliza esta palabra/expresión?	Wann verwendet man dieses Wort / diesen Ausdruck?
¿Qué hacemos ahora?	Was machen wir jetzt?

Hacer propuestas y dar instrucciones

¿Sigo?	Soll ich weitermachen?
Sí, siga/sigue leyendo.	Ja, lesen Sie / lies weiter.
Empezamos desde el principio.	Wir fangen von vorne an.
Contesten las preguntas.	Beantworten Sie die Fragen.
Lean/Leed el texto por turnos / haciendo cada uno un papel.	Lesen Sie / Lest den Text abwechselnd / mit verteilten Rollen.

Instrucciones

Anote. / Apunte.	Notieren Sie. / Schreiben Sie auf.
Busque.	Suchen Sie.
Comente.	Kommentieren Sie. / Besprechen Sie.
Compare.	Vergleichen Sie.
Complete.	Ergänzen Sie.
Compruebe. / Controle.	Überprüfen Sie. / Kontrollieren Sie.
Conecte las frases con *que*.	Verbinden Sie die Sätze mit *que*.
Conteste ...	Antworten Sie. / Beantworten Sie ...
Converse.	Unterhalten Sie sich.
Corrija.	Korrigieren Sie.
Cuente todo lo que sabe.	Erzählen Sie alles, was Sie wissen.
Decida si ...	Entscheiden Sie, ob ...
Describa ...	Beschreiben Sie ...
Descubra. / Descúbralo usted mismo/-a.	Entdecken Sie. / Entdecken Sie es selbst.
Diga.	Sagen Sie.
Elija ...	Wählen Sie ... aus.
Escenifique ...	Gestalten Sie ein Rollenspiel.
Escoja ...	Wählen Sie ... aus.
Escriba.	Schreiben Sie.
Escuche.	Hören Sie zu.
Explique.	Erzählen Sie. / Erklären Sie.
Exponga sus ideas.	Stellen Sie Ihre Ideen dar.
Forme ... / Formen grupos.	Bilden Sie ... / Bilden Sie Gruppen.
Hable ...	Sprechen Sie ...
Haga diálogos. / Haga preguntas.	Erarbeiten Sie Dialoge. / Stellen Sie Fragen.
Informe. / Infórmese.	Berichten Sie. / Informieren Sie sich.
Intercambie ...	Tauschen Sie ... aus.
Lea.	Lesen Sie.
Marque con los símbolos. / Marque con una cruz.	Markieren Sie mit den Symbolen. / Kreuzen Sie an.
Mire ...	Schauen Sie ... an.
Opine y discuta.	Was meinen Sie? Diskutieren Sie.
Ordene.	Ordnen Sie.
Organice ...	Organisieren Sie ... / Planen Sie ...
Participe.	Nehmen Sie teil.
Piense en ...	Denken Sie an ...
Ponga ...	Setzen Sie ... (ein).
Pregunte e informe.	Fragen und berichten Sie.
Prepare ... / Presente ...	Bereiten Sie ... vor. / Stellen Sie ... vor.
Reaccione.	Reagieren Sie.
Relacione.	Verbinden Sie.
Repartan los papeles.	Verteilen Sie die Rollen.
Represente la escena en clase.	Spielen Sie die Szene vor.
Resuma.	Fassen Sie zusammen.
Sistematice las ideas.	Systematisieren Sie die Ideen.
Tache ...	Streichen Sie ... durch.
Traduzca ...	Übersetzen Sie ...
Transforme las frases.	Formen Sie die Sätze um.
Utilice ...	Benutzen Sie ...

Recursos de comunicación

1 Presentar y presentarse — Sich und andere vorstellen

Soy ... y soy el encargado del departamento de ...	Ich bin/heiße ... und bin zuständig für die Abteilung ...	1/13
¿Es usted el Sr. / la Sra. ...?	Sind Sie Herr/Frau ...?	1/2
Sí, soy yo. Mucho gusto.	Ja, der/die bin ich. Sehr erfreut Sie kennen zu lernen.	1/2
Igualmente. Mi colega, el Sr. / la Sra. ...	Ebenfalls / Ganz meinerseits. Das ist mein Kollege, Herr ... / meine Kollegin, Frau ...	1/2
Encantado/-a. Mi nombre es ...	Angenehm. Mein Name ist ...	1/4
Aquí tiene mi tarjeta.	Hier haben Sie / ist meine Karte.	2/9
Vengo por ...	Ich komme wegen ...	2/2
Mi colega se ocupa de ...	Mein Kollege / Meine Kollegin kümmert sich um ... / ist zuständig für ...	2/9

2 Recibir y saludar — Empfangen und begrüßen

Bienvenido/-a a ...	Willkommen in ...	1/2
Gracias. Es usted muy amable.	Danke, sehr freundlich von Ihnen.	1/2
Me alegro mucho de conocerlo/-la.	Sehr erfreut, Sie kennen zu lernen.	1/16
Un momento, por favor. Enseguida estoy con usted.	Einen Augenblick, bitte. Ich komme gleich zu Ihnen.	1/4
¿Cómo está? ¿Qué tal el viaje?	Wie geht es Ihnen? Wie war die Reise?	1/4
Gracias por venir a buscarme.	Danke, dass Sie mich abholen kommen.	2/9
¿No ha tenido problemas para encontrarnos?	War es schwierig uns zu finden?	2/2
Por aquí, por favor. Mi despacho está arriba.	Hier entlang, bitte. Mein Büro ist oben.	1/5
Tome asiento. / Siéntese, por favor.	Nehmen Sie Platz. / Setzen Sie sich, bitte.	2/2

3 Informar e informarse — Auskunft einholen und geben

Quisiera hablar con ... ¿Sería posible?	Wäre es möglich mit ... zu sprechen? / Könnte ich bitte mit ... sprechen?	2/11
Sí, cómo no, pero va a tener que esperar un momento.	Ja, selbstverständlich, aber Sie müssten sich einen Augenblick gedulden.	2/11
¿Va a tardar mucho en llegar?	Wird es lange dauern, bis er/sie kommt?	2/11
No, no creo que tarde.	Ich glaube nicht, dass er/sie noch lange braucht.	2/11
A más tardar a las once va a estar aquí.	Spätestens um elf ist er/sie hier.	2/11
Quizás llegue antes.	Vielleicht kommt er/sie früher.	2/11
Tengo una cita con ... Espero que no se haya ido ...	Ich habe eine Verabredung mit ... Ich hoffe, er/sie ist noch nicht gegangen.	2/11
Quizás esté todavía.	Vielleicht ist er/sie noch im Haus.	2/11
¿Cuál es su nombre, por favor?	Wie war Ihr Name, bitte?	2/11
¿A quién debo dirigirme para ...?	Mit wem muss ich sprechen, um ...?	2/11
Está muy ocupado/-a, pero a lo mejor puede atenderlo/-la igual.	Er/Sie ist gerade sehr beschäftigt, aber vielleicht kann er/sie Sie trotzdem empfangen.	2/11
Aunque tenga que esperar, no importa.	Ich kann auch gerne einen Moment warten.	2/11

4 Romper el hielo — Ein Gespräch beginnen

¡Tanto tiempo! ¿Cómo está?	Wir haben uns aber lange nicht gesehen. Wie geht's Ihnen denn?	1/15

Como siempre, con mucho trabajo.	Wie immer, viel zu tun.	1/15
Me alegro de hablar con usted personalmente.	Ich freue mich, mit Ihnen persönlich sprechen zu können.	2/5
¿Es la primera vez que está/n en ...?	Sind Sie zum ersten Mal in ...?	1/16
No, venimos una vez por año.	Nein, wir kommen jedes Jahr.	1/16
Esta semana ha sido terrible.	Diese Woche war entsetzlich anstrengend.	2/4
¿Mucho estrés?	Viel Stress?	2/4
Muchísimo, cada día otra cosa.	Sehr viel, jeden Tag etwas Neues.	2/4

5 Agradecer y despedirse — Danken und sich verabschieden

¡Gracias por la invitación!	Danke für die Einladung!	1/16
No hay de qué. Gracias a usted por haber venido.	Nichts zu danken. Ich danke Ihnen für Ihr Kommen.	2/9
Ya saben, esta es su casa.	Sie sind jederzeit willkommen.	1/17
Ya nos vamos a poner en contacto.	Wir setzen uns dann mit Ihnen in Verbindung.	2/2
Por supuesto. Gracias por todo.	Selbstverständlich. Vielen Dank für alles.	2/11
Encantado/-a de haberlo/-la conocido.	Es hat mich sehr gefreut Sie kennen zu lernen.	2/11
Le dejo mi tarjeta, para que me llame, por cualquier cosa.	Ich lasse Ihnen meine Karte da, für alle Fälle.	2/11
Tal vez pueda visitarnos, cuando vaya a ...	Besuchen Sie uns doch, wenn Sie nach ... kommen.	2/11
Espero que nos mantengamos en contacto.	Ich hoffe, wir bleiben in Kontakt.	2/11
Seguro. Ha sido un gusto conocerla, Sra. ...	Aber sicher. Es war sehr schön Sie kennengelernt zu haben, Frau ...	2/11
Gracias por su visita. ¡Hasta la próxima!	Vielen Dank für Ihren Besuch. Bis zum nächsten Mal.	2/11

6 Buenos deseos y cumplidos — Gute Wünsche und Komplimente

¡Ojalá tenga suerte!	Hoffentlich haben Sie Glück!	2/10
Igualmente. ¡Que tenga mucho éxito en la feria!	Und Sie ebenfalls. Viel Erfolg auf der Messe!	2/11
¡Que tenga buen viaje!	Eine gute Reise!	2/11
¡Qué vista bonita!	Was für eine schöne Aussicht!	1/5
¡Enhorabuena!	Herzlichen Glückwunsch!	1/5
¡Felicitaciones!	Ich gratuliere!	2/15
¡Qué bien!	Wie schön!	1/7
¡Qué suerte!	Was für ein Glück!	1/7
¡Qué interesante!	Wie interessant!	1/0
Ustedes tienen unos cuadros preciosos.	Sie haben da sehr schöne Gemälde.	1/17
Usted es un experto.	Sie sind ja ein Experte.	1/17

7 Disculpar y disculparse — Sich und andere entschuldigen

Perdón, estoy un poco desconcentrado.	Verzeihung, ich bin etwas zerstreut.	2/4
Les pido disculpas por la interrupción.	Bitte entschuldigen Sie die Unterbrechung.	2/4
Pero por supuesto. No es nada.	Aber ich bitte Sie, das macht doch nichts.	2/4
He tenido un pequeño inconveniente.	Es gab da ein kleines Problem.	2/4
¿Los he hecho esperar?	Habe ich Sie warten lassen?	2/4
Lo siento (muchísimo).	Es tut mir (sehr) Leid.	1/15
Sí, pero no importa. ¡Ningún problema!	Na, ja, aber das macht nichts. Kein Problem.	2/4
Se me ha hecho tarde, perdone.	Verzeihen Sie, ich habe mich verspätet.	2/11

8 Anunciar y explicar — Etwas ankündigen und erklären

No está permitido. / Está prohibido.	Das ist nicht erlaubt. / Es ist verboten.	1/9
Hay varias propuestas.	Es gibt mehrere Vorschläge.	2/14
Lo/La voy a llamar en cualquier momento.	Ich rufe Sie an, sobald ich kann.	2/4
Tengo mucha prisa.	Ich bin sehr in Eile.	1/11
Hay un cambio de programa.	Es gibt eine Programmänderung.	1/16
Yo me ocupo de ...	Ich kümmere mich um ...	1/16
Mañana tenemos que empezar temprano.	Morgen müssen wir früh anfangen.	1/17
Queda tiempo para todo.	Es bleibt genug Zeit für alles.	1/16
Tengo que consultarlo (primero).	Da muss ich mich (erst) erkundigen.	2/14

9 Lamentar y consolar — Bedauern und trösten

¡Qué lástima!	Wie schade!	1/7
¡Qué mala suerte!	So ein Pech!	1/7
¡Qué problema!	Was für ein Problem!	1/2
Lamentablemente el Sr. ... no está.	Leider ist Herr ... nicht im Haus.	1/15
No importa, no es nada.	Das macht doch nichts.	2/4
No se preocupe.	Machen Sie sich keine Sorgen.	2/9
Para usted tampoco es cosa fácil.	Für Sie ist es ja auch nicht leicht.	2/14
Lo siento. No puedo, es que ...	Es tut mir Leid. Ich kann nicht, weil ...	1/17
Siento que no hayan podido ver todo.	Schade, dass Sie nicht alles sehen konnten.	2/11

10 Reaccionar y comentar — Reagieren und kommentieren

¡Qué sorpresa!	Was für eine Überraschung!	1/7
¡Qué casualidad!	So ein Zufall!	2/11
Es siempre lo mismo.	Es ist immer das Gleiche.	1/11
¡Gracias a Dios!	Gott sei Dank!	1/11
¡Ojalá!	Hoffentlich!	1/2
¡Qué va!	Ach was!	2/11

11 Preguntar y pedir — Fragen und bitten

Una pregunta ...	Eine Frage ...	1/5
¿Puede preparar mi factura?	Könnten Sie meine Rechnung vorbereiten?	1/9
¿Nos deja ese catálogo también?	Lassen Sie uns diesen Katalog auch da?	2/9
¿Podría decirme cuánto cuesta?	Könnten Sie mir sagen, wieviel es kostet?	2/10
Avíseme en cuanto llegue ...	Geben Sie mir Bescheid, sobald ... (an)kommt.	2/11
¿Podemos pasar antes por el hotel?	Können wir vorher (noch) beim Hotel vorbeifahren?	1/16
¿Dónde están los servicios?	Wo sind die Toiletten?	1/6

12 Proponer algo — Etwas vorschlagen

¿Vamos a la planta de producción?	Gehen wir in die Produktionsanlage?	1/5
¿Tomamos otra copa?	Trinken wir noch ein Glas?	1/8
¿Por qué no va en metro?	Warum fahren Sie nicht mit der U-Bahn?	1/9
Mejor vamos todos/-as juntos/-as.	Am besten fahren wir alle zusammen.	1/9
¿Hacemos una pausa?	Sollen wir eine Pause machen?	1/10

13 Atender al público — Kunden bedienen

Buenos días, señor/a. ¿Lo/La atienden ya?	Guten Tag, mein Herr / meine Dame. Werden Sie schon bedient?	2/8
No, todavía no.	Nein, noch nicht.	2/8
¿En que puedo servirle?	Womit kann ich dienen?	2/8
Quisiera ...	Ich möchte ... / Ich hätte gern ...	2/8
Muy bien, ¿en qué modelo ha pensado?	Sehr schön. An welches Modell hatten Sie gedacht?	2/8
Eso depende del precio.	Das kommt auf den Preis an.	2/8
¿Cuánto cuesta, por ejemplo, un ...?	Wieviel kostet zum Beispiel ein ...?	
Estos días hay una promoción.	Wir haben zur Zeit eine Aktion.	2/8
Vaya a la ventanilla n° 3.	Gehen Sie zum Schalter Nummer 3.	2/8
Entrégueselo a mi colega.	Geben Sie es meinem Kollegen / meiner Kollegin.	2/8
Pague en caja.	Zahlen Sie an der Kasse.	2/8
Vuelva aquí con el recibo.	Kommen Sie mit dem Bon wieder zurück.	2/8

14 Asesorar y recomendar — Beraten und empfehlen

Le conviene más.	Das ist besser für Sie.	2/8
Le recomiendo ..., de ser posible, ...	Ich empfehle Ihnen möglichst ...	2/9
El modelo más sencillo cuesta ...	Das einfachste Modell kostet ...	2/9
Lo principal es siempre ...	Das Wichtigste ist immer ...	2/9
Yo elegiría colores cálidos.	Ich würde warme Farben wählen.	2/9

15 Ordenar la conversación — Ein Gespräch führen

Otra cosa, ¿qué piensa usted de ...?	Etwas Anderes: Was halten Sie von ...?	2/14
Pensándolo bien ...	Wenn ich es mir recht überlege, ...	2/5
Cambiando de tema ...	Nun zu einem ganz anderen Thema ...	2/5
Le sigo explicando.	Ich fahre mit der Erklärung fort.	2/5
Volviendo al tema ...	Um auf unser Thema zurückzukommen ...	2/5
Calculando en base a ...	Wenn man von ... ausgeht, ...	2/5
Pasando a otro asunto ...	Um ein anderes Thema anzuschneiden ...	2/5
Probar no cuesta nada.	Versuchen kostet nichts.	2/6
Eso se sobreentiende.	Das versteht sich von selbst.	2/9

16 Hablar por teléfono — Telefonieren

1 Empezar la conversación	**Das Gespräch beginnen**	
Empresa ... ¡Buenos días!	Guten Tag, hier Firma ...	1/12
¡Diga! ¡Dígame!	Hallo! / Ja, bitte?	1/12
Mi nombre es ... llamo desde ...	Mein Name ist ... Ich rufe von/aus ... an.	2/13
Soy ..., de la fábrica de ...	Ich bin ..., von der Firma ...	1/12
2 Preguntar por alguien	**Nach jemandem fragen**	
¿Con el Sr. / la Sra. ..., por favor?	Könnte ich bitte mit Herrn/Frau ... sprechen?	1/12
¿Está ..., por favor?	Ist Herr/Frau ... zu sprechen, bitte?	1/12
¿Puede pasarme con ...?	Könnten Sie mir Herrn/Frau ... geben?	2/13
¿Me comunica con ...?	Würden Sie mich mit ... verbinden?	2/13
¿Puede ponerse ...?	Kann ... an den Apparat kommen?	2/13

Quisiera hablar con ...	Ich möchte gern mit ... sprechen.	2/13
¿Con quién debo hablar para ...?	Mit wem muss ich sprechen, um ...?	2/13
¿Cómo puedo localizar a ...?	Wie kann ich ... erreichen?	1/15
¿No tiene móvil?	Hat er/sie kein Handy?	1/15
3 Averiguar quién habla	**Nach dem/der Gesprächspartner/in fragen**	
¿De parte de quién?	Wie war Ihr Name?	2/13
¿Podría repetir su nombre?	Könnten Sie Ihren Namen wiederholen?	2/13
4 Preguntar y explicar el motivo de la llamada	**Nach dem Grund des Anrufs fragen / ihn angeben**	
¿Por qué asunto es?	In welcher Angelegenheit?	1/15
¿De qué se trata?	Worum handelt es sich?	2/13
Llamo por ... Quisiera hacerle una pregunta.	Ich rufe wegen ... an. Ich wollte Sie fragen, ...	1/12
Todavía tengo una pregunta ...	Ich habe da noch eine Frage ...	1/12
Tengo que hablar personalmente con ...	Ich muss mit ... persönlich sprechen.	1/15
5 Ofrecer ayuda	**Hilfe anbieten**	
¿Puedo ayudarle en algo?	Kann ich Ihnen irgendwie helfen?	2/13
¿En qué puedo servirle?	Womit kann ich Ihnen helfen?	1/12
¿Quiere que le devuelva la llamada?	Soll er/sie Sie zurückrufen?	2/13
¿Quiere dejar un recado/mensaje?	Möchten Sie etwas ausrichten lassen?	2/13
¿Quiere dejar su número?	Möchten Sie Ihre Nummer hinterlassen?	1/15
6 Comunicar	**Das Gespräch weiterleiten**	
Le paso la llamada.	Ich leite das Gespräch weiter.	2/13
Un momento, le paso con mi jefe/-a.	Einen Moment bitte, ich verbinde Sie mit meinem Chef / meiner Chefin.	2/13
La comunico enseguida.	Ich verbinde Sie gleich weiter.	2/13
No cuelgue, por favor.	Bitte legen Sie nicht auf.	2/13
7 Disculparse	**Sich/Jemanden entschuldigen**	
No se encuentra en la oficina, lo siento.	Er/Sie ist leider nicht im Büro.	2/13
Está hablando por otra línea.	Er/Sie spricht gerade auf einer anderen Leitung.	2/13
No lo/la puedo localizar.	Ich kann ihn/sie gerade nicht erreichen.	2/13
No consigo la comunicación.	Ich kann keine Verbindung herstellen.	2/13
Está en una reunión.	Er/Sie ist gerade in einer Besprechung.	2/13
8 Pedir otra llamada	**Um erneuten Anruf bitten**	
Llame más tarde, por favor.	Rufen Sie bitte später noch einmal an.	2/13
Pruebe otra vez.	Versuchen Sie es (später) noch einmal.	2/13
Vuelva a llamar.	Rufen Sie noch einmal an.	2/13
Siga insistiendo.	Probieren Sie es mehrmals.	2/13
Le doy el número de la extensión / del móvil / particular.	Ich gebe Ihnen die Durchwahl/Handy-/ Privatnummer.	2/13
9 Despedirse	**Sich verabschieden**	
Eso es todo. Gracias, muy amable.	Das ist alles. Sehr freundlich, vielen Dank.	2/13
Gracias a usted. Hasta pronto.	Ich danke Ihnen. Bis demnächst.	1/12
Gracias por su atención / la llamada / la información.	Danke für Ihre Aufmerksamkeit / Ihren Anruf / die Auskunft.	2/13
Hasta mañana a esta misma hora.	Bis morgen um die gleiche Zeit.	1/18
Muchos saludos a ...	Viele Grüße an ...	1/12

17 Llamadas típicas — Typische Ferngespräche

1 Hacer una reserva — Eine Reservierung vornehmen

Llamo para hacer una reserva.	Ich rufe wegen einer Reservierung an.	2/10
¿Para qué fecha?	Für welches Datum?	2/10
¿Por cuánto tiempo?	Für wie lange?	2/10
¿Cuántas personas son?	Wie viele Personen sind Sie/es?	2/10
Aquí hay una oferta de ... por ...	Hier gibt es ein Angebot von ... für ...	2/10
Otra cosa ya no van a conseguir.	Etwas Anderes werden Sie nicht mehr finden.	2/10
¿Quiere que le haga la reserva?	Soll ich die Reservierung vornehmen?	2/10
Hay que confirmar hoy mismo la reserva.	Sie müssen die Reservierung noch heute bestätigen.	2/10

2 Concretar una cita — Einen Termin vereinbaren

¿Cuándo van a venir a ...?	Wann kommen Sie nach ...?	1/10
¿Ya tienen la fecha del viaje?	Stehen die Reisedaten schon fest?	1/10
Llamo para concretar la fecha.	Ich rufe (Sie), um das Datum festzumachen.	1/10
Para nosotros es lo mismo.	Unsererseits gibt es keine Schwierigkeiten.	1/10
¿Quizás a fines de mayo?	Vielleicht gegen Ende Mai?	1/10
No, tan pronto no. Mejor a principios de junio.	Nein, so früh nicht. Lieber Anfang Juni.	1/10
Lo siento, no es posible	Das ist leider nicht möglich.	1/10
¿Y en la semana 26?	Und in der 26. Kalenderwoche?	1/10
De acuerdo, entonces ...	Einverstanden, dann also ...	1/10
Por mí, podemos quedar a las 9 h.	Meinetwegen können wir um 9.00 Uhr verbleiben.	1/17

Comunicación escrita

Comunicación interna

1 Formularios *Formulare*

1 Llamadas *Anrufe*

Durante su ausencia ha llamado:
José Prieto

- [ ] Llama otra vez
- [ ] Manda un e-mail
- [x] Espera su llamada

Ha dejado
- [ ] otro teléfono
- [ ] un número de fax
- [ ] el e-mail

Necesita
Fotos para los nuevos catálogos.

2 Visitas de clientes *Kundenbesuch*

Nombre:	Álvarez Ortíz
País/Ciudad:	Valencia
Fecha de llegada:	lunes 12
Hora de llegada:	9.00 h
Estación/Aeropuerto:	Sants
Tren / Línea aérea:	Euromed
Hotel:	Rex - hacer reserva
Cómo llega a fábrica:	alquila un coche

2 Notas y noticias *Notizen und Memos*

1 Nota de comunicación interna *Interne Mitteilung*

de: Ana María
a: don Rogelio

Los clientes alemanes ya están aquí, pero necesitan una intérprete.
El Sr. Meyer (el rubio alto) habla bastante bien español, pero el señor Sch... (¡Perdón, no sé cómo se escribe!) no habla casi nada ...
Alicia Alonso habla un poco de alemán.

A. M.

2 Informe *Gesprächsnotiz*

Ha venido el Sr. Altamirano. Tiene un proyecto muy importante y le gustaría colaborar con nosotros. Necesita muestras de nuestros productos y quiere saber qué descuentos estaríamos dispuestos a hacerle por la compra regular de artículos por un valor aproximado de 20.000 euros al mes. Quiere respuesta esta semana, porque tiene que presentar el proyecto a sus socios.

3 Lo que hay que hacer *To do-Liste*

María Elena:
Tengo que irme a la feria y todavía no he terminado con el mailing. Por favor, ¿puedes terminarlo tú?
Mañana por la tarde viene el Sr. Garrote. He tratado de cambiar la fecha, pero no ha sido posible, de modo que tendrás que atenderlo tú. Los documentos están todos en el archivo GA & Cía. Asturias.
Otra cosa, ayer llamaron de la imprenta. Los folletos están listos, pero hay que controlar que esté todo bien antes de que los hagan en serie. ¿Te ocupas tú? ¡Gracias!
Un abrazo y hasta el lunes.
Rosita

1 Orden del día *Tagesordnung*

TORRES & COMPAÑÍA, S.L.

Reunión de trabajo

Lugar: **sala de conferencias**
Día: **viernes 3 de octubre**
Hora: **17 h.**

Orden del día:
Informe del Sr. Iturraspe
Comparación de productos
Análisis del mercado

ARENALES 15–19 | 08180 FLORES
TEL 937 878 600 | FAX 937 878 666
WWW.CHOCOTORRES.COM | ADMIN@CHOCOTORRES.COM

2 Anuncio *Ankündigung*

Se busca nombre

Se busca: El nombre más adecuado para la nueva empresa.

Requisitos: El nombre elegido tiene que:
- ser corto y original,
- sonar bien, también en otros idiomas,
- despertar sentimientos y emociones agradables,
- permitir un logo y/o un eslogan simpático.

Condiciones: Podrán participar en el concurso todos los empleados.

3 Aviso en Intranet *Hausmitteilung*

Mail Archivo Edición Listado Buzón Mensaje Formato Ventana Ayuda
Mensaje nuevo
Enviar Dirección Adjuntar Tipo de letra Borrador Imprimir
Para:
Cc:
Asunto:
Cuenta:

A todo el personal:

El jueves y viernes vendrán los pintores. Por favor, saquen todos los cuadros y objetos personales de las paredes y pongan los objetos pequeños como lámparas, flores, etc. en la cocina.
Importante: Llamen la atención a los visitantes para evitar problemas y pidan disculpas por el caos.

Saludos
Isabel Barrionuevo
Administradora

P.D.: La entrada debe estar libre para que pueda entrar el camión de los pintores. Por favor, pongan las bicicletas atrás.

4 Circular *Rundbrief*

¡Feliz Navidad!

Como todos los años, la empresa permanecerá cerrada entre Navidad y Año Nuevo. El viernes 7 de enero haremos puente, de modo que habrá un fin de semana largo, para que puedan festejar Reyes con sus familias.

Deseamos a todos que pasen Felices Fiestas y agradecemos la comprensión demostrada en estos últimos meses de crisis. Sólo gracias a la colaboración de todos hemos podido seguir adelante. Confiamos en que el Año Nuevo traiga una mejor coyuntura económica.

Nuestros mejores saludos para ustedes y sus familias.

El equipo de dirección

Comunicación externa

1 Correspondencia comercial Geschäftsbriefe

1 Características generales *Allgemeine Merkmale*

Die Handelskorrespondenz hat sich stark vereinfacht. Die schriftliche Kommunikation orientiert sich heute am angloamerikanischen Stil. Dennoch haben nach wie vor alle offiziellen, mit der Post verschickten Briefe folgende Standardform:

cabecera →	SAGASA Motores – Huesca
remitente	
nombre y apellido →	Francisco Santos Gautier
dirección →	Avda. Mallorca, 53, 4° 3ª 22107 Huesca
correo electrónico →	fsgautier@sagasa-aragon.com
fecha →	Madrid, 30 de agosto de 2006
destinatario →	Stella Maris, S.L. Servicios integrales Pza. Mercadal, 3, en. 17050 Girona
asunto →	Reserva salón de fiestas
saludo →	Estimados señores:
texto →	Me dirijo a ustedes para informarme acerca de la posibilidad de alquilar un salón de fiestas para unas 30 personas en alguna localidad de la Costa Brava para una fiesta de fin de año. Somos una empresa familiar y queremos celebrar el 5° aniversario de Sagasa Motores en un marco excepcional. Por eso necesitaríamos saber qué tipo de instalaciones ofrecen ustedes para tales eventos. Nos gustaría estar en primera línea de costa, en un lugar más bien tranquilo. Les agradecería nos facilitaran informaciones sobre disponibilidad, precios y comunicaciones con medios de transporte público.
despedida →	Sin otro particular, les saluda muy atentamente
firma →	Francisco Santos Gautier Francisco Santos Gautier

2 Dirección *Anschrift*

Bei Geschäftsbriefen ist die Firmenadresse des Absenders oft oben oder unten auf dem Briefpapier vorgegeben.

A la atención de Juan Pérez | Zu Händen von Juan Pérez

Die gebräuchlichsten Abkürzungen bei der Adresse sind:

Apdo.	Apartado postal	Postfach	nº	número	Nummer
c/	Calle	Straße	s/n	sin número	ohne Nummer
Avda.	Avenida	Allee	pta. bja.	planta baja	Erdgeschoss
Pza.	Plaza	Platz	en.	entresuelo	Zwischengeschoss
P°	Paseo	Allee	izqda.	izquierda	links
2º	segundo	zweiter Stock	dcha.	derecha	rechts

3 Fecha *Datum*

Das Datum kann ausführlich – Madrid, 30 de agosto de 2006 – oder kurz geschrieben werden: Madrid, 30/8/06

4 Asunto *Betreff*

Pedido de información	Bitte um Auskunft, Anfrage
Oferta especial de otoño	Saisonangebot

5 Referencia *Bezug*

S/ carta del ... | Ihr Brief vom ... N/ llamado del ... | Unser Anruf vom ...

S/ ref.: Ma. A. Gar. / Cont. (María de los Ángeles García, Departamento de Contabilidad) | Ihr Zeichen ...

6 Saludo *Anrede*

Alle Briefe enthalten eine Anrede und eine Grußformel am Ende:

Standard	
Señor/a: (nur in E-Mail oder Fax)	(Sehr geehrter) Herr, / (Sehr geehrte) Frau,
Señores: (oft bei Rundbriefen)	(Sehr geehrte) Damen und Herren,
Estimado/-a señor/a Molina García:	Sehr geehrte/r Herr/Frau ...
Estimados señores: (Ansprechpartner unbekannt)	Sehr geehrte Damen und Herren,
Estimado señor cliente: (oft bei Rundbriefen)	Sehr geehrter Kunde,
Besonders höflich	
Distinguido/s señor/es / Distinguida/s señora/s	Verehrte/r Herr/en / Verehrte Dame/n
Apreciado señor González: (LA)	Geschätzter Herr González,
De mi consideración: (LA)	Hochverehrte/r ...
Selten auch noch	
Muy señor mío/nuestro: / Muy señora mía/nuestra:	Sehr geehrter Herr, / Sehr geehrte Dame,
Informell und privat	
Queridos amigos:	Liebe Freunde,
Querido Martín: / Querida Cristina:	Lieber Martin, / Liebe Christine,
¡Hola Anita!	Hallo Anita,

7 Despedida *Abschiedsformeln*

Formell	
Atentamente	
Le/s saluda atentamente	Mit freundlichen Grüßen
Lo/s / La/s saluda atentamente (LA)	Hochachtungsvoll
Reciba/n un atento/cordial saludo (de)	Mit freundlichem Gruß
Aprovecho la ocasión para saludarles muy atte.	

Weniger formell (Oft auch unter Geschäftspartnern)

Un cordial saludo	Ein herzlicher Gruß
Cordialmente	Herzlich(st)
Un abrazo	eine Umarmung

Nur privat

Un beso	Gruß und Kuss
Muchos besos	Viele Küsse
Con cariño	Mit Liebe

8 Firma *Unterschrift*

Wichtige Dokumente und Verträge müssen nach wie vor von Hand unterschrieben und per Post oder Boten (mensajero) geschickt werden.

9 Abreviaturas *Abkürzungen*

p. p. Estefanía Moliner
Jefa del Departamento de Compras

p. p.	por poder	per Prokura
p. o.	por orden	im Auftrag
p. d.	por delegación	in Vertretung

2 Cartas modelo Musterbriefe

In der Regel beginnt ein Geschäft mit einer Anfrage (**solicitud de oferta**). Es folgt ein Angebot (**oferta**). Wenn das Angebot den Wünschen entspricht, erfolgt der Auftrag (**pedido**). Daraufhin wird der Auftrag bestätigt (**confirmación de pedido**) und der Versand avisiert. Wenn der Kunde mit der Lieferung nicht zufrieden ist, schickt er eine Reklamation (**reclamación**). Der Verkäufer antwortet darauf (**respuesta a una reclamación**).

1 Solicitud de oferta

Asunto: Solicitud de oferta

Estimados señores:

Nos dirigimos a ustedes por recomendación de la Cámara de Comercio Española en Berlín.*

Somos una pequeña empresa, muy especializada en el ramo de ropa deportiva. Estamos creciendo rápidamente. Ya contamos con una red de tiendas en todas las ciudades importantes de Alemania, Austria y Suiza. En vista del éxito quisiéramos ampliar nuestro surtido e incluir algunos de sus productos en nuestro programa.

Les agradeceríamos que nos enviaran un catálogo detallado con precios actuales, descuentos y demás condiciones de venta. Si les es posible, mándennos también algunas muestras.

Esperamos que su oferta sea favorable y les saludamos muy atentamente.

Peter Strack
Peter Strack
Gerente de Compras

***Alternativas**
Hemos tenido oportunidad de conocer sus productos en la Feria de ...
Hemos visto su anuncio en la revista especializada ... y nos ha interesado mucho.

2 Oferta

Asunto: Introducción de nuestra marca en Alemania — Ref.: Su solicitud de oferta del 06.06.06

Estimado Sr. Strack:

Nos alegra mucho su interés por nuestra marca.* Nuestros productos ya se venden en diversos mercados europeos, entre ellos en Francia e Italia, donde disponemos de nuestra propia red de ventas. Nos alegraría mucho poder introducirlos también a los países de habla alemana. Por correo aparte les enviamos una selección de muestras.

El plazo de entrega de nuestros productos es de tres semanas. Para el primer negocio exigimos la apertura de una carta de crédito del Banco Atlántico. Para más detalles, pueden ponerse en contacto con la Sra. Azorín, que es la Jefa de Exportación a los países europeos.

Esperamos que nuestra oferta sea interesante para ustedes. Quedamos a su disposición para cualquier consulta.
Le saluda muy atentamente

Feliza Rodríguez González
Feliza Rodríguez González
Directora de Ventas

Anexos: catálogo de exportación y lista de precios

*Alternativas
Les agradecemos su escrito del ... del cte. en el que nos piden informaciones detalladas sobre ...
Nos es grato acusar recibo de su atenta arriba mencionada en la que nos solicitan ...
cte | corriente | laufenden (Monats)

Condiciones *Bedingungen*
Cantidad mínima de pedido: 100 unidades
Forma de presentación: en cajas de a 4 unidades
Precio por unidad: 89 euros
Transporte: por barco (contenedor completo). FOB* Barcelona.
Seguro y embalaje: seguro incluído en el precio. Embalaje a su cargo según lista adjunta.
Condición de entrega: normalmente despachamos nuestra mercancía ex-fábrica o FOB Barcelona.
Plazos de entrega: productos estándar: inmediatamente. Otros productos: entrega a convenir.
Pedido a prueba: pago por anticipado.
*FOB – *Free on board*

Formas de pago *Arten der Zahlung*
Pago con crédito documentario irrevocable y confirmado (unwiderruflicher und bestätigter Akkreditiv)
Pago anticipado (Vorauszahlung)
Pago al contado contra entrega de la mercancía (Zahlung in bar bei der Lieferung)
Pago por transferencia bancaria (Banküberweisung)
Pago a 30 días a contar de la fecha de la factura (Zahlbar innerhalb von 30 Tagen ab Rechnungsdatum)
Pago a cuenta (Anzahlung)
Pago contra reembolso (Per Nachnahme)

3 Pedido

Asunto: Camisetas deportivas   Ref.: Su oferta del ...

Estimada Sra. Rodríguez González:

Entretanto han llegado sus muestras. El buen diseño y la calidad de sus productos nos han convencido, por lo que les pasamos el siguiente pedido, de acuerdo a sus condiciones.

Art. nº	Cantidad	Color	Precio
13341 A	250	blanco	5,80 euro/u.
76732 A	250	celeste	6,20 euro/u.
...	...	...	...

Le rogamos confirmar nuestro pedido y enviarnos la mercancía cuanto antes para poder lanzarla al mercado junto con nuestra colección de otoño. Si sus productos cuentan con la aceptación deseada, queremos introducirlos a gran escala para las Fiestas de Fin de Año.

Sin otro particular, aprovecho la ocasión para saludarla muy atentamente

Peter Strack
Peter Strack
Gerente de Compras

4 Confirmación del pedido

Mail Archivo Edición Listado Buzón Mensaje Formato Ventana Ayuda

Mensaje nuevo

Enviar Dirección Adjuntar Tipo de letra Borrador Imprimir

Para:

Cc:

Asunto:

Cuenta:

```
Estimados Señores

La señora Rodríguez González no se encuentra en este momento en la empresa.
Ella volverá el lunes 13 del corriente. Esta es una confirmación automática de
su pedido. Hemos tomado nota y pasado la orden a la producción. Para consultas
urgentes puede dirigirse a la señora Margarita del Valle.
Si no recibe más noticias nuestras puede contar con su pedido en la forma y
condiciones acordadas.
```

5 Reclamación

Estimados señores:

Ayer recibimos las camisetas ordenadas el 8 del corriente. Lamentablemente la calidad no corresponde a la de sus muestras, por lo que nos vemos obligados a rechazar el envío. Nuestra casa está muy acreditada en la región y no podemos ofrecer productos de calidad inferior. Le enviaremos la remesa, a su cargo.
Lamentamos no poder entablar con ustedes una relación comercial, ya que el diseño de sus camisetas es sin duda muy original.
Les ruego comprendan nuestra posición.

Sin otro particular, les saludo muy atentamente
José Artigas

6 Respuesta a una reclamación

Estimado Sr. Artigas:

Sentimos mucho que no estén satisfechos con nuestros productos. Lamentablemente la presión de la competencia es muy grande y la guerra de precios nos obliga a ahorrar en todo el proceso de producción. De cualquier modo, si a ustedes les gustan nuestros diseños podríamos ofrecerles una calidad más alta, naturalmente con sobreprecio. También nosotros estamos interesados en colaborar con ustedes, ya que se trata de un mercado con mucho futuro. Voy a llamarlo la semana que viene y si usted tiene interés, vamos a hablar con los técnicos y pasarles una oferta especial, a medida de sus necesidades.

Aprovecho la oportunidad para saludarlo muy cordialmente
Rosa Luna

3 Documentos comerciales

1 La factura

Por mi trabajo de intérprete en su empresa el día 18 de marzo, me permito facturar el siguiente importe:

5 horas de interpretación de negociaciones a 60 € la hora	300,00 €
Gastos de viaje: ida y vuelta en coche. 150 km a 0,30 €/km	45,00 €
Son en total	345,00 €
15 % de IRPF	– 51,75 €
16 % de IVA	46,92 €
total a pagar	**340,17 €**

Le ruego girar el importe a mi cuenta corriente n° 345 678 del Banco de Santander, de esta ciudad.
Sin otro particular, la saludo atte.

Angélica Bravo

2 El recibo

Lugo, 4 de octubre de 2006

En la fecha recibí del Sr. Antonio Pacheco la cantidad de 120 € (ciento veinte euros) en concepto de pago por la traducción de una carta comercial del alemán al español.

Esmeralda López
Traductora oficial

4 Modernas formas de comunicación

1 El fax

TORRES & COMPAÑÍA, S.L.
C/ ARENALES, 15–19 | E–08180 FLORES
TEL 937 878 600 | FAX 937 878 666

FAX

De:	Torres & Cía. Ana María Pérez	A:	Ofimueble & Ofimática Luisa Álvarez Ortiz
Fax:	937 878 666	Fax:	961 897 482
Páginas:	2	Fecha:	03.11.2006

Estimada Sra. Álvarez:
La dirección del hotel es c/ Lleida, 35. Aquí le mando la descripción del camino. Como le decía, está bien señalizado. Tome Pregunte por mí o por Marcela. Cualquier cosa, escríbame un mensaje.

¡Buen viaje!

Ana María Pérez

2 El e-mail

In der elektronischen Kommunikation erübrigen sich einige Teile des Briefkopfes.

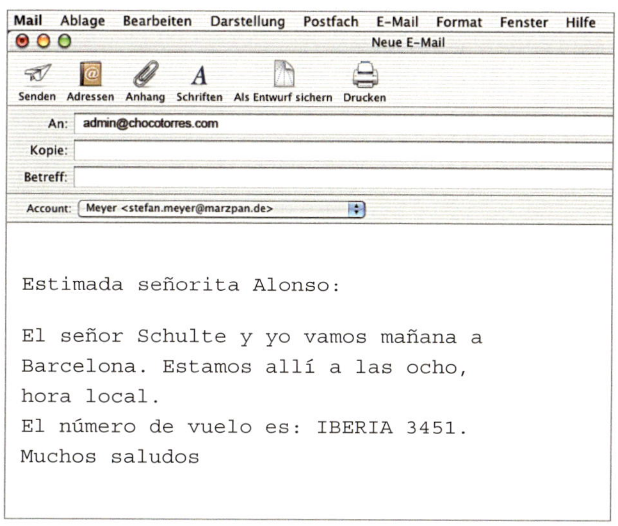
Mail Ablage Bearbeiten Darstellung Postfach E-Mail Format Fenster Hilfe
Neue E-Mail
Senden Adressen Anhang Schriften Als Entwurf sichern Drucken
An: admin@chocotorres.com
Kopie:
Betreff:
Account: Meyer <stefan.meyer@marzpan.de>

Estimada señorita Alonso:

El señor Schulte y yo vamos mañana a Barcelona. Estamos allí a las ocho, hora local.
El número de vuelo es: IBERIA 3451.
Muchos saludos

Verbos

Verbos auxiliares

1 haber

Indicativo

Presente	*Imperfecto*	*Indefinido*	*Futuro*	*Perfecto*
he	había	hube	habré	he habido ...
has	habías	hubiste	habrás	*Pluscuamperfecto*
ha	había	hubo	habrá	había habido ...
hemos	habíamos	hubimos	habremos	*Futuro compuesto*
habéis	habíais	hubisteis	habréis	habré habido ...
han	habían	hubieron	habrán	

Subjuntivo

Presente	*Imperfecto*	*Perfecto*
haya	hubiera	haya habido ...
hayas	hubieras	*Pluscuamperfecto*
haya	hubiera	hubiera habido ...
hayamos	hubiéramos	
hayáis	hubierais	
hayan	hubieran	

Condicional

Condicional	*Condicional compuesto*
habría	habría habido ...
habrías	
habría	
habríamos	
habríais	
habrían	

Gerundio habiendo
Participio habido

Imperativo afirmativo –
Imperativo negativo –

unpersönliche Sonderform hay

2 estar

Indicativo

Presente	*Imperfecto*	*Indefinido*	*Futuro*	*Perfecto*
estoy	estaba	estuve	estaré	he estado ...
estás	estabas	estuviste	estarás	*Pluscuamperfecto*
está	estaba	estuvo	estará	había estado ...
estamos	estábamos	estuvimos	estaremos	*Futuro compuesto*
estáis	estabais	estuvisteis	estaréis	habré estado ...
están	estaban	estuvieron	estarán	

Subjuntivo

Presente	*Imperfecto*	*Perfecto*
esté	estuviera	haya estado ...
estés	estuvieras	*Pluscuamperfecto*
esté	estuviera	hubiera estado ...
estemos	estuviéramos	
estéis	estuvierais	
estén	estuvieran	

Condicional

Condicional	*Condicional compuesto*
estaría	habría estado ...
estarías	
estaría	
estaríamos	
estaríais	
estarían	

Gerundio estando
Participio estado

Imperativo afirmativo
está (tú), estad (vosotros)

Imperativo negativo
no estés (tú), no estéis (vosotros)

3 ser

Indicativo

Presente	*Imperfecto*	*Indefinido*	*Futuro*	*Perfecto*
soy	era	fui	seré	he sido ...
eres	eras	fuiste	serás	*Pluscuamperfecto*
es	era	fue	será	había sido ...
somos	éramos	fuimos	seremos	*Futuro compuesto*
sois	erais	fuisteis	seréis	habré sido ...
son	eran	fueron	serán	

Subjuntivo			Condicional	
Presente	*Imperfecto*	*Perfecto*	*Condicional*	*Condicional compuesto*
sea	fuera	haya sido ...	sería	habría sido ...
seas	fueras	*Pluscuamperfecto*	serías	
sea	fuera	hubiera sido ...	sería	
seamos	fuéramos		seríamos	
seáis	fuerais		seríais	
sean	fueran		serían	

Gerundio siendo
Participio sido

Imperativo afirmativo
sé (tú), sed (vosotros)

Imperativo negativo
no seas (tú), no seáis (vosotros)

Verbos regulares

4 hablar

Indicativo				
Presente	*Imperfecto*	*Indefinido*	*Futuro*	*Perfecto*
hablo	hablaba	hablé	hablaré	he hablado ...
hablas	hablabas	hablaste	hablarás	*Pluscuamperfecto*
habla	hablaba	habló	hablará	había hablado ...
hablamos	hablábamos	hablamos	hablaremos	*Futuro compuesto*
habláis	hablabais	hablasteis	hablaréis	habré hablado ...
hablan	hablaban	hablaron	hablarán	

Subjuntivo			Condicional	
Presente	*Imperfecto*	*Perfecto*	*Condicional*	*Condicional compuesto*
hable	hablara	haya hablado ...	hablaría	habría hablado ...
hables	hablaras	*Pluscuamperfecto*	hablarías	
hable	hablara	hubiera hablado ...	hablaría	
hablemos	habláramos		hablaríamos	
habléis	hablarais		hablaríais	
hablen	hablaran		hablarían	

Gerundio hablando
Participio hablado

Imperativo afirmativo
habla (tú), hablad (vosotros)

Imperativo negativo
no hables (tú), no habléis (vosotros)

5 aprender

Indicativo				
Presente	*Imperfecto*	*Indefinido*	*Futuro*	*Perfecto*
aprendo	aprendía	aprendí	aprenderé	he aprendido ...
aprendes	aprendías	aprendiste	aprenderás	*Pluscuamperfecto*
aprende	aprendía	aprendió	aprenderá	había aprendido ...
aprendemos	aprendíamos	aprendimos	aprenderemos	*Futuro compuesto*
aprendéis	aprendíais	aprendisteis	aprenderéis	habré aprendido ...
aprenden	aprendían	aprendieron	aprenderán	

Subjuntivo			Condicional	
Presente	*Imperfecto*	*Perfecto*	*Condicional*	*Condicional compuesto*
aprenda	aprendiera	haya aprendido ...	aprendería	habría aprendido ...
aprendas	aprendieras	*Pluscuamperfecto*	aprenderías	
aprenda	aprendiera	hubiera aprendido ...	aprendería	
aprendamos	aprendiéramos		aprenderíamos	
aprendáis	aprendierais		aprenderíais	
aprendan	aprendieran		aprenderían	

Gerundio aprendiendo
Participio aprendido

Imperativo afirmativo
aprende (tú), aprended (vosotros)

Imperativo negativo
no aprendas (tú), no aprendáis (vosotros)

6 subir

Indicativo

Presente	Imperfecto	Indefinido	Futuro	Perfecto
subo	subía	subí	subiré	he subido ...
subes	subías	subiste	subirás	*Pluscuamperfecto*
sube	subía	subió	subirá	había subido ...
subimos	subíamos	subimos	subiremos	*Futuro compuesto*
subís	subíais	subisteis	subiréis	habré subido ...
suben	subían	subieron	subirán	

Subjuntivo

Presente	Imperfecto	Perfecto
suba	subiera	haya subido ...
subas	subieras	*Pluscuamperfecto*
suba	subiera	hubiera subido ...
subamos	subiéramos	
subáis	subierais	
suban	subieran	

Condicional

Condicional	Condicional compuesto
subiría	habría subido ...
subirías	
subiría	
subiríamos	
subiríais	
subirían	

Gerundio subiendo
Participio subido

Imperativo afirmativo
sube (tú), subid (vosotros)

Imperativo negativo
no subas (tú), no subáis (vosotros)

Verbos irregulares

7 dar

Indicativo

Presente	Imperfecto	Indefinido	Futuro	Perfecto
doy	daba	di	daré	he dado ...
das	dabas	diste	darás	*Pluscuamperfecto*
da	daba	dio	dará	había dado ...
damos	dábamos	dimos	daremos	*Futuro compuesto*
dais	dabais	disteis	daréis	habré dado ...
dan	daban	dieron	darán	

Subjuntivo

Presente	Imperfecto	Perfecto
dé	diera	haya dado ...
des	dieras	*Pluscuamperfecto*
dé	diera	hubiera dado ...
demos	diéramos	
deis	dierais	
den	dieran	

Condicional

Condicional	Condicional compuesto
daría	habría dado ...
darías	
daría	
daríamos	
daríais	
darían	

Gerundio dando
Participio dado

Imperativo afirmativo
da (tú), dad (vosotros)

Imperativo negativo
no des (tú), no deis (vosotros)

8 caer

Indicativo

Presente	Imperfecto	Indefinido	Futuro	Perfecto
caigo	caía	caí	caeré	he caído ...
caes	caías	caíste	caerás	*Pluscuamperfecto*
cae	caía	cayó	caerá	había caído ...
caemos	caíamos	caímos	caeremos	*Futuro compuesto*
caéis	caíais	caísteis	caeréis	habré caído ...
caen	caían	cayeron	caerán	

Subjuntivo			**Condicional**	
Presente	*Imperfecto*	*Perfecto*	*Condicional*	*Condicional compuesto*
caiga	cayera	haya caído ...	caería	habría caído ...
...	...	*Pluscuamperfecto*	...	
		hubiera caído ...		

Gerundio cayendo	*Imperativo afirmativo*	*Imperativo negativo*
Participio caído	cae (tú), caed (vosotros)	no caigas (tú), no caigáis (vosotros)

9 hacer

Indicativo				
Presente	*Imperfecto*	*Indefinido*	*Futuro*	*Perfecto*
hago	hacía	hice	haré	he hecho ...
haces	hacías	hiciste	harás	*Pluscuamperfecto*
hace	hacía	hizo	hará	había hecho ...
hacemos	hacíamos	hicimos	haremos	*Futuro compuesto*
hacéis	hacíais	hicisteis	haréis	habré hecho ...
hacen	hacían	hicieron	harán	

Subjuntivo			**Condicional**	
Presente	*Imperfecto*	*Perfecto*	*Condicional*	*Condicional compuesto*
haga	hiciera	haya hecho ...	haría	habría hecho ...
...	...	*Pluscuamperfecto*	...	
		hubiera hecho ...		

Gerundio haciendo	*Imperativo afirmativo*	*Imperativo negativo*
Participio hecho	haz (tú), haced (vosotros)	no hagas (tú), no hagáis (vosotros)

10 poder

Indicativo				
Presente	*Imperfecto*	*Indefinido*	*Futuro*	*Perfecto*
puedo	podía	pude	podré	he podido ...
puedes	podías	pudiste	podrás	*Pluscuamperfecto*
puede	podía	pudo	podrá	había podido ...
podemos	podíamos	pudimos	podremos	*Futuro compuesto*
podéis	podíais	pudisteis	podréis	habré podido ...
pueden	podían	pudieron	podrán	

Subjuntivo			**Condicional**	
Presente	*Imperfecto*	*Perfecto*	*Condicional*	*Condicional compuesto*
pueda	pudiera	haya podido ...	podría	habría podido ...
puedas	pudieras	*Pluscuamperfecto*	podrías	
pueda	pudiera	hubiera podido ...	podría	
podamos	pudiéramos		podríamos	
podáis	pudierais		podríais	
puedan	pudieran		podrían	

Gerundio pudiendo	*Imperativo afirmativo*	*Imperativo negativo*
Participio podido	puede (tú), poded (vosotros)	no puedas (tú), no podáis (vosotros)

11 poner

Indicativo

Presente	*Imperfecto*	*Indefinido*	*Futuro*	*Perfecto*
pongo	ponía	puse	pondré	he puesto ...
pones	ponías	pusiste	pondrás	*Pluscuamperfecto*
pone	ponía	puso	pondrá	había puesto ...
ponemos	poníamos	pusimos	pondremos	*Futuro compuesto*
ponéis	poníais	pusisteis	pondréis	habré puesto ...
ponen	ponían	pusieron	pondrán	

Subjuntivo

Presente	*Imperfecto*	*Perfecto*
ponga	pusiera	haya puesto ...
...	...	*Pluscuamperfecto*
		hubiera puesto ...

Condicional

Condicional	*Condicional compuesto*
pondría	habría puesto ...
...	

Gerundio poniendo
Participio puesto

igual: disponer

Imperativo afirmativo
pon (tú), poned (vosotros)

Imperativo negativo
no pongas (tú), no pongáis (vosotros)

12 querer

Indicativo

Presente	*Imperfecto*	*Indefinido*	*Futuro*	*Perfecto*
quiero	quería	quise	querré	he querido ...
quieres	querías	quisiste	querrás	*Pluscuamperfecto*
quiere	quería	quiso	querrá	había querido ...
queremos	queríamos	quisimos	querremos	*Futuro compuesto*
queréis	queríais	quisisteis	querréis	habré querido ...
quieren	querían	quisieron	querrán	

Subjuntivo

Presente	*Imperfecto*	*Perfecto*
quiera	quisiera	haya querido ...
...	...	*Pluscuamperfecto*
		hubiera querido ...

Condicional

Condicional	*Condicional compuesto*
querría	habría querido ...
...	

Gerundio queriendo
Participio querido

Imperativo afirmativo
quiere (tú), quered (vosotros)

Imperativo negativo
no quieras (tú), no queráis (vosotros)

13 saber

Indicativo

Presente	*Imperfecto*	*Indefinido*	*Futuro*	*Perfecto*
sé	sabía	supe	sabré	he sabido ...
sabes	sabías	supiste	sabrás	*Pluscuamperfecto*
sabe	sabía	supo	sabrá	había sabido ...
sabemos	sabíamos	supimos	sabremos	*Futuro compuesto*
sabéis	sabíais	supisteis	sabréis	habré sabido ...
saben	sabían	supieron	sabrán	

Subjuntivo

Presente	*Imperfecto*	*Perfecto*
sepa	supiera	haya sabido ...
...	...	*Pluscuamperfecto*
		hubiera sabido ...

Condicional

Condicional	*Condicional compuesto*
sabría	habría sabido ...
...	

Gerundio sabiendo
Participio sabido

Imperativo afirmativo
sabe (tú), sabed (vosotros)

Imperativo negativo
no sepas (tú), no sepáis (vosotros)

14 tener

Indicativo

Presente	Imperfecto	Indefinido	Futuro	Perfecto
tengo	tenía	tuve	tendré	he tenido ...
tienes	tenías	tuviste	tendrás	*Pluscuamperfecto*
tiene	tenía	tuvo	tendrá	había tenido ...
tenemos	teníamos	tuvimos	tendremos	*Futuro compuesto*
tenéis	teníais	tuvisteis	tendréis	habré tenido ...
tienen	tenían	tuvieron	tendrán	

Subjuntivo / **Condicional**

Presente	Imperfecto	Perfecto	Condicional	Condicional compuesto
tenga	tuviera	haya tenido ...	tendría	habría tenido ...
...	...	*Pluscuamperfecto*	...	
		hubiera tenido ...		

Gerundio teniendo
Participio tenido

igual: mantener

Imperativo afirmativo
ten (tú), tened (vosotros)

Imperativo negativo
no tengas (tú), no tengáis (vosotros)

15 traer

Indicativo

Presente	Imperfecto	Indefinido	Futuro	Perfecto
traigo	traía	traje	traeré	he traído ...
traes	traías	trajiste	traerás	*Pluscuamperfecto*
trae	traía	trajo	traerá	había traído ...
traemos	traíamos	trajimos	traeremos	*Futuro compuesto*
traéis	traíais	trajisteis	traeréis	habré traído ...
traen	traían	trajeron	traerán	

Subjuntivo / **Condicional**

Presente	Imperfecto	Perfecto	Condicional	Condicional compuesto
traiga	trajera	haya traído ...	traería	habría traído ...
...	...	*Pluscuamperfecto*	...	
		hubiera traído ...		

Gerundio trayendo
Participio traído

Imperativo afirmativo
trae (tú), traed (vosotros)

Imperativo negativo
no traigas (tú), no traigáis (vosotros)

16 decir

Indicativo

Presente	Imperfecto	Indefinido	Futuro	Perfecto
digo	decía	dije	diré	he dicho ...
dices	decías	dijiste	dirás	*Pluscuamperfecto*
dice	decía	dijo	dirá	había dicho ...
decimos	decíamos	dijimos	diremos	*Futuro compuesto*
decís	decíais	dijisteis	diréis	habré dicho ...
dicen	decían	dijeron	dirán	

Subjuntivo / **Condicional**

Presente	Imperfecto	Perfecto	Condicional	Condicional compuesto
diga	dijera	haya dicho ...	diría	habría dicho ...
...	...	*Pluscuamperfecto*	...	
		hubiera dicho ...		

Gerundio diciendo
Participio dicho

Imperativo afirmativo
di (tú), decid (vosotros)

Imperativo negativo
no digas (tú), no digáis (vosotros)

17 ir

Indicativo

Presente	Imperfecto	Indefinido	Futuro	Perfecto
voy	iba	fui	iré	he ido ...
vas	ibas	fuiste	irás	*Pluscuamperfecto*
va	iba	fue	irá	había ido ...
vamos	íbamos	fuimos	iremos	*Futuro compuesto*
vais	ibais	fuisteis	iréis	habré ido ...
van	iban	fueron	irán	

Subjuntivo

Presente	Imperfecto	Perfecto
vaya	fuera	haya ido ...
...	...	*Pluscuamperfecto*
		hubiera ido ...

Condicional

Condicional	Condicional compuesto
iría	habría ido ...
...	

Gerundio yendo
Participio ido

igual: contradecir, predecir

Imperativo afirmativo
ve (tú), id (vosotros)

Imperativo negativo
no vayas (tú), no vayáis (vosotros)

18 venir

Indicativo

Presente	Imperfecto	Indefinido	Futuro	Perfecto
vengo	venía	vine	vendré	he venido ...
vienes	venías	viniste	vendrás	*Pluscuamperfecto*
viene	venía	vino	vendrá	había venido ...
venimos	veníamos	vinimos	vendremos	*Futuro compuesto*
venís	veníais	vinisteis	vendréis	habré venido ...
vienen	venían	vinieron	vendrán	

Subjuntivo

Presente	Imperfecto	Perfecto
venga	viniera	haya venido ...
...	...	*Pluscuamperfecto*
		hubiera venido ...

Condicional

Condicional	Condicional compuesto
vendría	habría venido ...
...	

Gerundio viniendo
Participio venido

Imperativo afirmativo
ven (tú), venid (vosotros)

Imperativo negativo
no vengas (tú), no vengáis (vosotros)

19 ver

Indicativo

Presente	Imperfecto	Indefinido	Futuro	Perfecto
veo	veía	vi	veré	he visto ...
ves	veías	viste	verás	*Pluscuamperfecto*
ve	veía	vio	verá	había visto ...
vemos	veíamos	vimos	veremos	*Futuro compuesto*
veis	veíais	visteis	veréis	habré visto ...
ven	veían	vieron	verán	

Subjuntivo

Presente	Imperfecto	Perfecto
vea	viera	haya visto ...
...	...	*Pluscuamperfecto*
		hubiera visto ...

Condicional

Condicional	Condicional compuesto
vería	habría visto ...
...	

Gerundio viendo
Participio visto

Imperativo afirmativo
ve (tú), ved (vosotros)

Imperativo negativo
no veas (tú), no veáis (vosotros)

Verbos con cambio de vocal en presente de indicativo y subjuntivo

20 doler

Indicativo	Subjuntivo	Imperativo		
Presente	*Presente*	*Imperativo afirmativo*	*Imperativo negativo*	igual: acostar, almorzar, comprobar, contar, demostrar, dormir, probar rogar, soler, volver, jugar (juego)
duelo	duela	duele (tú)	no duelas (tú)	
dueles	duelas	duela (usted)	no duela (usted)	
duele	duela	dolamos (nosotros)	no dolamos (nosotros)	
dolemos	dolamos	doled (vosotros)	no doláis (vosotros)	
doléis	doláis	duelan (ustedes)	no duelan (ustedes)	
duelen	duelan			

21 cerrar

Indicativo	Subjuntivo	Imperativo		
Presente	*Presente*	*Imperativo afirmativo*	*Imperativo negativo*	igual: entender, despertar
cierro	cierre	cierra (tú)	no cierres (tú)	
cierras	cierres	cierre (usted)	no cierre (usted)	
cierra	cierre	cerremos (nosotros)	no cerremos (nosotros)	
cerramos	cerremos	cerrad (vosotros)	no cerréis (vosotros)	
cerráis	cerréis	cierren (ustedes)	no cierren (ustedes)	
cierran	cierren			

22 mentir

Indicativo		Subjuntivo		
Presente	*Indefinido*	*Presente*	*Imperfecto*	igual: invertir, sentir y otros
miento	mentí	mienta	mintiera	
mientes	mentiste	mientas	mintieras	*Gerundio* mintiendo
miente	mintió	mienta	mintiera	
mentimos	mentimos	mintamos	mintiéramos	
mentís	mentisteis	mintáis	mintierais	
mienten	mintieron	mientan	mintieran	

Imperativo			
Imperativo afirmativo		*Imperativo negativo*	
miente (tú)	mintamos (nosotros)	no mientas (tú)	no mintamos (nosotros)
mienta (usted)	mentid (vosotros)	no mienta (usted)	no mintáis (vosotros)
	mientan (ustedes)		no mientan (ustedes)

23 seguir

Indicativo		Subjuntivo		
Presente	*Indefinido*	*Presente*	*Imperfecto*	igual: pedir, reír (río, ríes, ríe, ellos/ellas ríen), servir y otros
sigo	seguí	siga	siguiera	
sigues	seguiste	sigas	siguieras	
sigue	siguió	siga	siguiera	*Gerundio* siguiendo
seguimos	seguimos	sigamos	siguiéramos	
seguís	seguisteis	sigáis	siguierais	
siguen	siguieron	sigan	siguieran	

Imperativo			
Imperativo afirmativo		*Imperativo negativo*	
sigue (tú)	sigamos (nosotros)	no sigas (tú)	no sigamos (nosotros)
siga (usted)	seguid (vosotros)	no siga (usted)	no sigáis (vosotros)
	sigan (ustedes)		no sigan (ustedes)

Verbos con cambio de acento en presente de indicativo y subjuntivo

24 continuar

Indicativo	**Subjuntivo**	
Presente	*Presente*	igual: confiar (confío) enfriar (enfrío) enviar (envío), prohibir (prohíbo), reír (río), reunir (reúno) y otros
continúo	continúe	
continúas	continúes	
continúa	continúe	
continuamos	continuemos	
continuáis	continuéis	
continúan	continúen	

Verbos con cambios ortográficos

25 leer

Indicativo				
Indefinido	*Imperfecto*	*Gerundio* leyendo	*Participio* leído	igual: creer
leí	leía			
leíste	leías			
leyó	leía			
leímos	leíamos			
leísteis	leíais			
leyeron	leían			

26 actualizar

Indicativo	**Subjuntivo**	**Imperativo**		
Indefinido	*Presente*	*Imperativo afirmativo*	*Imperativo negativo*	igual: empezar y otros
actualicé	actualice	actualiza (tú)	no actualices (tú)	
actualizaste	...	actualice (usted)	no actualice (usted)	
...		...	...	

27 convencer

Indicativo	**Subjuntivo**	**Imperativo**	
Presente	*Presente*	*Imperativo afirmativo*	*Imperativo negativo*
convenzo	convenza	convence (tú)	no covenzas (tú)
convences	...	covenza (usted)	...
...		...	

28 ofrecer

Indicativo	**Subjuntivo**	**Imperativo**		
Presente	*Presente*	*Imperativo afirmativo*	*Imperativo negativo*	igual: agradecer, aprecer, complacer, conocer, conducir y otros
ofrezco	ofrezca	ofrece (tú)	no ofrezcas (tú)	
ofreces	...	ofrezca (usted)	...	
...		...		

29 llegar

Subjuntivo				
Presente				igual: entregar, jugar y otros
llegue				
...				

30 tocar

Subjuntivo		Imperativo		
Presente		*Imperativo afirmativo*	*Imperativo negativo*	igual: buscar, comunicar, identificar y otros
toque		toca (tú)	no toques (tú)	
...		toque (usted)	...	
		...		

31 proteger

Indicativo	Subjuntivo	Imperativo		
Presente	*Presente*	*Imperativo afirmativo*	*Imperativo negativo*	igual: exigir y otros
protejo	proteja	protege (tú)	no protejas (tú)	
proteges	...	proteja (usted)	...	
...		...		

32 conducir

Indicativo	Subjuntivo
Indefinido	*Imperfecto*
conduje	condujera
...	...

33 construir

Indicativo		Subjuntivo		
Presente	*Indefinido*	*Presente*	*Imperfecto*	igual: disminuir, distribuir y otros
construyo	construí	construya	construyera	
construyes	construiste	construyas	construyeras	
construye	construyó	construya	construyera	
construimos	construimos	construyamos	construyéramos	
construís	construisteis	construyáis	construyerais	
construyen	construyeron	construyan	construyeran	

Explicación de los tests

Lección 1

8 El mejor trabajo

2 ¿Cuál es el mejor trabajo para usted?
Hay cuatro tipos de personas, pero también hay personalidades mixtas. Si tiene tres o más respuestas de la misma letra, usted es una "personalidad pura". Si no, tiene un poco de cada tipo.

- a Usted es una persona un poco tímida e introvertida. Para usted, lo importante es la seguridad. Busque trabajo en una pequeña empresa de su pueblo, quizás en el Departamento de Contabilidad.
- b Usted es un caso raro: una "persona norma". Sin duda, el empleado / la empleada ideal de una mediana empresa de su ciudad. Es buen/a compañero/-a, siempre dispuesto/-a a colaborar en todo, ya que se entiende con todo el mundo. Probablemente no necesita buscar trabajo: se lo van a ofrecer.
- c Usted es una persona flexible y sobre todo un/a gran comunicador/a. Ese es su capital. Busque trabajo en una empresa exportadora, en una ciudad grande. Los departamentos más adecuados son Ventas o Relaciones Públicas.
- d Usted es inteligente y dinámico/-a. Le gusta viajar y tener grandes responsabilidades. Va a llegar fácilmente hasta los pisos más altos de importantes consorcios internacionales. Va a conocer a mucha gente.

Lección 2

1 ¿Qué opina usted?

2 ¿Tú crees que lo más importante ...
... es la formación y las virtudes secundarias? – No, no lo es todo. Eso es sólo la base. Un/a profesional antipático/-a no tiene chances, aunque sea un/a gran especialista y llegue siempre puntual a la oficina. – ¡No te duermas sobre tus buenas notas, sigue trabajando en ti!
... es la buena presencia y el enchufe? – Las dos cosas son importantes para conseguir un puesto de trabajo, pero no tanto para conservarlo. Recuerda: buena presencia no significa ser guapo/-a. Arréglate bien, de acuerdo a tu edad, a tu figura y a tu tipo. Pregunta a un/a amigo/-a qué te queda bien y que no.
... es saber venderse y tener suerte? – Si piensas así, aprende a "venderte": una sonrisa, una palabra amable abren muchos caminos. Cada uno se hace su suerte. ¡El destino está en tus manos!
... son las virtudes secundarias. – Pues, depende del puesto. No siempre es importante ser un/a buen/a deportista, pero sí tener "espíritu deportivo", ser justo, aceptar las opiniones de los demás y saber perder sin enfadarse.

La carta y el currículum vitae: Debes escribir una carta especial para cada empresa y dejar claro, por qué quieres trabajar allí y por qué eres la persona adecuada. El currículo debe ser claro y no muy largo, dos páginas como máximo. La foto tiene que ser actual.

Páginas socias

Lección 2

17 Escenario profesional

Partner B: Usted es el/la candidato/-a.
Prepare las informaciones que va a dar y las preguntas que quiere hacer.
Después escenifique la entrevista con A.

informaciones:
- Ausbildung
- Berufserfahrung
- Kenntnisse (Fremdsprachen, Computer)
- Gründe des Wechsels
- Begründung des Wunsches ausgerechnet dort zu arbeiten
- ...

preguntas:
- Abteilung
- Tätigkeit
- notwendige Kenntnisse
- Einstellungsdatum
- Arbeitszeiten
- ...

Lección 8

16 ¿Me puede decir cómo ir a ...?

B: Usted está en la estación y está buscando: un supermercado / el colegio / el restaurante Lola / la Plaza Victoria / el Hotel Asturias / el teatro. Su compañero/-a le explica el camino. Márquelo en el plano.

Lección 9

18 Escenario profesional

Expertos/-as:
1 Preparen un "catálogo" de muebles y ofimática.
2 Hagan una lista de precios.
3 Preparen preguntas respecto a gustos y preferencias.
4 Estudien el esquema de las oficinas de los clientes (pregunten dónde están las puertas y las ventanas, ...) y pregunten por gustos y preferencias.
5 Asesoren a sus clientes y ofrezcan soluciones adecuadas ("Lo más importante es la armonía de los colores", "La luz tiene que ser indirecta", "Para ustedes lo mejor va a ser un sistema de muebles ...", "Les recomiendo poner el escritorio junto a la ventana, ...").

Textos de comprensión auditiva

Lección 1

9 1

Diálogo 1

Dolores: ¿Trabajar en un barco? Sí, ¿por qué no? – Mis hijos ya tienen sus familias y no me necesitan.
Periodista: ¿Y su marido?
Dolores: ¿Mi marido? Pues se ha ido con otra más joven.
Periodista: ¿Entonces puede irse tranquila?
Dolores: Para mí es como irme de vacaciones.
Periodista: ¿Y tiene experiencia?
Dolores: ¡Hombre! Siempre he cocinado para toda la familia y somos más de treinta ...

Diálogo 2

Pedro: Sí, ya lo he leído. El anuncio dice que es de octubre a diciembre. Claro, las golosinas se venden mucho para las fiestas, ¿no?
Periodista: ¿Son sólo tres meses? ¿No prefiere un puesto fijo?
Pedro: Mire, señorita, yo ya tengo 59 años. Y bueno, para mí no es fácil, ¿sabe?
Periodista: Pues mucha suerte.
Pedro: ¡Gracias!

Diálogo 3

Víctor: Pues sí, la robótica es lo mío. Ya de estudiante me ha fascinado.
Periodista: Claro. Usted es ingeniero, pero ¿tiene experiencia en ventas?
Víctor: Por supuesto. He sido director general de ventas de Robotronic, en Perú.
Periodista: ¿Y habla inglés?
Víctor: Vaya, claro. He estudiado dos años en Texas.

Diálogo 4

Periodista: Pero, ¿tienes tiempo para trabajar?
Belén: Pues, tiempo no, pero ganas, sí. Parece un proyecto interesante. Tengo muchos exámenes, pero ... la experiencia también es importante. Sin experiencia no se puede hacer nada.
Periodista: Ah, ¿es por eso que quieres presentarte?
Belén: Por las dos cosas: la experiencia y el dinero. El dinero también es importante para mí, porque me gusta mucho salir y siempre necesito dinero.

Lección 2

8 A Llamo por su anuncio en “El Mundo de Flores”. ¿El puesto está vacante todavía?
B Sí, está vacante todavía.
A ¿A partir de cuándo está libre el puesto?
B A partir del 2 de mayo.
A ¿Es necesario tener experiencia?
B Pues sí. No podemos tomar una persona sin experiencia.
A ¿Qué tengo que enviar?
B Lo de siempre: la carta y el currículum.
A ¿A quién tengo que dirigirme?
B A la Jefa de Personal. Es la señora Ruiz Sabater.
A ¿Puedo mandar todo por e-mail?
B No, mejor por correo.
A Muchas gracias por sus informaciones.
B De nada, señorita. Adiós.

Lección 3

12 2

Srta. Díaz: Dime, Adriana, tus abuelos eran españoles, ¿no?
Adriana: Sí, emigraron en el 38.
Srta. Díaz: ¡Ah! ¿Y cuándo volvió tu familia? ¿Por qué?
Adriana: En el 2000. La situación no era buena, no había posibilidades, ¿sabe? – Un día mi madre dijo: “Basta, nos vamos a España” y nos vinimos de un día al otro.
Srta. Díaz: ¡Qué interesante! Cuéntame un poco cómo era tu país.
Adriana: Pues no hay mucho que contar. Vivíamos en casa de mis abuelos. Mi padre no tenía trabajo. Mi madre daba clases de inglés para mantener a la familia. Trabajaba muchísimo, pero llegaba el fin de semana y no le pagaban.
Srta. Díaz: ¡No me digas! Pero, ¿por qué?
Adriana: No podían pagarle. Había mucha desocupación, muchas empresas cerradas.
Srta. Díaz: Comprendo.¿Y tú, qué hacías? ¿Dónde vivían?
Adriana: Vivíamos en Catamarca, en un pueblo. Yo iba a la escuela y ... bueno, tenía ocho hermanos, tres primos y muchos amigos. Éramos bastante unidos. Íbamos a nadar al río, salíamos en bicicleta. Por la tarde nos reuníamos en el bosque, tomábamos café y charlábamos. A veces venía mi abuelo con el acordeón y cantaba viejas canciones de protesta. Un día cantó la canción de los dos gallos y ... ¡todos nos reímos!

Lección 5

14 3

Ignacio (19)

A ¿Y tú tampoco tienes trabajo, Ignacio?

B ¡Tampoco! Soy de Castellón y allí hay muchas fábricas cerradas.

A Tú eres mecánico, ¿verdad?

B Sí, y me encanta mi profesión.

A A veces en el periódico hay anuncios: "Se busca mecánico."

B Sí, pero buscan uno y van más de cien.

A Es muy difícil, entonces.

B Pues sí. Y yo tengo 19 años y no tengo experiencia todavía.

A Bueno, Ignacio. Ya vas a tener suerte.

B Gracias. Eso espero.

José (16)

A ¿Tú eres el hermano de Ignacio, verdad?

C Sí, soy José.

A ¿Cuántos años tienes?

C 16.

A Entonces, todavía vas al instituto, ¿no?

C Sí, me aburro mucho, pero en verano voy al campo, como todos los años.

A ¿De vacaciones?

C No, ayudo en la cosecha de las aceitunas.

A ¿No es muy duro?

C Duro y mal pagado, pero es mejor que nada.

A ¿Cuántas horas por día trabajáis en la cosecha?

C Desde las seis de la mañana hasta las nueve de la noche.

A ¡Hombre! ¿Todo el día?

C Con una hora de pausa después de comer, para dormir la siesta ...

María de los Ángeles (17)

A ¿Y tú, Ángeles, qué planes tienes?

D En abril cumplo los 18. Entonces quiero ir a la costa, a trabajar en el turismo.

A ¿Y qué dicen tus padres?

D No les gusta mucho, pero aquí no hay nada.

A ¿Y por qué quieres trabajar en el turismo?

D Es interesante. Además a mí me gustan los idiomas ...

A ¿Ya has escrito a algún hotel?

D A todos los de Marbella. Estoy esperando respuesta, pero pasan los días y, nada.

A Bueno, ya van a llegar ...

D ¡Ojalá!

Javier (21)

A ¿Qué tal, Javier? ¿Has encontrado algo?

E ¡Qué va! La situación es muy dura ...

A Pero tú eres electricista ...

E Con cuatro años de experiencia ...

A ¿Y entonces?

E Acaban de cerrar la fábrica.

A Bueno, hombre. Trabajo de electricista siempre hay.

E Estoy buscando, claro, pero ¡no encuentro nada!

A ¿No? ¿Por qué no haces otra cosa, entonces?

E Claro, pero ¿qué puedo hacer?

A Con 21 años no puedes estar sin hacer nada ...

E Por supuesto, algo quiero hacer, pero ¿qué?

Lección 7

1 *Pablo:* ¿Le gusta el marisco, señora Gómez?
Sra. Gómez: Pues depende. ¿Qué me recomienda?
Pablo: Lo digo porque aquí la paella marinera la hacen muy buena.
Sra. Gómez: Está bien. Me gustaría probarla.
Pablo: Y las gambas al ajillo son excelentes ...
Marcela: Es que hay muchas especialidades, el salmón a la sal, por ejemplo.
Sra. Gómez: ¿Por qué no? Dicen que es exquisito y nunca lo he probado.
Marcela: Yo me voy a pedir merluza. Y de entrante ... una ensalada mixta. Tiene muchas vitaminas ...
Pablo: ¡Vitaminas, vitaminas! Yo prefiero comer carne.
Marcela: Pues, pídete un solomillo. Aquí lo preparan con mucha cebolla y es muy bueno.
Pablo: No, la cebolla no me gusta, mejor tomo de primero los tomates rellenos y de segundo cordero asado. Y para beber ... ¿Vino blanco para usted, señora Gómez?
Sra. Gómez: De acuerdo.

2 1. *Camarero:* ¿Ya han elegido lo que van a comer?
Pablo: Sí, para la señora salmón a la sal y de primero, no sé, ¿las gambas?
Camarero: ¿Por qué no toma el menú del día? De primero gambas al ajillo, de segundo salmón a la sal con patatas fritas y guarnición de verduras y de postre, flan o fresas.
Sra. Gómez: No está mal, pero no sé, ¿no tienen mucho ajo las gambas?
Camarero: Pues sí, bastante, pero están muy buenas.

2. *Sra. Gómez:* Yo preferiría el salmón con arroz en lugar de patatas fritas. ¿Sería posible?
Camarero: Por supuesto, naturalmente. ¿Y usted señora?
Marcela: No sé, una ensalada mixta, ¿qué verduras trae?

Camarero: A elección, señora. Hay de todo. Mire, hoy le recomiendo los espárragos.
Marcela: ¿Son de la región?
Camarero: Sí, son de Vilassar. Son muy frescos y muy buenos.

3. *Marcela:* Pues muy bien. Y la merluza, ¿con qué viene?
Camarero: Puede ser con patatas, patatas fritas o arroz.
Marcela: Con patatas, por favor.
Camarero: ¿Y el señor?
Pablo: Quería tomates rellenos y cordero, y pan con tomate para todos.
Camarero: ¿Algo más?
Marcela: No, nada más. ¡Ah, sí! ¿Podría traernos otra botella de vino blanco bien fresco?

13 1 Para su gato lo mejor. Michifuz y compañía le ofrece productos de calidad, elaborados con las mejores materias primas. Una comida especial, para cada día de la semana. Los domingos con chocolate de postre. Todas las comidas preparadas con responsabilidad, con la larga experiencia de Michifuz y compañía.

2 ¡Niños atención! ¿Ya saben la gran sensación? Pues acaba de llegar una golosina sin igual: el lolly pop musical. En todas las tiendas y por supuesto en todas las sucursales de "Golosinas González". El lolly-pop musical, la gran novedad de Casa González: ¡bueno de verdad!

3 Canal 5 informa: Mañana a las ocho, le esperamos una vez más en nuestro programa "Lo que hay que saber", el programa para toda la familia, como siempre con temas de interés para usted y para todos. Recuerde, mañana a las ocho, en Canal 5, "Lo que hay que saber", para usted y su familia.

4 ¡Una gran solución! Tortillas a domicilio. Gran variedad de tortillas de calidad. Ofertas especiales para pequeñas y medianas empresas sin cantina. "El Mundo de la Tortilla", con su nuevo servicio a domicilio es la solución. Pida nuestro folleto especial para pequeñas y medianas empresas. Llame a "El Mundo de la tortilla". Nuestra especialidad: tortillas de tomates verdes.

5 Mmm... ¡qué gusto! Claro, es una chocolatina "Mucho Gusto", de las "Grandes fábricas de chocolates Torres", naturalmente. Chocolatinas "Mucho Gusto": para la casa o para el colegio, para el trabajo o para la playa. Para los niños o para los grandes, para todos: chocolatinas "Mucho Gusto". ¡El sabor de siempre – al gusto de todos!

Lección 8

15 2 Salga del aeropuerto hacia la derecha. Vaya hasta el segundo cruce. Siga todo recto hasta el tercer semáforo. Doble a la izquierda y pase por el túnel. Siga todo recto. Enseguida va a ver la señal de la autopista. Tome la autopista en dirección a Santa Ana y salga en Río Seco. Es la cuarta o quinta salida. Vaya hasta el puente. Crúcelo y de allí sale la carretera número 45. Santillana del Mar está a doce kilómetros.

Lección 11

1 *Cliente:* Quisiera hablar con la señora Ramírez, ¿Sería posible?
Empleada: Si, cómo no, pero va a tener que esperar un momento.
Cliente: ¿Va a tardar mucho en llegar?
Empleada: No, no creo que tarde, aunque está en una reunión.

Cliente: Le dejo mi tarjeta, para que me llame, por cualquier cosa.
Empleada: Gracias. Tal vez pueda visitarnos, cuando vaya a Granada.
Cliente: Por supuesto, con mucho gusto. Gracias por todo.
Empleada: De nada. ¡Que tenga buen viaje, Sr. Acevedo!

Empleada: ¿No quiere ver la presentación, mientras espera?
Cliente: Vale. Avíseme en cuanto llegue el Sr. Ocaña.
Empleada: A más tardar a las once va a estar aquí, pero quizás llega antes.
Cliente: ¡Ojalá!, porque no tengo mucho tiempo.

Cliente: Tengo una cita con el Sr. Aguirre. Espero que no se haya ido ...
Empleada: Quizás esté todavía. Cuál es su nombre, por favor?
Cliente: Inés Benítez. Aquí tiene mi tarjeta. Se me ha hecho tarde, perdone.
Empleada: No es nada. Tiene suerte, enseguida la va a atender. Tome asiento.

Cliente: ¿A quién debo dirigirme para hacerme asesorar?
Empleada: Al Sr. Soriano. Está muy ocupado, pero a lo mejor puede atenderlo igual.
Cliente: Pues, aunque tenga que esperar, no importa.
Empleada: ¿Un cafecito, mientras tanto?

Empleada: Siento que no hayan podido verlo todo.
Cliente: Sí, es una lástima. Bueno, encantados de haberla conocido. Ah, una pregunta: ¿Qué salida está más cerca?
Empleada: La salida que les queda más cerca es la del pabellón 12. También hay una parada de metro.

Clienta: Espero que nos mantengamos en contacto.
Empleada: Seguro. Ha sido un gusto conocerla, Sra. Vallejo.
Clienta: Igualmente. Que tenga mucho éxito en la feria.
Empleada: Gracias. Y gracias por su visita. ¡Hasta la próxima!

Empleada: ¿Le preparo los documentos antes de que se vaya?
Cliente: Sí, y algunas muestras para que las vean mis colegas.
Empleada: De acuerdo. ¿Y el resto se lo envío?
Cliente: Pues si es posible, sí. De cualquier modo, ya he visto todo.

12 **1. Buscamos un proveedor fiable.**

A Buenos días. ¿Puedo hablar con el Jefe del Departamento de Exportación, por favor?
B Soy yo: Ana María Pérez. ¿En qué puedo servirle?
A Encantado. Soy Rosa Roca Benedetti, compradora de la cadena VIVO en Paraguay. Me ha llamado la atención que ustedes presenten una gran variedad de productos de chocolate.
B Sí, estamos muy especializados en el sector. Pero, siéntese por favor. ¿Quiere un café? ¿O quizás una copa de vino?
A Un café, con mucho gusto, gracias. Estoy buscando un proveedor fiable que pueda suministrarnos productos de chocolate con nuestra marca propia.

2. Productos que cumplan las directivas del Mercosur ...

B ¿En qué ha pensado usted? ¿Algo especial? ¿Un diseño exclusivo, quizás?
A No, nada de eso. Este año hemos lanzado nuestra propia marca BUENPRECIO. Las ventas han sido un éxito, por eso queremos ampliar la gama.
B ¿Y cómo quiere que sean los productos?
A Lo principal es que sean de buena calidad y a muy buen precio, claro. También es necesario que cumplan las directivas del Mercosur.
B Pues entonces le propongo que pruebe nuestras muestras. Aquí tiene, por ejemplo, un chocolate negro, elaborado con 100 % de cacao de origen guatemalteco.

3. ... que no estén genéticamente manipulados.

A Una pregunta. El cacao, ¿está genéticamente manipulado?
B ¡Por favor! Nuestra filosofía empresarial no admite materias primas manipuladas. Tanto el cacao como el azúcar son de producción controlada.
A Ah, me alegra saberlo, porque la manipulación genética es un tema muy controvertido en mi país.
B Aquí no ha logrado imponerse todavía. Habrá que esperar unos años y ver qué es lo que pasa.
A Sí, exactamente. – Bueno, ¿podría darme los precios de sus productos?

Lección 13

10 *Auditor:* Aquí tengo el informe, ahora se lo leo.
Don Rogelio: No, por favor, no me lo lea. Prefiero leerlo yo mismo. Démelo, por favor.
Auditor: Como usted quiera. Aquí lo tiene.
Don Rogelio: Ana María, por favor, comunícame con el Sr. Iturraspe y dile al Sr. Navarro que venga también. Ah, y no estoy para nadie. Llame quién llame, que no me moleste.
Ana María: El Sr. Navarro viene enseguida, pero el Sr. Iturraspe no está en la oficina.
Don Rogelio: Trata de localizarlo, esté donde esté. Es muy importante.
Ana María: Pues dígame dónde lo puedo encontrar. Ya lo he llamado al móvil, pero no contesta.
Don Rogelio: Llámalo al coche, entonces.
Pablo: ¡Hola, don Rogelio! Soy yo, Pablo. En cinco minutos estoy allí. Ya pueden empezar. Llego enseguida. Por favor, no me esperen.
Don Rogelio: Date prisa, Pablo. Es muy importante. Parece que el informe no es nada favorable.
Pablo: ¡Hombre! ¡No me diga! Bueno, ya estoy allí en seguida.

Test final

Comprensión lectora 75 puntos

1 Comprensión global 25 puntos

1 **Lea la carta y decida si se trata de ...**

☐ una solicitud	☐ una oferta	☐ un pedido
☐ una confirmación de pedido	☐ una reclamación	☐ otra carta

Radiolandia

Westfalen HiFi-Zentrum
west@hifizentrum.de

12 de febrero de 06

Ref.: Aparatos de DVD

Estimados señores:

Les agradezco su e-mail del 2 del corriente, así como los catálogos que nos enviaron por correo separado y que acaban de llegar. Después de estudiar detenidamente las características técnicas de los aparatos de DVD y de comparar sus condiciones con las de otros proveedores, hemos decidido pasarles un pedido a prueba, según detalle adjunto.
Aceptamos sus condiciones generales y estamos dispuestos a hacernos cargo de todos los gastos de embalaje y transporte, pero les rogamos la ejecución inmediata de nuestro pedido ya que tenemos planeada una acción especial para el Día del Padre.
Ya hemos ordenado a nuestro banco que abra un crédito documentario a su favor. Por tal motivo, les ruego me comuniquen cuanto antes los datos de su banco. Por favor, envíennos también por anticipado las instrucciones de uso de los aparatos, ya que queremos traducirlas al catalán. Si es posible, mándenlas en español y si no, por lo menos en inglés.
A la llegada de los productos, nuestros especialistas comprobarán la calidad técnica de los aparatos. Si ésta nos satisface les pasaremos inmediatamente un pedido mucho más importante, siempre que estén dispuestos a concedernos un descuento considerable.
Esperamos la confirmación del pedido y les saludamos muy atentamente

Leonor Quevedo
Jefa de Compras
Radiolandia S. L.

2 **Decida si es verdad.**

- V F La Sra. Quevedo ya había escrito el día 2 del mes corriente.
- V F Los catálogos todavía no han llegado.
- V F La empresa Radiolandia he decidido pasar un pedido a prueba.
- V F El Westfalen HiFi-Zentrum va a pagar embalaje y transporte.

V F El Westfalen HiFi-Zentrum exige la entrega rápida de los productos solicitados.
V F Radiolandia debe abrir un crédito documentario lo antes posible.
V F Radiolandia va a traducir los catálogos al catalán.
V F Los técnicos controlarán los aparatos. Si no son buenos, los devolverán.
V F Si están satisfechos con la calidad, pasarán a buscar más.
V F El Westfalen HiFi-Zentrum espera la confirmación del pedido.

2 Comprensión detallada 25 puntos

Usted debe informar la Cámara de Comercio sobre las actividades en España de una empresa extranjera. Para preparar su informe, lea el siguiente texto y marque las respuestas correctas.

Bienvenidos a la filosofía Toyota (300 palabras)

Toyota es el primer fabricante japonés: produce 8 millones de coches al año en todo el mundo. Cuenta con 66 fábricas repartidas actualmente en 27 países. Toyota emplea a 246.700 personas en el mundo y sus coches están presentes en 160 países. En 2004, solo en Europa, vendió más de 915.000 vehículos, hubo un incremento del 10 % con respecto al año anterior. ¿El secreto de tanto éxito? Un diseño exclusivo, un excelente sistema de producción y trabajadores felices. Para Toyota la formación de los trabajadores es primordial. Toyota ha creado el Centro Global de Producción con el objeto de preparar al personal de todo el mundo.

Todos, desde el más alto ejecutivo hasta el último empleado, están formados para dar lo mejor. En el proceso de fabricación, cada trabajador está entrenado para múltiples tareas, lo que le permite reemplazar a cualquier compañero cuando es necesario. Por eso, en Toyota, el método de obtención de piezas "kaban", que significa "justo a tiempo", ya es una realidad. En otras palabras, la fabricación de cada pieza es realizada conforme a la demanda de producción. Al final del proceso, los coches son examinados pero prácticamente no se encuentran defectos. Las fábricas han ganado varios premios por su alta calidad.

El cliente es el jefe. Así de claro y directo es el lema de Toyota: La felicidad del cliente ante todo. Y el término japonés Kaizen, que significa "mejoras continuas", es lo que describe a la perfección la filosofía de esta empresa. Una filosofía basada en la perfección laboral, trabajadores felices y diseño. Aunque parezca una leyenda oriental, esta particular forma de hacer las cosas, lejos de resultar extraña en el sector automovilístico, ya está siendo imitada. Y las cifras de ventas lo confirman.

Capital, junio / diciembre de 2005, texto adaptado

1. Toyota ...
   - a es la primera fábrica de coches del Japón.
   - b es la fábrica japonesa más importante.
   - c es el primer fabricante de coches del mundo.

2. Toyota fabrica sus coches en ...
   - a 160 países en todo el mundo.
   - b 27 países con sesenta y seis fábricas cada uno.
   - c 66 fábricas en diferentes países.

3. En esta empresa ...
   - a cada trabajador está especializado en una tarea.
   - b todos saben hacer diferentes tareas.
   - c cualquiera puede reemplazar a los altos jefes.

4. Para la empresa lo principal es ...
   - a la felicidad de los ejecutivos.
   - b la felicidad de los trabajadores.
   - c la felicidad de los clientes.

5. La filosofía Toyota ...
   - a busca mejoras continuas.
   - b es muy extraña en el sector automovilístico.
   - c es una leyenda oriental.

3 Comprensión selectiva 25 puntos

En un consorcio internacional
La secretaria ha enfermado y usted ha quedado de sustituto/-a. Debe hacer algunas reservas. Mire los anuncios que ha buscado ella y elija el hotel más adecuado para las siguientes personas:

- Los siete directores europeos. Quieren reunirse en un lugar tranquilo para planificar las estrategias de mercado para el año que viene. Como no se conocen mucho, además de trabajar, quieren hacer algo juntos.
- 185 vendedores europeos y latinoamericanos desean participar en un seminario para conocer las ventajas de la nueva colección de productos. Necesitan salas de conferencias bien equipadas, en un lugar accesible.
- Los cinco principales clientes latinoamericanos vienen a Europa, invitados por su empresa para visitar el stand en la Feria de Madrid. Todos son gente muy ocupada y deben volver inmediatamente a sus países.
- La hija de su jefe acaba de anunciar su boda. El padre quiere darle una sorpresa y regalarle un viaje. Quiere que sea algo especial. El precio no importa. El problema es que la pareja tiene muy poco tiempo.

Directores Hotel ____________ Clientes Hotel ____________

Vendedores Hotel ____________ Hija del jefe Hotel ____________

Las Palmas de Gran Canaria: Hotel Concorde ****
Le ofrecemos nuestros salones para reuniones de empresa, seminarios, congresos con servicio de coffee break, comidas de empresa y celebraciones, adaptándonos a sus necesidades. Disponemos de salones con luz natural, aire acondicionado y una capacidad de hasta 240 personas. Los salones cuentan con TV, teléfonos, pizarras de papel, pantalla de proyección, video y megafonía sin coste adicional.
concorde@hotelconcorde.org

Oaxaca, México:
Hotel Hacienda Los Laureles *****
El lugar más romántico para su luna de miel, en un entorno excepcional:
Una experiencia inolvidable: Júnior Suite con jacuzzi.
Frutas y rosas frescas y desayuno en la habitación cada día.
Un baño tradicional de temazcal o masaje para la pareja durante su estancia.
Una cena para dos personas especialmente preparada por nuestro chef (propina no incluida).
Botella de champaña o vino nacional.
Un regalo especial oaxaqueño en su habitación.
Tres días y dos noches por 9.595 pesos (impuestos y propinas no incluidos).

Madrid: High Tech Hotel Arturo Soria
Un agradable Hotel, cerca de todo.
Ubicación: C/Arturo Soria, 14. Esquina con c/ Alcalá, Metro: Ciudad Lineal, línea 5 (verde).
Acceso desde el aeropuerto por la carretera nacional II en dirección a Barcelona.
Descripción: Un agradable Hotel en una zona tranquila de Madrid. Muy cerca del aeropuerto y la Feria. La estación de metro es Ciudad Lineal (línea 5) a solo dos minutos andando. Además podrá disfrutar de los restaurantes y las excursiones a la ciudad que podemos ofrecerle.

Santillana del Mar: Hotel Los Infantes
Situado en el centro de Santillana de Mar, construido en un palacio del siglo XVIII, con todo el confort moderno.
28 habitaciones y suites, salones, restaurante, terrazas y jardines. Salones exclusivos con decoración, y muebles de época, un perfecto ambiente, especialmente preparados para nuestros distinguidos clientes. Todas las habitaciones y suites tienen balcones. El restaurante posee una amplia carta de platos típicos de la región, así como cocina internacional. Diversidad de actividades en la región: ráfting, piragüismo, rutas a caballo, senderismo, vela, parapente o golf y además playas exclusivas y actividades culturales todo el año.

Vocabulario y estructuras gramaticales 50 puntos

1 Una carta familiar 15 puntos

Lea la carta y complete los huecos con las palabras correspondientes.

1. paso	pasando	pasado
2. desde	desde hace	hace
3. mañana	tarde	noche
4. me gusta	me gustan	os gusta
5. permitido	posible	probable
6. hay	haya	habrá
7. cuando	mientras	durante
8. antes de que	antes que	antes de
9. digan lo que digan	esté donde esté	sea como sea
9. la misma	el mismo	lo mismo
10. aunque	por supuesto	sin embargo

Madrid, 8 de octubre de 2006

¡Hola a todos!

Gracias por los mensajes, chicos. Me lo estoy [1] bien, aunque estoy cansadísimo. Trabajo [2] las nueve de la mañana hasta las once de la [3]. Atiendo a los clientes, les sirvo chocolate caliente, reparto folletos y regalos de propaganda y ¡lavo cientos de tazas! Son muchas horas pero trabajar en equipo es divertido. Todo el día nos estamos riendo. Además [4] conversar con el público, mirar las chicas, y si es [5] flirtear un poco, de vez en cuando. Con tal que nadie vuelva a derramar chocolate ...
En cuanto tenga un momento libre quiero ir a mirar los otros stands. Don Rogelio me ha prometido que cuando [6] poca gente visitaremos los otros pabellones. Francamente yo no creo que sea posible, porque aquí los clientes nunca se acaban y ya veo que [7] dure la feria siempre habrá trabajo. No puedo irme a pasear y dejar que mis colegas lo hagan todo solos. Dicen que los domingos por la mañana viene menos gente. Quizás entonces pueda salir un rato, [8] empiece a llegar el público. Y si no puedo, me da [9]. Me gusta estar aquí en la feria y el año que viene quiero volver, [10] tenga que lavar tazas otra vez ...

Un abrazo
Feliciano

2 Una carta circular 15 puntos

Lea la carta y complete los huecos con las palabras correspondientes.

aconsejamos	cuenta con	a su disposición	a su satisfacción	cuyo
recomendados	agradecemos	de acuerdo	consiste en	ramos
presentado	nicho en el mercado	necesidades	tecnología puntera	se trata de

Pedro Alarcón & Cía. S.R.L.
Bogotá, Caracas, Quito
Bogotá , 13/09/06

Su visita en Euro-Shop 2006

Estimados señores clientes:

Les ____________________ mucho la visita de nuestro stand en la feria del presente año y su interés por nuestros productos.
La empresa POTTY S.L. & Cía., ____________________ principal objetivo es la construcción de casetas para exposiciones e interiorismo, tiene su sede social en Bogotá y ____________________ filiales en Caracas y Quito.

En la feria de este año hemos ____________________ un nuevo artículo, que ocupa un verdadero ____________________ y ha sido desarrollado enteramente por nosotros con ____________________ y patentado bajo licencia latinoamericana.

____________________ un sistema de estanterías, para la exposición de productos. Estas estanterías, pueden utilizarse en áreas feriales u otras y son apropiadas para los más diversos ____________________.

En Euro-Shop las hemos exhibido de forma ejemplar, con una presentación de corbatas y estamos sumamente ____________________ con la resonancia obtenida.

Nos sería muy grato desarrollar también para ustedes una solución innovadora, ____________________ a las necesidades específicas de su empresa. Sus necesidades son un desafío para nosotros. Quedamos ____________________.

Los saludamos muy atentamente

Margarita Parras
Directora General

3 La palabra exacta 20 puntos

Complete las frases con la palabra que falta.

1. La reunión ☐ en el despacho del gerente.
   a llevará a cabo
   b estará
   c tendrá lugar

2. La empresa quiere ampliar la ☐ de personal.
   a lista
   b plantilla
   c equipo

3. En el anuncio se ofrece un puesto ☐.
   a sustituto
   b fijo
   c seguro

4. Los González han pedido un crédito pero todavía no se lo han ☐.
   a solicitado
   b cedido
   c otorgado

5. El banco exige la garantía de tres personas ☐.
   a acreditadas
   b confiadas
   c retrógradas

6. En los próximos días, la empresa va a ☐ una campaña publicitaria.
   a sacar
   b dar a conocer
   c lanzar

7. El motivo es que quieren ☐ un nuevo producto en el mercado europeo.
   a desarrollar
   b distribuir
   c introducir

8. Estamos dispuestos a ☐ un descuento del 5 %.
   a concederles
   b solicitarles
   c cederles

9. El gobierno quiere ☐ la vida laboral y la vida familiar.
   a solucionar
   b conciliar
   c compartir

10. Para poder importar es necesario ☐ un crédito documentario.
    a pedir
    b firmar
    c abrir

11. Es necesario ahorrar costes, hay que ☐ la producción.
    a localizar
    b externalizar
    c globalizar

12. Lo siento, el día 6 no voy a poder visitarlos. ¿Podemos ☐ la cita?
    a aplazar
    b concretar
    c concertar

13. ¿Me comunica con el ingeniero Salcedo, por favor?
    – Un momentito voy a ☐.
    a querer localizarlo
    b tratar de lograrlo
    c tratar de localizarlo

14. Tengo que hablar con la Dra. Peñaloza, es muy urgente.
    – ¿Sí? ¿Por qué ☐ es?
    a recado
    b asunto
    c dificultades

15. Usted es un experto. ¿Qué me ☐?
    a asesora
    b opina
    c recomienda

16. Perdón por el retraso. He tenido ☐.
    a un malentendido
    b un inconveniente
    c un error

17. Los países pobres exigen ☐ de la deuda externa.
    a la condonación
    b la refinanciación
    c el aplazamiento

18. La feria ☐ en Sevilla.
    a se lleva a cabo
    b se festeja
    c se celebra

19. Siempre es un desafío ☐ las exigencias del cliente.
    a adecuar
    b averiguar
    c satisfacer

20. Hemos encontrado un ☐ en el mercado.
    a hueco
    b rincón
    c lugar

Comprensión auditiva 75 puntos

1 Comprensión global 25 puntos

Productos genéticamente manipulados

Escuche algunas opiniones a favor y en contra de la manipulación de alimentos. Marque con una cruz.

	a favor	en contra
1. Estanislao del Valle, propietario de grandes campos en Andalucía.	☐	☐
2. María Teresa Castellón, consumidora final, sicóloga y madre de cuatro hijos.	☐	☐
3. Alfredo Menéndez Vidal, profesor de biología en la Universidad Complutense de Madrid.	☐	☐
4. Francisca Soriano Rojas, presidenta la Asociación "Manos unidas", que es parte de la ONG "Un Mundo".	☐	☐
5. Carlos Arroyo, Responsable del Departamento de Compras de una conocida casa importadora.	☐	☐

2 Comprensión detallada 25 puntos

Formación profesional

El Sr. Ramón Rodríguez es Director General de la empresa "Rodriganda", de Alicante. Lea las siguientes frases. Después escuche la entrevista y decida si es eso lo que ha querido decir el Sr. Rodríguez o no.

	verdadero	falso
1. Hoy en día es muy difícil encontrar personal altamente calificado.	☐	☐
2. Según los últimos estudios Pisa, el nivel de educación ha mejorado en España.	☐	☐
3. Nosotros invertimos mucho en la formación del personal.	☐	☐
4. Los inmigrantes son muy buenos trabajadores, el problema es el papeleo para emplearlos.	☐	☐
5. Si no bajan los salarios, en el futuro no va a haber trabajo para nadie.	☐	☐

3 Comprensión selectiva 25 puntos

Situaciones

Usted está en España, en diferentes situaciones, y necesita distintas informaciones.
Lea los textos. Después escuche y decida si las frases son correctas o no.

	verdadero	falso
1. Usted está en el aeropuerto. Espera a unos amigos que vienen de Guadalajara/México. Escuche lo que dice el altavoz. El vuelo de la Compañía Mexicana de Aviación ha sido cancelado.	☐	☐
2. Usted está en la autopista en dirección a Bilbao y oye las noticias. Por un grave inconveniente hay que hacer un desvío.	☐	☐
3. Usted tiene que hablar urgentemente con la empresa Meleda. Llama pero contesta el contestador automático. La empresa está cerrada por vacaciones.	☐	☐
4. Usted ha tenido un accidente de tráfico. Escuche lo que dice el médico. Es mejor llevarle al hospital. Quizás haya que operarle.	☐	☐
5. Este fin de semana usted quiere ir a esquiar a los Pirineos. Quiere saber qué tiempo hará. En la tele informan del tiempo para toda la semana. Las condiciones serán muy buenas. Habrá nieve nueva.	☐	☐

Expresión escrita

Escribir una carta 45 puntos

Lea el siguiente anuncio. Escriba una carta de presentación y averigüe más detalles.

> **"Otro mundo es posible"**
> Somos un grupo de jóvenes de cinco continentes.
> Nos hemos conocido en Colonia, en el 2005,
> durante la Jornada Internacional de la Juventud.
> Queremos organizar un intercambio permanente,
> con eventos en distintos países.
> Buscamos colaboradores de todas las profesiones
> dispuestos a trabajar por un mundo mejor.
> Para mayor información, dirigirse a:
> María de la Paz Vallejos
> marypaz@vallejos.es

Escriba un correo electrónico a la dirección indicada.
Explique qué experiencia tiene y de qué tarea se puede hacer responsable.
Estos puntos le ayudan. Decida qué debe escribir primero.

- Piense en lo que podría hacer en la nueva organización.
- Indique los motivos por los que quiere colaborar en el proyecto.
- Salude y despídase.
- Escriba: ¿dónde?, ¿a partir de cuándo? y ¿por cuánto tiempo?
- Explique quién es usted (datos personales y profesionales).

Nombres geográficos

el **Amazonas** Amazonas 12/16
Andalucía Andalusien 4/5
Asturias Asturien 4/5
Bangladesh Bangladesh 6/4
Canadá Kanada 13/5
Canarias, Islas Canarias Kanaren, Kanarische Inseln 4/5
China China 1/c
el **Cono Sur** Südspitze Lateinamerikas 12/b
Europa Europa 2/5
Europa central Mitteleuropa 13/5
Europa occidental Westeuropa 9/5
Extremadura Extremadura 4/5
India Indien 13/5
Irlanda Irland 13/5
Israel Israel 13/5
La Rioja La Rioja 4/5
Moscú Moskau 3/19
los **Países andinos** Andenländer 3/5
Patagonia Patagonien, Feuerland 13/16
Sudamérica Südamerika 12
Tarragona Tarragona 4/a
Valencia Valencia 4/5

Lista cronológica

In der chronologischen Liste finden Sie die Vokabeln in der Reihenfolge ihres ersten Auftretens aufgelistet. Nicht enthalten sind Zahlen, grammatische Begriffe, Eigennamen sowie Vokabeln der Rubrik **El español de América**. Aus den Texten und Übungen der Seite **Realidad hispánica** und der Rubrik **Bocadillo cultural** wurden nur die wichtigsten Wörter in die Liste aufgenommen. Wörter, die nicht zum Lernwortschatz gehören, sind kursiv gedruckt. Die links stehenden Zahlen und Buchstaben geben an, wo die einzelnen Wörter und Wendungen zum ersten Mal vorkommen. (z. B. **5** bedeutet Übung 5, **a** bedeutet Dialog oder Text a, **C** bedeutet Recuerde, Abschnitt C).

Abkürzungen

a/c: alguna cosa, algo, etwas
alg.: alguien, jemand/en/em
etw.: etwas
jdm.: jemandem
jdn.: jemanden
Abk.: Abkürzung
fam.: familiar, umgangssprachlich
inf.: infinitivo, Infinitiv
lat.am.: latinoamericano, lateinamerikanisch
s.: sustantivo, Substantiv
S.: Substantiv
sg.: singular, Singular
Sg.: Singular
pl.: plural, Plural
Pl.: Plural

Lección 1 : ¿Me presento?

	presentarse	sich vorstellen
	interesarse por a/c / alg.	sich für etw./jdn. interessieren
	encantar a alg.	jdm. sehr gut gefallen, jdn. bezaubern
	generoso/-a	großzügig
	todo el mundo	jede/r/s, alle
	guapo/-a	hübsch
	impaciente	ungeduldig
	hoy mismo	noch heute
a	**¡la sede**	Sitz *(einer Firma)*
	la sustitución	Vertretung, Ersatz
	el puesto	*hier:* Arbeitsstelle, *auch:* Verkaufsstand
	fijo/-a	fest
b	**asesorar a alg.**	jdn. beraten
	la firma	*hier:* Firma
	contar a/c	etw. erzählen, *auch:* etw. zählen
	¿Qué te parece?	Was hältst du davon?
	dejar a/c / a alg.	etw./jdn. lassen, verlassen
c	**las Pequeñas y Medianas Empresas** (*Abk.:* **Pymes, PYMES)**	kleine und mittelständische Betriebe
	dedicarse a a/c	tätig sein *(in einem Bereich)*, sich einer Sache widmen
	acreditado/-a	angesehen
	la vacante	freie Stelle
1	**descubrir a/c / a alg.**	etw./jdn. entdecken
2	**vacante**	frei, unbesetzt
d	**el portal**	*hier:* Internetportal
	la distribución	*hier:* Vertrieb

	contacto	Kontakt
	especializarse en a/c	sich auf etw. spezialisieren
	distribuir a/c	etw. verteilen, vertreiben
	todo/-a	*hier:* ganz
	diferente	verschieden, unterschiedlich, *auch:* anders
e	**fundar a/c**	etw. gründen
	mediano/-a	von mittlerer Größe, mittelständisch
	contar con a/c	über etw. verfügen
	el capital	Kapital
	valioso/-a	wertvoll
	aportar a/c	etw. beitragen, (ein)bringen
	el compromiso	*hier:* das Engagement
	la innovación	Innovation
	la formación	(Aus-)Bildung
3	**la filosofía**	Philosophie
4	**deber**	*hier:* sollen
5	**el Assessment Center (*Abk.:* AC)**	Assessment Center
	seleccionar a/c / a alg.	etw./jdn. auswählen
	el test	Test
	originalmente	ursprünglich
	el/la espía	Spion/in
	estar de moda	in Mode sein
	bajo	unter
	la presión de tiempo	Zeitdruck
	evaluar a/c / a alg.	etw./jdn. bewerten
	la inteligencia	Intelligenz
	emocional	emotional
	la capacidad	*hier:* Fähigkeit
	comunicar a/c a alg.	jdm. etw. mitteilen
	tomar una decisión	eine Entscheidung treffen
	decidir	entscheiden
	eficiente	effizient, wirksam
	la ayuda	Hilfe
	el mobbing	Mobbing
	la tarea	Aufgabe
7	**la dirección**	*hier:* Geschäftsleitung, *auch:* Richtung
	las relaciones públicas	Publicrelations
	la elaboración	Herstellung
	contratar a alg.	jdn. einstellen
8	**el extranjero**	*hier:* Ausland
	el teletrabajo	Telearbeit
9	**ideal**	ideal
	relacionar	verbinden
	la ama de casa	Hausfrau
	imprescindible	unerlässlich
	dirigirse a alg.	sich an jdn. wenden
	la robótica	Robotik, Robotertechnik
	el/la trainee	Trainee
	requerir a/c	etw. erfordern
	el conocimiento	Kenntnis
	el currículum (vitae) (*Abk.:* CV)	Lebenslauf
	el/la periodista	Journalist/in
10	**el lenguaje coloquial**	Umgangssprache
	el lenguaje formal	formelle Sprache
11	**Es verdad.**	(Das) stimmt.
12	**utilizar**	benutzen
	la expresión	Ausdruck
13	**acostarse**	sich hinlegen, ins Bett gehen
	vestirse	sich anziehen
	la gimnasia	Gymnastik
	levantarse	aufstehen
	dormir la siesta	einen Mittagsschlaf halten
14	**el pijama**	Schlafanzug
	ir en bicicleta	Rad fahren
	la cama	Bett

Lección 2 : Nos ponemos en contacto

	ponerse en contacto con alg.	jdn. Kontaktieren, mit jdm. Kontakt aufnehmen
	las referencias	Referenzen
	si bien	obwohl, auch wenn
	de modo que	sodass
	¡Manos a la obra!	An die Arbeit!
	en primer lugar	zuerst
	el consejero	Ratgeber
1	**la misión**	Mission
	la habilidad	Fähigkeit, Geschicklichkeit
	tener "enchufe"	Beziehungen haben *(umgangssprachl.)*
	el/la comunicador/a	etwa:kommunikative Person
	independiente	unabhängig
	la nota	*hier:* Note, Zensur
	la carta de presentación	Bewerbungsanschreiben
	escribir a mano	per Hand schreiben
	llamativo/-a	auffällig
	detallado/-a	detailliert, *auch:* ausführlich
	la página	Seite
	blanco y negro	schwarzweiß
	la impresión	*hier:* Eindruck, *auch:* Druck
	decisivo/-a	entscheidend
	el piercing	Piercing
	el maquillaje	Schminke, Make-up
	arreglado/-a	*hier:* ordentlich, gepflegt
	bañado/-a en perfume	stark parfümiert
	el cuerpo	Körper
a	**lo mismo**	dasselbe

	el domicilio	Wohnsitz
	los datos	Angaben, Daten
	personal	persönlich
b	el intercambio	Austausch
	el/la guía turística	Reiseführer/in
	atractivo/-a	attraktiv
3	romper a/c	etw. brechen, zerbrechen
	el hielo	Eis
5	la emigración	Auswanderung
	la población	Bevölkerung, *auch:* Ort, Gemeinde
	la dictadura	Diktatur
	el/la intelectual	Intellektuelle/r
	recibir a/c / a alg.	*hier:* jdn. empfangen, *auch:* etw. bekommen, erhalten
	el/la exiliado/-a	Landesverwiesene/r
	numeroso/-a	zahlreich
	sin embargo	trotzdem
	el/la trabajador/a	Arbeiter/in
	la inmigración	Einwanderung
	la mano de obra	Arbeitskräfte
	la actividad estacional	Saisonarbeit
	principalmente	hauptsächlich
	legalizar a/c	etw. legalisieren
	ilegal	illegal
	legal	legal
	el/la nieto/-a	Enkel/in
	el horizonte	Horizont
	miles	Tausende
	los papeles	*hier:* Ausweispapiere
	la salida	*hier:* Ausweg, *auch:* Ausfahrt
8	por correo	per Post
9	la solicitud de empleo	Bewerbung
	reunir	*hier:* erfüllen
	adjunto/-a	*hier:* beiliegend
	en espera de sus noticias	in Erwartung Ihrer Antwort
10	la Escuela Superior de Comercio	Höhere Handelsschule
	el secretariado	Sekretärslaufbahn
	el nivel	*hier:* Niveau
12	divertirse	sich amüsieren
14	la camisa	Hemd
	el traje	Anzug
	el jersey	Pullover
	la camiseta	T-Shirt
	la corbata	Krawatte
	la blusa	Bluse
	la americana	Jackett, Sakko
	el vestido	Kleid
	la falda	Rock
	los tejanos	Jeans
	los pantalones	Hose
	llevar a/c	*hier:* etw. tragen *(Kleidung)*
15	ponerse a/c	*hier:* etw. anziehen
16	la comunidad	Gemeinde
	el/la comercial	Handelsvertreter/in, *hier:* Verkäufer/in
	el sueldo	Gehalt
	la fotografía	Foto
	la reserva	*hier:* Reservierung
	el alquiler de coches	Autovermietung
17	anunciar a/c	etw. ausschreiben, ankündigen

Lección 3 : ¿No está satisfecha?

	integrarse	sich integrieren, einfügen
a	el garaje	Garage
	de vez en cuando	ab und zu
	trasladarse	umziehen
	equipar	ausstatten
	aumentar	*hier:* ansteigen
	un buen día	eines schönen Tages
	dar el salto	den Sprung schaffen
	acostumbrarse	sich gewöhnen
	de modo que	sodass
	de cualquier modo	in jedem Fall
	fascinar	faszinieren
	abrir a/c	aufmachen, (er)öffnen
	la sucursal	Filiale
2	la descripción	Beschreibung
	la circunstancia	Umstand
b	emblemático/-a	sinnbildlich, beispielhaft
	llevar	*hier: (Kleidung)* tragen
	hoy en día	heutzutage
	parecerse	sich ähneln
	el gigante	Gigant, Riese
	unir	verbinden
	la moda	Mode
	el vestido de noche	Abendkleid
	antes	früher, damals
	el grupo meta	Zielgruppe
	la mentalidad	Mentalität
	el ambiente	Atmosphäre, Umgebung
	accesible	*hier:* erschwinglich
	despertar	(er)wecken
	la emoción	Empfindung, Gefühl
	la figura de identificación	Identifikationsfigur
	espectacular	Aufsehen erregend
	deberse	*hier:* von etw. abhängen
	el entusiasmo	Begeisterung
	activo/-a	aktiv
	identificarse con a/c	sich mit etw. identifizieren

	la formación continua	Fort- und Weiterbildung
	adaptarse	sich anpassen
	la exigencia	Erfordernis
	probarse	anprobieren
	el probador	Umkleidekabine
	existir	existieren
5	el mate	(Gefäß mit) Matetee
	aconsejar	beraten
	intentar	versuchen
	regional	landschaftlich
	la chicha	Getränk aus gegorenem Mais
	la reacción	Reaktion
	hacerse esperar	auf sich warten lassen
	la yerba mate	Matetee
	responder	antworten, reagieren
	al mismo tiempo	zugleich, gleichzeitig
	gratis	gratis, kostenlos
	de este modo	also, daher
	en todas partes	überall
	actualmente	zur Zeit, jetzt
	pobre	arm
	hacer mal a alg.	*hier:* jdm. schlecht bekommen
	el Mercosur	Mercosur (Südamerikanische Wirtschaftsgemeinschaft)
	despierto/-a	wach, aufgeweckt
	concentrarse	sich konzentrieren
	ponerse	*hier:* werden
	¡che!	*Ausruf, etwa:* He! Los doch!
6	resumir	zusammenfassen
7	andino/-a	Anden-
8	el argentinismo	Argentinismus
R	en esa época	damals, in jener Zeit
9	furioso/-a	wütend, rasend
	el dibujo	Zeichnung
11	el doble	Doppelte
	la mitad	Hälfte
12	describir	beschreiben
	comprobar	überprüfen
	el/la abuelo/-a	Großvater/-mutter
	emigrar	auswandern, emigrieren
	¡basta!	Jetzt reicht's! Basta!
	el/la tío/tía	Onkel/Tante
	el/la peluquero/-a	Friseur/in
	dar clases	unterrichten, Stunden geben
	mantener	*hier:* unterhalten, ernähren
	el paro	Arbeitslosigkeit
	la provincia	Provinz
	el/la primo/-a	Cousin/e, Vetter/Base
	unido/-a	verbunden
	el patio	Hof, Innenhof
	reírse	lachen
	cantar	singen
	la canción de protesta	Protestlied
	llorar	weinen
13	la definición	Definition
15	soñar con a/c	von etw. träumen
16	tachar a/c	etw. durchstreichen
17	nacer	geboren werden
	regalar a/c	etw. schenken
18	el accidente	Unfall
	¡Qué va!	Wo denkst du hin! Ganz und gar nicht!

Lección 4: Orden del día

	olvidar	vergessen
	el/la productor/a	Hersteller/in, Produzent/in
a	la cooperativa	Kooperative, Genossenschaft
	desconcentrado/-a	unkonzentriert
	el estrés	Stress
	últimamente	in letzter Zeit
	dentro de poco	bald, in Kürze
	sacar a/c	(heraus)holen; *hier:* auf den Markt bringen
	el batido	Mixgetränk
	saber	*hier:* erfahren
	hace poco	vor kurzem
	el turrón	*typische Süßware, ähnlich wie türkischer Honig oder Nugat*
	algún/alguno/-a	irgendein/e/r
b	la interrupción	Unterbrechung
	alguien	jemand
	cualquier/a	irgendein/e/r
	en cualquier momento	irgendwann; *hier:* sobald wie möglich
	hoy mismo	noch heute
	como muy tarde	spätestens
	de ahora en adelante	ab sofort, von nun an
	la disculpa	Entschuldigung
	ningún/o/-a	kein/e/r
c	antes que nada	als erstes, zuerst
	disponer de a/c	*hier:* über etw. verfügen
	volar	fliegen
	la elaboración	Herstellung
	a continuación	anschließend
d	el inconveniente	Hindernis, Nachteil
	hacer esperar a alg.	jdn. warten lassen
	importar	*hier:* jdm. etw. ausmachen
	japonés/a	japanisch
	ocupado/-a	beschäftigt
	participar	teilnehmen
	aclarar	(er)klären
3	responder	antworten
	cuadrado/-a	viereckig, *hier:* Quadrat-

5	**el kilómetro cuadrado**	Quadratkilometer
	mismo tiempo	zugleich, gleichzeitig
	la población	Bevölkerung
	el/la habitante	Bewohner/in
	montañoso	bergig
	el paisaje	Landschaft
	constituir	*hier:* bilden
	la Comunidad Autónoma	Autonome Region in Spanien
	autónomo/-a	selbstständig
	geográfico/-a	geografisch
	el carbón	Kohle
	el hierro	Eisen
	la infraestructura	Infrastruktur
	impositivo/-a	Steuer-
	atraer a/c, a alg.	etw., jdn. anziehen, anlocken
	diferenciado/-a	ausdifferenziert
	el/la amante	Liebhaber/in
	la tasa impositiva	Steuersatz
7	**el conector**	Konnektor, Bindeglied
	el presente	Gegenwart
	el futuro	Zukunft
8	**expresar a/c**	ausdrücken
	perfecto	*hier:* perfekt *(Zustimmung)*
	la propuesta	Vorschlag
	actualizar a/c	etw. aktualisieren
10	**la exclamación**	Ausruf
	¡Qué horror!	Wie schrecklich!
	felicitar	gratulieren
	en secreto	heimlich
	el caos	Chaos
11	**la autobiografía**	Autobiografie
	el papel	*hier:* Rolle
12	**oír**	hören
	el stand	(Messe-)Stand
13	**el asiento**	Sitzplatz
	la sala de espera	Warteraum
15	**ingenioso/-a**	erfinderisch, geistreich
	tecnológico/-a	technologisch
	andaluz/a	andalusisch
	alcanzar	erreichen
	la modernización	Modernisierung
	la junta	*hier:* Regionalregierung
	realista	realistisch

Lección 5 : Una auditoría

	la auditoría	Wirtschaftsprüfung
	obtener	bekommen
	el premio	Preis, Auszeichnung
	europeo/-a	europäisch
	someterse a a/c	sich etw. unterziehen, unterwerfen
	externo/-a	Außen-, extern
	encargado/-a	beauftragt
	el/la auditor/a	Wirtschaftsprüfer/in
	llevar + tiempo + gerundio	Zeit mit etw. verbringen
	investigar a/c	etw. erforschen
1	**formar a/c**	*hier:* etw. aufbauen
	la terminación	Endung
2	**transportar a/c**	transportieren
b	**líquido/-a**	flüssig
	el molde	(Guss-)Form
	enfriar	abkühlen
	el robot	Roboter
	empaquetar a/c	etw. verpacken
c	**menos mal**	ein Glück, dass / nur gut, dass
d	**protestar**	sich beschweren
e	**formar**	*hier:* ausbilden
	en la medida	je nachdem, soweit
f	**¡Tanto tiempo!**	Das ist aber lange her!
3	**flirtear**	flirten
4	**la radiografía**	Röntgenbild
	el arte	Kunst
	el concepto	Begriff, Auffassung
	reconocer a/c	*hier:* etw. anerkennen
	mientras que	während
	gracias a	dank
	encargarse de a/c	etw. übernehmen
	satisfacer	erfüllen, befriedigen
	extenderse	sich ausbreiten, ausweiten
	empresarial	Unternehmens-
	desarrollar	entwickeln
	la necesidad	Notwendigkeit
	lograr a/c	etw. erreichen
	sino	sondern
	el funcionamiento	Betriebsablauf
	la organización	Aufbau, Organisation
	objetivamente	objektiv
	reducir	abbauen
	mejorar	verbessern
	adaptar	anpassen
	la mejora	Verbesserung
7	**el sándwich**	belegtes Brot, Sandwich
8	**el laboratorio**	Labor
	diseñar	entwerfen
10	**el estante**	Regal
	la elevadora de horquilla	Gabelstapler
	programar a/c	etw. programmieren
11	**el/la mecánico/-a**	Mechaniker/in
	repasar a/c	durchgehen, überprüfen
	recoger a alg.	jdn. abholen

12	*la pantomima*	Pantomime
	adivinar a/c	etw. erraten
13	espontáneo/-a	spontan
14	la cosecha	Ernte
	el parque	Park, Grünanlage
	la palmera	Palme
	el botellón	*abendliches Treffen der Jugendlichen zum Biertrinken*
	la edad	Alter
	el deseo	Wunsch
	comprobar	überprüfen

Lección 6 : Sin financiación, ¡imposible!

	agotar	erschöpfen, ausschöpfen
	atender	*hier:* nachkommen
	rechazar a/c	ablehnen, zurückweisen
	el dilema	Dilemma
a	la subvención	*hier:* Zuschuss
	a medida	maßgeschneidert
	pymes/PYMES	kleine und mittlere Unternehmen
	sin compromiso	unverbindlich
	rellenar	ausfüllen
	el formulario	Formular, Vordruck
	adjunto	*hier:* beigefügt, beiliegend
	entregar a/c	etw. abgeben
	el plazo	Frist
	la fe	Vertrauen, Glaube
b	poner en marcha	in Gang setzen
	cuanto antes	unverzüglich, so bald wie möglich
	consistir en	bestehen in
	explotar	*hier:* platzen
	y eso que	und dabei
	construir	bauen
	la nave	*hier:* Fabrikhalle
	financiar	finanzieren
	invertir	investieren
	efectivamente	genau, ganz richtig, in der Tat
	la autofinanciación	Selbstfinanzierung
	el puesto de trabajo	Arbeitsplatz
	luego	selbstverständlich
	contar con a/c	mit etwas rechnen
c	la amortización	*hier:* Tilgung
	el interés	*hier:* Zins, *auch:* Interesse
	la devolución	Erstattung, Rückzahlung
	a largo plazo	langfristig
	la garantía	Garantie
	hipotecario/-a	Hypotheken-
	la cuota	*hier:* Rate, *auch:* Beitrag
	el aval	Bürgschaft
d	de vuelta	zurück
	en principio	im Prinzip
	concreto/-a	konkret
3	el requisito	Voraussetzung
	la consultora	Unternehmensberatungsfirma
	acceder a a/c	*hier:* auf etw. Anspruch haben
	la localidad	Ort, Örtlichkeit
	la localización	Lage
	el inicio	Beginn, Anfang
	el importe	Summe *(Geld)*
	estimar	schätzen
	el inmueble	Immobilie, Liegenschaft
	la maquinaria	Maschinenanlage
	el equipo	*hier:* Einrichtung, Anlage
4	solidario/-a	solidarisch
	conceder	zugestehen, gewähren *(Kredit)*
	la visión	*hier:* Vision
	el principio	Prinzip
	la reciprocidad	Gegenleistung
	ético/-a	ethisch (orientiert)
	el/la analfabeto/-a	Analphabet/in
	responsable	verantwortlich, verantwortungsbewusst
	el sentido familiar	Familiensinn
6	intercambiar a/c	etw. austauschen
7	el término	Begriff
8	la hipoteca	Hypothek
16	el pago	Zahlung
	al contado	sofort zahlen
	en efectivo	bar *(zahlen)*
	a plazos	auf Raten
	usual	gebräuchlich
	la gasolina	Benzin
	la tarjeta de débito	Bankkarte, Scheckkarte
	la transferencia	Überweisung
	medir a/c	etw. ausmessen
17	el dólar	US-Dollar
	el desarrollo	Entwicklung
	el nivel	Stand, Niveau
	el nivel de vida	Lebensstandard
	la hamburguesa	Hamburger, Boulette, Frikadelle
	el índice	Index
	la zona Euro	Eurozone

Lección 7: Comida de negocios

	el/la joven	Jugendliche/r
	consultar a alg.	jdn. um Rat fragen
	la consultaría	Unternehmensberatung
	el posicionamiento	*hier:* Stellung

a	la carta	*hier:* Speisekarte
	el aperitivo	Aperitif
	el estudio de mercado	Marktanalyse
	diferenciarse	sich unterscheiden
	competir	*hier:* konkurrieren
	evidentemente	offensichtlich
b	la imaginación	*hier:* Vorstellungskraft
	el lanzamiento	*hier:* auf den Markt bringen eines Produkts
	persuadir a alg.	*hier:* jdn. überzeugen
	el público objetivo	Zielpublikum
	la caloría	Kalorie
	saturado/-a	gesättigt
	la característica	Eigenschaft, Merkmal
	energético/-a	energetisch, Energie-
	el/la azteca	Azteke/-in; aztekisch
	la propiedad	*hier:* Eigenschaft
	transmitir a/c	vermitteln
c	la energía	Energie
	la adrenalina	Adrenalin
	formal	*hier:* formell
	motivar a alg.	jdn. motivieren
	¡Qué gustazo!	Ein Wahnsinnsgeschmack!
	el eslogan	Werbeslogan, Motto
	el sentimiento	Gefühl
d	vivo/-a	*hier:* bunt
	el Manga	Manga
	la valla (publicitaria)	Werbefläche
	suficiente	genug
	estar presente	präsent sein
	el concurso	Wettbewerb
	anunciar	werben, ankündigen
	el sponsoring	Sponsoring
	el evento	Ereignis
	patrocinar a/c	etw. fördern, sponsern
	apoyar	unterstützen, fördern
	la técnica	Technik
	el mailing	Mailing
	efectivo/-a	wirksam, effektiv
4	rodeado/-a	umgeben
5	informativo/-a	informativ
	chocante	anstößig, schockierend
	sugestivo/-a	reizvoll
	el cartel	Plakat
	el spot publicitario	Werbespot
7	pedir a/c	*hier:* etw. bestellen
	la entrada	*hier:* Vorspeise
	el gazpacho	Kalte Gemüsesuppe
	la sopa	Suppe
	relleno/-a	gefüllt
	la merluza a la romana	Seehecht paniert
	el salmón	Lachs
	el lenguado al horno	Seezunge gebacken
	la paella marinera	Reispfanne mit Fisch und Meeresfrüchten
	la gamba al ajillo	Garnele mit Knoblauch
	el filete	Filet
	el/la ternero/-a	Kalb
	la chuleta	Kotelett
	el/la cerdo/-a	Schwein
	el cordero	Lamm
	asado/-a	gebraten
	el solomillo	Filetsteak
	la cebolla	Zwiebel
	a la plancha	auf dem heißen Blech gebraten
	el postre	Nachtisch
	el flan	Pudding
	la nata	Sahne
	la tarta	Kuchen, Torte
	la manzana	Apfel
	el menú	Menü
	de primero	als ersten Gang
	de segundo	als zweiten Gang, Hauptgang
	la verdura	Gemüse
	a elección	zur Wahl
	recomendar a/c	etw. empfehlen
	el espárrago	Spargel
	mixto/-a	gemischt
	el arroz	Reis
	el pan	Brot
8	la preparación	Vorbereitung
	frito/-a	frittiert, gebacken
	la salsa	Soße
	dulce	süß
	soso/-a	fade
10	el cibermarketing	Internetmarketing
	el lenguaje	Sprache, Sprechweise
11	el patrocinio	Schirmherrschaft, Sponsoring
	molestar	*hier:* belästigen
	alcohólico/-a	alkoholisch
	el lujo	Luxus
	el objeto	Objekt
	el objeto de deseo	Lustobjekt
12	romántico/-a	romantisch
13	la sensación	*hier:* Sensation
	el canal	*hier:* Fernsehkanal
14	el cosmético	Kosmetikprodukt

Lección 8: ¿Voy bien por aquí?

acordado/-a	vereinbart
modernizar a/c	modernisieren, erneuern
la instalación	*hier:* Anlage

	la ofimática	Bürotechnik
	la generación	*hier:* Generation
	especialmente	besonders, speziell
a	cómodo/-a	bequem
	recoger a alg.	jdn. abholen
	justo/-a	*hier:* knapp
	explicar a/c	etw. erklären
	señalizado/-a	ausgeschildert, *auch:* beschildert
	ferial	Messe-
	hacia	nach, zu, gegen
	perdonar a alg.	*hier:* jdm. verzeihen
	el plano (de la ciudad)	Stadtplan
b	la descripción	Beschreibung
	todo recto	immer geradeaus
	la plaza de toros	Stierkampfarena
	el cruce	Kreuzung
	la rotonda	*hier:* Kreisverkehr
	a mano izquierda	links, auf der linken Seite
	el palacio	Palast
	el semáforo	Ampel
	doblar	*hier:* abbiegen
	cruzar a/c	etw. kreuzen, überqueren
c	atender	*hier:* bedienen
	¿La atienden ya?	Werden Sie schon bedient?
	la promoción	*hier:* Sonderangebot
	vale la pena	es lohnt sich
	convenir	*hier:* angebracht sein, gut sein
	confortable	komfortabel
	el sistema de navegación	Navigationssystem
	el permiso de conducir	Führerschein
	conducir	*(einen Wagen)* fahren, steuern
	permanente	*hier:* Dauer-
	el seguro	*hier:* Versicherung
	el seguro a terceros	Haftplichtversicherung
	el robo	Diebstahl
	la ventanilla	*hier:* Schalter
	el recibo	Quittung
d	el/la conductor/a	Fahrer/in
	el Documento Nacional de Identidad (*Abk.:* DNI)	Personalausweis
	la matrícula	*hier:* Kennzeichen
	la recogida	*hier:* Abholung
	la entrega	*hier:* Übergabe, Abgabe
	el/la ocupante	*hier:* Insasse *(eines Fahrzeugs)*
e	el desvío	*hier:* Umweg
	dar la vuelta	wenden
	guiar a alg.	jdn. führen

2	la letra de imprenta	Druckbuchstabe
4	a continuación	dann, anschließend
	la esquina	Ecke
5	el sistema	System
	compartir a/c	etw. teilen
	el vehículo	Auto
	el ayuntamiento	Rathaus
	demostrar a/c	etw. beweisen
	parado/-a	*hier:* stillstehend
	la consecuencia	Konsequenz
	la ecología	Ökologie
	el paseo	*hier:* Spaziergang
	el transporte público	öffentliche Verkehrsmittel
	la alternativa	Alternative
	el tráfico	*hier:* Verkehr
	disminuir a/c	*hier:* reduzieren
	la contaminación	Verschmutzung
	dentro	innerhalb
	registrarse	sich einschreiben
	añadir a/c	etw. hinzufügen
6	ahorrar a/c	etw. sparen
	el impuesto	Steuer
7	el anuncio publicitario	Werbeanzeige
	la paz	Frieden
	escapar	fliehen, entkommen
	girar	sich drehen
	descargarse	sich entladen
10	la instrucción	Anweisung
	conectar a/c	*hier:* etw. einschalten
	el aparato	*hier:* Gerät
	pulsar a/c	etw. drücken
	el botón	Knopf
	el GPS	GPS
11	la autopista	Autobahn
15	la señal (de tráfico)	Verkehrsschild
	el túnel	Tunnel
17	agradecer a alg.	jdm. verdanken
	el whisky	Whisky
18	la fraseología	Phraseologie, Ausdrucksweise

Lección 9: Nuevas instalaciones

a	el/la interiorista	Innenarchitekt/in
	la armonía	Harmonie, Ausgeglichenheit
	el escritorio	Schreibtisch
	la estantería	Regal
	el archivador	*hier:* Aktenschrank
	la decoración	Dekoration
	la alfombra	Teppich
	el ambiente	*hier:* Atmosphäre
	por cierto	übrigens
	la velocidad	Geschwindigkeit

	el desk sharing	Desksharing
b	acogedor/a	*hier:* gemütlich
	el cuarto de estar	Wohnzimmer
	estéril	*hier:* steril
	el wellness	Wellness
	la silla	Stuhl
	retrógrado/-a	rückschrittlich
	el sillón	*hier:* Sessel, Armstuhl
	sobreentenderse	sich von selbst verstehen
	ergonómico/-a	ergonomisch
	regulable	ein-, verstellbar
	la altura	*hier:* Höhe
	el dolor	Schmerz
	la espalda	Rücken
1	la expectativa	Erwartung
c	preocuparse	sich kümmern
	la previsión	*hier:* Vorhersage
	futuro/-a	zukünftig
	funcional	funktional
	modular	Kasten-, Modul-
	el metal	Metall
	el estilo	Stil
	cálido/-a	warm
	la planta	*hier:* Pflanze
	tranquilizar a alg.	jdn. beruhigen
	la luz	Licht
	la iluminación	Beleuchtung
	el enchufe	*hier:* Steckdose
	¡Vaya!	Na so was!
	¡Bromas aparte!	Scherz beiseite!
	el plano	*hier:* Entwurf, Plan
	molestarse	*hier:* sich bemühen
	¡No se moleste!	Machen Sie sich keine Umstände!
	pronto	bald
	giratorio/-a	Dreh-
	el sofá	Sofa
3	combinar	kombinieren
5	recortar a/c	*hier:* etw. kürzen, verringern
	el factor	Faktor
	el promedio	Durchschnitt
	el metro cuadrado	Quadratmeter
	el directivo	*hier:* leitende/r Angestellte/r
	la enfermedad	Krankheit
	reservado/-a	*hier:* reserviert
	el trolley	Trolley
	ponerse a	anfangen
	dejar de	aufhören
	racional	zweckmäßig, rationell
	impersonal	unpersönlich
	regular	*hier:* einstellen
	la rivalidad	Rivalität

	ordenado/-a	ordentlich, geordnet, *auch:* bestellt
	burocrático	bürokratisch
	el/la desconocido/-a	Unbekannte/r
	la charla	*hier:* Plauderei
	solamente	nur
6	el argumento	Argument
	a favor de a/c	für etw., zu Gunsten von etw.
	en contra	dagegen
7	la mesa redonda	runder Tisch *(im Sinne von Konferenztisch)*
	redondo/-a	rund
	la fotocopiadora	Fotokopierer
8	clásico/-a	klassisch
	futurista	futuristisch
	claro/-a	*hier:* hell
	decente	*hier:* dezent
	fuerte	*hier:* kräftig
	oscuro/-a	*hier:* dunkel
	difuso/-a	*hier:* diffus
	indirecto/-a	indirekt
9	el esquema	*hier:* Plan, Schema
	el pasillo	Flur, Korridor
11	sinónimo/-a	synonym
12	afirmativo/-a	bejahend
16	los recursos de comunicación	Redemittel
	la frase hecha	Redensart
	la cara	Gesicht
17	la perífrasis	Periphrase
18	exhibir a/c	ausstellen, vorführen
	decorar a/c	etw. dekorieren
	respecto a	bezüglich
	la preferencia	Vorliebe

Lección 10 : Empieza el estrés

	el preparativo	Vorbereitung
	la alimentación	Ernährung
	el Salón de la Alimentación	Lebensmittelmesse in Madrid
	celebrarse	*hier:* stattfinden
	ubicado/-a	gelegen
a	temer a/c	etw. befürchten
b	¡Manos a la obra!	An die Arbeit!
	la ida	*hier:* Hinflug
	la vuelta	*hier:* Rückflug
	el origen	*hier:* Ausgangspunkt
	desde	*hier:* ab *(Preis)*
	el/la pasajero/-a	Passagier/in
	el/la adulto/-a	Erwachsene/r
c	para mediados de ...	für Mitte ...
	el bufé	Büffet

	el uso	*hier:* Benutzung
	el suplemento	*hier:* Zuschlag, Aufpreis
d	la disponibilidad	Verfügbarkeit
	en pleno centro	mitten im Zentrum
	la facilidad	*hier:* Erleichterung
4	el entrenamiento	Ausbildung, Training
	la azafata	Hostess, Stewardess
	la encuesta	Umfrage
	la propaganda	*hier:* Werbung
	escrito/-a	schriftlich
	la propaganda boca a boca	Mundpropaganda
	satisfecho/-a	zufrieden, befriedigt
	descontento/-a	unzufrieden
	el conflicto	Konflikt
	la queja	Beschwerde
	el malentendido	Missverständnis
	la equivocación	Irrtum
	mantener a/c	*hier:* etw. bewahren
	la calma	Ruhe
	recordar a/c	sich an etw. erinnern
	la boca	Mund
	la mímica	Mimik
	la tranquilidad	Ruhe, Gelassenheit
	el ojo	Auge
	la cabeza	Kopf
	dejar hacer a/c a alg.	jdn. etw. tun lassen
	disculparse	sich entschuldigen
	prometer a/c	etw. versprechen
	positivo/-a	positiv
	aclarar	erklären
5	la tesis	*hier:* These
	mencionar	erwähnen
R	¡Ojalá!	hoffentlich
	¡(Qué) lástima!	(Wie) Schade!
7	la sillón	*hier:* Sessel
	la moqueta	Teppichboden
	la ventana	Fenster
	la calefacción	Heizung
	la cortina	Vorhang, Gardine
	el balcón	Balkon
	el espejo	Spiegel
8	escoger	auswählen
	el overbooking	Overbooking
	sucio/-a	schmutzig
	el retraso	Verspätung
	igual	*hier:* egal
11	desconocido/-a	unbekannt
	el servicio de a bordo	Bordservice
14	quejarse	sich beschweren
	enfadado/-a	verärgert
	equivocarse	sich irren
	el error	Fehler
	arreglar a/c	*hier:* etw. regeln, erledigen
15	deber	*hier:* dürfen
18	cordial	herzlich

Lección 11 : En la feria

	durar	*hier:* dauern
	decorado/-a	ausgeschmückt
	la fantasía	*hier:* Fantasie
	de fondo	im Hintergrund
	amplio/-a	*hier:* groß
	el pabellón	*hier:* Messehalle
	atraer	anziehen
	a pesar de que	obwohl
1	averiguar	in Erfahrung bringen
	marcar a/c	*hier:* etw. markieren
	despedir a alg.	*hier:* jdn. verabschieden
	tardar	*hier:* lange dauern
	avisar a alg.	jdn. Bescheid sagen
	en cuanto	*hier:* sobald
	hacerse tarde	spät werden
	aunque	obwohl, auch wenn
	mientras tanto	inzwischen, währenddessen
	sentir a/c	*hier:* etw. bedauern
4	el pasado	Vergangenheit
5	textil	Textil-
	verse confrontado/a con a/c	sich einer Sache gegenüber sehen
	aislarse	sich isolieren
	el resto	Rest
	la muralla	Mauer
	liberalizar	liberalisieren, *hier:* wirtschaftlich öffnen
	comunista	kommunistisch
	capitalista	kapitalistisch
	el milagro	Wunder
	entre tanto	mittlerweile, inzwischen
	el reproductor de DVD	DVD-Spieler
	el juguete	Spielzeug
	digital	digital
	la lavadora	Waschmaschine
	el textil	Textilie
	el algodón	Baumwolle
	el televisor	Fernsehgerät
	etc. (et cetera)	usw.
	masivo/-a	Massen-
	debido a	dank, wegen
	calificado/a	qualifiziert, Fach-
	sufrir	leiden
	las medidas proteccionistas	protektionistische Maßnahmen
	demás	übrig, ander/e/-s

	la patente	*hier:* Patent
B	quedar	*hier:* übrig bleiben
10	la función	*hier:* Theatervorstellung
	la batería	Batterie, Akkumulator
11	genético/-a	genetisch
	manipular	manipulieren; handhaben
	el hecho	Tatsache
	cultivar a/c	*hier:* etw.anbauen
	la naturaleza	Natur
12	el/la comprador/a	*hier:* Käufer/in
	la cadena	*hier:* Ladenkette
	la variedad	*hier:* Vielfalt
	cumplir	*hier:* erfüllen
	la directiva	Richtlinie, Anweisung
	guatemalteco/-a	guatemaltekisch
	lanzar a/c	*hier:* etw. auf den Markt bringen
	la manipulación	Manipulation, Behandlung; Handhabung
	controvertido/-a	umstritten
	admitir a/c	*hier:* etw. erlauben, zulassen
	controlado/-a	kontrolliert
13	mantenerse comunicado	in Verbindung bleiben
	besar a alg.	jdn. küssen
14	la propina	Trinkgeld
15	el/la gemelo/-a	Zwilling
	extraordinario/-a	außergewöhnlich
16	la letra pequeña	*hier:* das Kleingedruckte
18	el material	Material
	determinado/-a	bestimmt
	expuesto/-a	*hier:* ausgestellt
	solicitar a/c	*hier:* etw. anfordern

Lección 12 : Una propuesta muy interesante

	tratarse de algo	sich um etwas handeln
	imponer a/c	aufdrängen, aufzwingen
a	tener en cuenta a/c	in Betracht ziehen, berücksichtigen
	creerse a/c	sich für etwas halten
	el acuerdo	Übereinstimmung, Vereinbarung
	llegar a un acuerdo	sich einigen
	probable(mente)	wahrscheinlich
b	el libre comercio	freier Handel
	compuesto/-a	zusammengesetzt
c	obligar a alg. a a/c	jdn. zu etw. verpflichten, zwingen
	la oferta en firme	festes Angebot
	la validez	Geltungsdauer, Gültigkeit
	a contar de la fecha	ab sofort, von heute an
	ponerse de acuerdo	sich einigen
	exclusivo/-a(mente)	exklusiv, ausschließlich
	la avellana	Haselnuss
	la clase	*hier:* Art, Sorte
	la compra	Kauf
	la bonificación	Vergütung
	el volumen	Umfang, Volumen
	en caso de	falls
	entenderse	sich verstehen als
	habitual	üblich, gewöhnlich
	pasar un pedido	eine Bestellung übermitteln
	quedar a la disposición de alg.	jdm. zur Verfügung stehen
3	la rebaja	Rabatt
	el contenedor	Container
4	la microempresa	Kleinstbetrieb
	la importancia	Bedeutung
	el/la asalariado/-a	Arbeitnehmer/in, Lohnempfänger/in
	respectivamente	jeweils, bzw.
	por el contrario	im Gegenteil
	el espíritu	Geist
	la mayoría	Mehrheit
	el empleo	Beschäftigung, Arbeitsstelle
	autoemplearse	sich selbst beschäftigen
	la esperanza	Hoffnung
	la estadística	Statistik
	la diversificación	Vielfältigkeit
	asegurar a/c	etw. sichern
	la estabilidad	Stabilität
	ágil	flink, gewandt
	ante	*hier:* angesichts
	la dificultad	Schwierigkeit
	el sexto sentido	sechster Sinn
	el hueco	Loch
5	innovativo/-a	innovativ
6	rogar	bitten, flehen
9	el/la millonario/-a	Millionär/in
12	estar de moda	in Mode sein
15	la tecnología	Technologie, Technik
	comercializar a/c	etw. vermarkten
16	el mapa	Landkarte
	el peso	Peso *(Währung)*
	el Real	Real *(Währung)*
	la superficie	Oberfläche, Fläche
17	la Comunidad Andina	Andengemeinschaft
	el Pacto Andino	Andenpakt
	el TLCAN (Tratado de Libre Comercio de América del Norte)	Nordamerikanische Freihandelszone

	la NAFTA (North American Free Trade Association)	Nordamerikanische Freihandelszone

Lección 13 : Reclamaciones y cartas monitorias

	el disgusto	Unannehmlichkeit
	la reclamación	Beschwerde
	monitorio/-a	erinnernd, Mahn-
	racionalizar a/c	etw. rationalisieren
	la mejora	Verbesserung
	continuo/-a	ununterbrochen, ständig
	la consultoría	(Unternehmens-)Beratung
	la conclusión	Schluss(folgerung)
	la etiqueta	*hier:* Etikett, Aufkleber
	la imprenta	Druckerei
	en realidad	tatsächlich, eigentlich
	recomendar	empfehlen
	la prueba	Probe
a	la orden	*hier:* Bestellung, Auftrag
	la ejecución	*hier:* Ausführung
	inmediato/-a	sofortige/r
	el tifón	Taifun
	a más tardar	spätestens
b	dolores de cabeza	*hier:* Kopfzerbrechen
1	filipino/-a	Filipino/-a
c	corriente	*hier:* laufend(er Monat)
	corresponder	entsprechen
	por consiguiente	daher, aus diesem Grund
	obligar	verpflichten, zwingen
	el envío	Lieferung, Sendung
	nítido/-a	scharf, klar
	inferior	tiefer, niedriger, schlechter
	causar a/c	etw. verursachen
	el perjuicio	Nachteil, Schaden
	el plazo	Frist
	(en) caso contrario	andernfalls
	considerar a/c	etw. betrachten
	anular a/c	etw. aufheben, annulieren
	reservar	*hier:* sich etw. vorbehalten
	el derecho	Recht
	exigir a/c	etw. verlangen
	la indemnización	Entschädigung
	el daño	Schaden
	sin otro particular	ohne weiteres Anliegen
	p. o. (por orden)	im Auftrag
d	la confirmación	Bestätigung
	a la atención de	zu Händen von
	ocurrir	vorkommen
	la colaboración	Mitarbeit, Zusammenarbeit
	atte. (atentamente)	mit freundlichen Grüßen
	p. p. (por poder)	per Prokura
	P. D. (Posdata)	Nachschrift, Postskriptum (PS)
	facturar a/c	etw. in Rechnung stellen
3	la despedida	Abschied
4	transformar a/c	etw. verwandeln, umwandeln
5	el fenómeno	Phänomen
	separar	trennen, loslösen
	empresa subcontratada	Subunternehmen
	la externalización	Auslagerung, Outsourcing
	la deslocalización	Auslagerung von Unternehmensteilen ins Ausland, Offshoring
	de cuello blanco	Büropersonal (white collar)
	de cuello azul	Produktionspersonal (blue collar)
	realizar a/c	etw. ausführen
	el centro de llamadas	Callcenter
	la facturación	Fakturierung
	el milenio	Jahrtausend
	el emplazamiento	Standort
	receptor/a	Empfänger/in
	oriental	Ost-, (fern)östlich
	el aumento	Anstieg, Erhöhung
	salvar a/c	etw. retten
	el desafío	Herausforderung
6	externalizar a/c	auslagern von Unternehmensteilen
7	la estación	*hier:* Jahreszeit
8	deshacerse de a/c	etw. loswerden
9	la diferenciación	Differenzierung, Spezialisierung
10	nada + adjetivo	gar nicht, überhaupt nicht
	localizar	finden, lokalisieren
11	la abreviatura	Abkürzung
	la protesta	Beschwerde
	¡pamplinas!	Unsinn, Quatsch!
	Dios	Gott
	la dama	Dame
	la desinfección	Desinfektion
	el atentado	Attentat
	la delegación	Delegation
	la desgracia	Unglück
13	el dolor	Schmerz
	doler	schmerzen, weh tun
	el brazo	Arm
	el abrigo	Mantel
	resfriado/-a	erkältet
	el estómago	Magen
	la fiebre	Fieber
	la garganta	Hals
	romper	brechen

	la pierna	Beine
15	comunicar	*hier:* verbinden, weiterleiten
	colgar (ue)	*hier:* auflegen
	el recado	Nachricht
	la línea	*hier:* Leitung
	¿De parte de quién?	Wen darf ich melden?
	la extensión	*hier:* Durchwahl
	particular	*hier:* Privatanschluss
16	el fin	Ende
	la señal	*hier:* Signalton

Lección 14: La gran fusión

	la fusión	Fusion
	la alianza	Bündnis
	amistoso/-a	freundlich
	hostil	feindlich
	la globalización	Globalisierung
	dominar a/c	etw. beherrschen
	la concentración	Konzentration
	la guerra	Krieg
	sobrevivir a/c	etw. überleben
	fusionarse	fusionieren
	surgir a/c	sich ergeben
	la sinergia	Synergie
a	el rumor	Gerücht
	continuar a/c	etw. fortführen
	la expansión	*hier:* Erweiterung
	al parecer	anscheinend
	la localidad	Ort
b	desmentir a/c	etw. dementieren
	el medio	Mitte
c	confidencial	vertraulich
	por un lado ... por el otro	einerseits ... andererseits
d	llevar a cabo	ausführen, durchführen
	el pormenor	Einzelheit
	el/la asesor/a	Berater/in
	dar a conocer	bekannt geben
	oficialmente	offiziell
	lanzar	werfen, auf den Markt bringen
	la Oferta Pública de Adquisición (*Abk.:* OPA)	öffentliches Kaufangebot
	quitar a/c	etw. wegnehmen
	tragar a/c	etw. schlucken
e	fijarse en a/c	auf etw. achten
	la lucha	Streit, Kampf
	el provecho	Vorteil, Nutzen
	uno/-a	*hier:* man
	replantear a/c	etw. neu konzipieren
f	involucrar	*hier:* einbeziehen
	inevitable	unvermeidbar
	el mobbing	Mobbing
g	corto/-a	kurz
	el sobre	*hier:* Umschlag
	el/la ganador/a	Gewinner/in
	premiar a/c / a alg.	etw./jdn. prämieren, mit einem Preis auszeichnen, belohnen
	el relax	Entspannung
	sortear a/c	etw. auslosen
5	la capacitación	*hier:* Qualifikation
	bastar	genügen
	el título	*hier:* Diplom
	actualizarse	sich auf den neusten Stand bringen
	constantemente	dauerhaft
	darse cuenta de a/c	etw. (be)merken, herausfinden
	el perfeccionamiento	Vervollkommnung
	la especialización	Spezialisierung
	la actualización	Aktualisierung
	sobrar	zu viel sein, übrig bleiben
	el rincón	Ecke, Winkel
	alejado/-a	weit entfernt
	la multimedia	Multimedia
	la internacionalización	Internationalisierung
	moverse	sich bewegen
	la discusión	Diskussion
	la presión	Druck
6	la retórica	Rhetorik
	la moderación	Moderation
	la conducción	Führung, Leitung
	la constancia	*hier:* Ausdauer, Durchhaltevermögen
	Me da vergüenza.	Es ist mir peinlich.
	vago/-a	faul
8	el/la informante	Informant
9	más bien	eher
10	sistematizar a/c	etw. systematisieren
	tener que ver con a/c	mit etw. zu tun haben
13	rosa	rosa
	el/la rey/reina	König/in
14	¡Atención!	*hier:* Achtung!
15	el procedimiento	Prozedur
	patentar a/c	etw. patentieren
17	el partido	*hier:* Partei
	la oposición	Opposition
	criticar a/c / a alg.	etw./jdn. kritisieren
	el gobierno	Regierung
	la policía	Polizei
	el/la presidente	Präsident/in

	el/la representante	Vertreter/in, Abgeordnete/r
	el/la ministro/-a	Minister/in
18	el esquí	Ski
20	identificar	identifizieren
	reconocer	erkennen
21	el rol	Rolle

Lección 15: Una gran recepción

	concretarse	*hier:* realisieren, erfolgen
	el aplauso	Applaus
1	el discurso	*hier:* Rede
a	grato/-a	*hier:* angenehm, erfreulich
	el acontecimiento	Ereignis
	depositar su confianza en alg.	sein Vertrauen in jdn. setzen
	brindar por a/c / alg.	auf etw./jdn. anstoßen
	incondicional	bedingungslos
	alcanzar	erreichen
	voluntariamente	freiwillig
	el reconocimiento	*hier:* Anerkennung
	afrontar a/c	etw. trotzen, die Stirn bieten
	el esfuerzo	*hier:* Kraft
	la horchata	Erdmandelmilch
	anticipar a/c	etw. vorwegnehmen
	complementarse	sich ergänzen
	confiar en a/c	sich auf etw. verlassen
	el efecto sinérgico	Synergieeffekt
	por el momento	vorläufig, fürs Erste
3	el/la ex colega	Exkollege/-in
b	distinguido/-a	*hier:* verehrte/r
	entrar en vigencia	in Kraft treten
	la cooperación	Zusammenarbeit
	gradualmente	allmählich
	evolucionar	*hier:* sich (weiter)entwickeln
	el paso	*hier:* Schritt
	los deberes	*hier:* Aufgaben
	reaccionar	reagieren
	cambiante	wechselhaft
	la certificación	Zertifizierung
	el optimismo	Optimismus
	¡Buen provecho!	Guten Appetit!
c	el Intranet	Intranet
	destacar a/c	*hier:* etw. hervorheben
6	el truco	Trick
	contra	gegen
	el miedo	Angst
	estructurar a/c	etw. gliedern, strukturieren
	la ponencia	*hier:* Referat
	la claridad	Klarheit
	servir	*hier:* dienen
	la guía	*hier:* Leitfaden
	visualizar a/c	*hier:* etw. veranschaulichen
	encargar a/c	*hier:* etw. bestellen
	la pizarra	Tafel
	el panel	Platte, Tafel
	pretender a/c	*hier:* etw. anstreben
	asegurarse	sich absichern, sich vergewissern
	en orden	in Ordnung, ordentlich
	el proyector digital	Beamer
	el cable	Kabel
	sonreír	lächeln
	la simpatía	Sympathie
	el/la oyente	Zuhörer/in
	serio/-a	ernst
	la anécdota	Anekdote
	retórico/-a	rhetorisch
	exceder a/c	etw. überschreiten
8	la voz	Stimme
	la duración	Dauer
	el contenido	Inhalt
9	la felicitación	Glückwunsch
	la inauguración	Einweihung
	complacerse en a/c	*hier:* sich über etw. freuen
	festejar a/c	etw. feiern
	la celebración	Feier
	tener lugar	stattfinden
	el salón	*hier:* Saal
	la presencia	Anwesenheit
	apreciado/-a	geachtet
	cordialmente	herzlich
	¡Como Dios manda!	Wie es sich gehört!
	rural	Land-, ländlich
	informal	informell
	convencer a alg. de a/c	jdn. von etw. überzeugen
11	las perspectivas	Aussichten
12	el/la psicólogo/-a	Psychologe/-in
	la multinacional	multinationaler Konzern
	el consultorio	Praxis
	embarazada	schwanger
13	la asociación	Vereinigung, Verband
	el sindicato	Gewerkschaft
	la unión	*hier:* Bund
	prohibir a/c	etw. verbieten
15	¡Cuidado!	Vorsicht!, Achtung!
16	la pantalla de proyección	Leinwand
	el DVD	DVD
	el rotulador	Filzstift, Textmarker
	el bolígrafo	Kugelschreiber
17	el círculo	Kreis
	la fila	Reihe
	la ficha	Karteikarte

Lista alfabética

A

a contar de la fecha ab sofort, von heute an 12/c
a continuación anschließend, danach, dann 4/c
a elección zur Wahl 7/7
a favor de a/c für etw., zu Gunsten von etw. 9/6
a la atención de zu Händen von 13/d
a la marinera nach Seemannsart 7/7
a la plancha auf dem heißen Blech gebraten 7/7
a largo plazo langfristig 6/c
a mano izquierda links, auf der linken Seite 8/b
a más tardar spätestens 13/a
a medida maßgeschneidert 6/a
a pesar de que obwohl 11
a plazos auf Raten 6/16
la **abreviatura** Abkürzung 13/11
el **abrigo** Mantel 13/13
abrir a/c aufmachen, (er)öffnen 3/a
el/la **abuelo/-a** Großvater/-mutter 3/12
acceder a a/c *hier:* auf etw. Anspruch haben 6/3
accesible *hier:* erschwinglich 3/b
el **accidente** Unfall 3/18
aclarar (er)klären 4/d
acogedor/a *hier:* gemütlich 9/b
aconsejar beraten 3/5
el **acontecimiento** Ereignis 15/a
acordado/-a vereinbart 8
acostarse sich hinlegen, ins Bett gehen 1/13
acostumbrarse sich gewöhnen 3/a
acreditado/-a angesehen 1/c
la **actividad estacional** Saisonarbeit 2/5
activo/-a aktiv 3/b
la **actualización** Aktualisierung 14/5
actualizar a/c etw. aktualisieren 4/9
actualizarse sich auf den neusten Stand bringen 14/5
actualmente zur Zeit, jetzt 3/5
el **acuerdo** Übereinstimmung, Vereinbarung 12/a
adaptar anpassen 5/4
adaptarse sich anpassen 3/b
adivinar a/c etw. erraten 5/12
adjunto/-a *hier:* beiliegend 2/9
admitir a/c *hier:* etw. erlauben, zulassen 11/12
la **adrenalina** Adrenalin 7/c
el/la **adulto/-a** Erwachsene/r 10/b
afirmativo/-a bejahend 9/12
afrontar a/c etw. trotzen, die Stirn bieten 15/a
ágil flink, gewandt 12/4
agotar erschöpfen, ausschöpfen 6
agradecer a alg. jdm. verdanken 8/17
ahorrar a/c etw. sparen 8/6
aislarse sich isolieren 11/5
al contado sofort zahlen 6/16
al mismo tiempo zugleich, gleichzeitig 3/5
al parecer anscheinend 14/a
alcanzar erreichen 4/15
alcohólico/-a alkoholisch 7/11
alejado/-a weit entfernt 14/5
la **alfombra** Teppich 9/a
el **algodón** Baumwolle 11/5
alguien jemand 4/b
algún/alguno/-a irgendein/e/r 4/a
la **alianza** Bündnis 14
la **alimentación** Ernährung 10
el **alquiler de coches** Autovermietung 2/16
la **alternativa** Alternative 8/5
la **altura** *hier:* Höhe 9/b
la **ama de casa** Hausfrau 1/9
el/la **amante** Liebhaber/in 4/5
el **ambiente** Atmosphäre, Umgebung 3/b
la **americana** Jackett, Sakko 2/14
amistoso/-a freundlich 14
la **amortización** *hier:* Tilgung 6/c
amplio/-a *hier:* groß 11
añadir a/c etw. hinzufügen 8/5
el/la **analfabeto/-a** Analphabet/in 6/4
andaluz/a andalusisch 4/15
andino/-a Anden- 3/7
la **anécdota** Anekdote 15/6
ante *hier:* angesichts 12/4
antes früher, damals 3/b
antes que nada als erstes, zuerst 4/c
anticipar a/c etw. vorwegnehmen 15/a
anular a/c etw. aufheben, annulieren 13/c
anunciar a/c etw. ausschreiben, ankündigen 2/17; **anunciar un producto** für ein Produkt werben 7/d
el **anuncio publicitario** Werbeanzeige 8/7
el **aparato** *hier:* Gerät 8/10
el **aperitivo** Aperitif 7/a
el **aplauso** Applaus 15
aportar a/c etw. beitragen, (ein)bringen 1/e
apoyar unterstützen, fördern 7/d
apreciado/-a geachtet 15/9
el **archivador** *hier:* Aktenschrank 9/a
el **argentinismo** Argentinismus 3/8
el **argumento** Argument 9/6
la **armonía** Harmonie, Ausgeglichenheit 9/a
arreglado/-a *hier:* ordentlich, gepflegt 2/1
arreglar a/c *hier:* etw. regeln, erledigen 10/14
el **arroz** Reis 7/7
el **arte** Kunst 5/4
asado/-a gebraten 7/8
el/la **asalariado/-a** Arbeitnehmer/in, Lohnempfänger/in 12/4
asegurar a/c etw. sichern 12/4
asegurarse sich absichern, sich vergewissern 15/6
el/la **asesor/a** Berater/in 14/d
asesorar a alg. jdn. beraten 1/b
el **asiento** Sitzplatz 4/13
la **asociación** Vereinigung, Verband 15/13
el **Assessment Center** (*Abk.:* **AC**) Assessment Center 1/5
¡Atención! *hier:* Achtung! 14/14
atender *hier:* nachkommen 6; **¿La atienden ya?** Werden Sie bereits bedient? 8/c
el ***atentado*** Attentat 13/11
atractivo/-a attraktiv 2/b
atraer anziehen 11; **atraer a/c, a alg.** etw., jdn. anziehen, anlocken 4/5
atte. (atentamente) mit freundlichen Grüßen 13/d
el /la **auditor/a** Wirtschaftsprüfer/in 5
la **auditoría** Wirtschaftsprüfung 5
aumentar *hier:* ansteigen 3/a
el **aumento** Anstieg, Erhöhung 13/5
aunque obwohl, auch wenn 11/1

la **autobiografía** Autobiografie 4/11
autoemplearse sich selbst beschäftigen 12/4
la **autofinanciación** Selbstfinanzierung 6/b
autónomo/-a selbstständig 4/5
la **autopista** Autobahn 8/11
el **aval** Bürgschaft 6/c
la **avellana** Haselnuss 12/c
averiguar in Erfahrung bringen 11/1
avisar a alg. jdn. Bescheid sagen 11/1
la **ayuda** Hilfe 1/5
el **ayuntamiento** Rathaus 8/5
la **azafata** Hostess, Stewardess 10/4
el/la **azteca** Azteke/-in; aztekisch 7/a

B

bajo unter 1/5
el **balcón** Balkon 10/7
bañado/-a en perfume stark parfümiert 2/1
¡basta! Jetzt reicht's! Basta! 3/12
bastar genügen 14/5
la **batería** Batterie, Akkumulator 11/10
el **batido** Mixgetränk 4/a
besar a alg. jdn. küssen 11/13
blanco y negro schwarzweiß 2/1
la **blusa** Bluse 2/14
la **boca** Mund 10/4
el **bolígrafo** Kugelschreiber 15/16
la **bonificación** Vergütung 12/c
el **botellón** *abendliches Treffen der Jugendlichen zum Biertrinken* 5/14
el **botón** Knopf 8/10
el **brazo** Arm 13/13
brindar por a/c / alg. auf etw./jdn. anstoßen 15/a
¡Bromas aparte! Scherz beiseite! 9/c
¡Buen provecho! Guten Appetit! 15/b
el **bufé** Büffet 10/c
burocrático bürokratisch 9/5

C

la **cabeza** Kopf 10/4
el **cable** Kabel 15/6
la **cadena** *hier:* Ladenkette 11/12
la **calefacción** Heizung 10/7
cálido/-a warm 9/c
calificado/-a qualifiziert, Fach- 11/5
la **calma** Ruhe 10/4
la **caloría** Kalorie 7/a
la **cama** Bett 1/14
cambiante wechselhaft 15/b
la **camisa** Hemd 2/14
la **camiseta** T-Shirt 2/14
el **canal** *hier:* Fernsehkanal 7/13
la **canción de protesta** Protestlied 3/12
cantar singen 3/12
el **caos** Chaos 4/10
la **capacidad** *hier:* Fähigkeit 1/5
la **capacitación** *hier:* Qualifikation 14/5
el **capital** Kapital 1/e
capitalista kapitalistisch 11/5
la **cara** Gesicht 9/16
la **característica** Eigenschaft, Merkmal 7/a
el **carbón** Kohle 4/5
la **carta** *hier:* Speisekarte 7/a
la **carta de presentación** Bewerbungsanschreiben 2/1
el **cartel** Plakat 7/5
causar a/c etw. verursachen 13/c
la **cebolla** Zwiebel 7/7
la **celebración** Feier 15/9
celebrarse *hier:* stattfinden 10
el **centro de llamadas** Callcenter 13/5
cerdo/-a Schwein 7/7
la **certificación** Zertifizierung 15/b
la **charla** *hier:* Plauderei 9/5
¡che! *Ausruf, etwa:* He! Los doch! 3/5
la **chicha** Getränk aus gegorenem Mais 3/5
chocante anstößig, schockierend 7/5
la **chuleta** Kotelett 7/7
el **cibermarketing** Internetmarketing 7/10
el **círculo** Kreis 15/17
la **circunstancia** Umstand 3/2
la **claridad** Klarheit 15/6
claro/-a *hier:* hell 9/8
la **clase** *hier:* Art, Sorte 12/c
clásico/-a klassisch 9/8
la **colaboración** Mitarbeit, Zusammenarbeit 13/d
colgar (ue) *hier:* auflegen 13/15
combinar kombinieren 9/3
el/la **comercial** Handelsvertreter/in, *hier:* Verkäufer/in 2/16
comercializar a/c etw. vermarkten 12/15
¡Como Dios manda! Wie es sich gehört! 15/9
como muy tarde spätestens 4/b
cómodo/-a bequem 8/a
compartir a/c etw. teilen 8/5
competir *hier:* konkurrieren 7/a
complacerse en a/c *hier:* sich über etw. freuen 15/9
complementarse sich ergänzen 15/a
la **compra** Kauf 12/c
el/la **comprador/a** *hier:* Käufer/in 11/12
comprobar überprüfen 3/12
el **compromiso** *hier:* das Engagement 1/e
compuesto/-a zusammengesetzt 12/b
el/la **comunicador/a** *etwa:* kommunikative Person 2/1
comunicar *hier:* verbinden, weiterleiten 13/15; **comunicar a/c a alg.** jdm. etw. mitteilen 1/5
la **comunidad** Gemeinde 2/16; la **Comunidad Andina** Andengemeinschaft 2/17; la **Comunidad Autónoma** Autonome Region in Spanien 4/5
comunista kommunistisch 11/5
conceder zugestehen, gewähren *(Kredit)* 6/4
la **concentración** Konzentration 14
concentrarse sich konzentrieren 3/5
el **concepto** Begriff, Auffassung 5/4
la **conclusión** Schluss(folgerung) 13
concretarse *hier:* realisieren, erfolgen 15
concreto/-a konkret 6/d
el **concurso** Wettbewerb 7/d
la **conducción** Führung, Leitung 14/6
conducir *(einen Wagen)* fahren, steuern 8/c
el /la **conductor/a** Fahrer/in 8/d
conectar a/c *hier:* etw. einschalten 8/10
el **conector** Konnektor, Bindeglied 4/7
confiar en a/c sich auf etw. verlassen 15/a
confidencial vertraulich 14/c
la **confirmación** Bestätigung 13/d
el **conflicto** Konflikt 10/4
confortable komfortabel 8/c
el **conocimiento** Kenntnis 1/9
la **consecuencia** Konsequenz 8/5
el **consejero** Ratgeber 2
considerar a/c etw. betrachten 13/c
consistir en bestehen in 6/b
la **constancia** *hier:* Ausdauer, Durchhaltevermögen 14/6
constantemente dauerhaft 14/5

constituir *hier:* bilden 4/5
construir bauen 6/b
consultar a alg. jdn. um Rat fragen 7/7
la **consultaría** Unternehmensberatung 7/7
la **consultora** Unternehmensberatungsfirma 6/3
la **consultoría** (Unternehmens-)Beratung 13
el **consultorio** Praxis 15/12
el **contacto** Kontakt 1/d
la **contaminación** Verschmutzung 8/5
contar a/c etw. erzählen, *auch:* etw. zählen 1/b; **contar con a/c** über etw. verfügen; mit etw. rechnen 1/e
el **contenedor** Container 12/3
el **contenido** Inhalt 15/8
continuar a/c etw. fortführen 14/a
continuo/-a ununterbrochen, ständig 13
contra gegen 15/6
contratar a alg. jdn. einstellen 1/7
controlado/-a kontrolliert 11/12
controvertido/-a umstritten 11/12
convencer a alg. de a/c jdn. von etw. überzeugen 15/9
convenir *hier:* angebracht sein, gut sein 8/c
la **cooperación** Zusammenarbeit 15/b
la **cooperativa** Kooperative, Genossenschaft 4/a
la **corbata** Krawatte 2/14
el **cordero** Lamm 7/7
cordial herzlich 10/18
cordialmente herzlich 15/9
corresponder entsprechen 13/c
corriente *hier:* laufend(er Monat) 13/c
la **cortina** Vorhang, Gardine 10/7
corto/-a kurz 14/g
la **cosecha** Ernte 5/14
el **cosmético** Kosmetikprodukt 7/14
creerse a/c sich für etwas halten 12/a
criticar a/c / a alg. etw./jdn. kritisieren 14/17
el **cruce** Kreuzung 8/b
cruzar a/c etw. kreuzen, überqueren 8/b
cuadrado/-a viereckig, *hier:* Quadrat- 4/5
cualquier/a irgendein/e/r 4/b
cuanto antes unverzüglich, so bald wie möglich 6/b
el **cuarto de estar** Wohnzimmer 9/b
el **cuerpo** Körper 2/1
¡Cuidado! Vorsicht!, Achtung! 15/13
cultivar a/c *hier:* etw. anbauen 11/11
cumplir *hier:* erfüllen 11/12; **cumplir años** Geburtstag haben 5/14
la **cuota** *hier:* Rate, *auch:* Beitrag 6/c
el **currículum (vitae)** (*Abk.:* **CV**) Lebenslauf 1/9

D

la **dama** Dame 13/11
el **daño** Schaden 13/c
dar a conocer bekannt geben 14/d; **dar clases** unterrichten, Stunden geben 3/12; **dar el salto** den Sprung schaffen 3/a; **dar la vuelta** wenden 8/e; **darse cuenta de a/c** etw. (be)merken, herausfinden 14/5
los **datos** Angaben, Daten 2/a
de ahora en adelante ab sofort, von nun an 4/b
de cualquier modo in jedem Fall 3/a
de cuello azul Produktionspersonal (blue collar) 13/5; **de cuello blanco** Büropersonal (white collar) 13/5
de este modo also, daher 3/5
de modo que sodass 2, 3a
¿De parte de quién? Wen darf ich melden? 13/15
de primero als ersten Gang 7/7
de segundo als zweiten Gang, Hauptgericht 7/7
de vez en cuando ab und zu 3/a
de vuelta zurück 6/d
deber *hier:* dürfen 10/15
los **deberes** *hier:* Aufgaben 15/b
deberse *hier:* von etw. abhängen 3/b
debido a dank, wegen 11/5
decente *hier:* dezent 9/8
decidir entscheiden 1/5
decisivo/-a entscheidend 2/1
la **decoración** Dekoration 9/a
decorado/-a ausgeschmückt 11
decorar a/c etw. dekorieren 9/18
dedicarse a a/c tätig sein *(in einem Bereich)*, sich einer Sache widmen 1/c
la **definición** Definition 3/13
dejar a/c / a alg. etw./jdn. lassen, verlassen 1/b; **dejar de** aufhören 9/5; **dejar hacer a/c a alg.** jdn. etw. tun lassen 10/4
la ***delegación*** Delegation 13/11
demás übrig, ander/e/-s 11/5
demostrar a/c etw. beweisen 8/5
dentro innerhalb 8/5
dentro de poco bald, in Kürze 4/a
depositar su confianza en alg. sein Vertrauen in jdn. setzen 15/a
el **derecho** Recht 13/c
el **desafío** Herausforderung 13/5
desarrollar entwickeln 5/4
el **desarrollo** Entwicklung 6/17
descargarse sich entladen 8/7
desconcentrado/-a unkonzentriert 4/a
el /la **desconocido/-a** Unbekannte/r 9/5
desconocido/-a unbekannt 10/11
descontento/-a unzufrieden 10/4
describir beschreiben 3/12
la **descripción** Beschreibung 3/2
descubrir a/c / a alg. etw./jdn. entdecken 1/1
desde *hier:* ab *(Preis)* 10/b
el **deseo** Wunsch 5/14
la **desgracia** Unglück 13/11
deshacerse de a/c etw. loswerden 13/8
la ***desinfección*** Desinfektion 13/11
el **desk sharing** Desksharing 9/a
la **deslocalización** Auslagerung von Unternehmensteilen ins Ausland, Offshoring 13/5
desmentir a/c etw. dementieren 14/b
la **despedida** Abschied 13/3
despedir a alg. *hier:* jdn. verabschieden 11/1
despertar (er)wecken 3/b
despierto/-a wach, aufgeweckt 3/5
destacar a/c *hier:* etw. hervorheben 15/c
el **desvío** *hier:* Umweg 8/e
detallado/-a detailliert, *auch:* ausführlich 2/1
determinado/-a bestimmt 11/18
la **devolución** Erstattung, Rückzahlung 6/c
el **dibujo** Zeichnung 3/9
la **dictadura** Diktatur 2/5

la **diferenciación** Differenzierung, Spezialisierung 13/9
diferenciado/-a ausdifferenziert 4/5
diferenciarse sich unterscheiden 7/a
diferente verschieden, unterschiedlich, *auch:* anders 1/d
la **dificultad** Schwierigkeit 12/4
difuso/-a *hier:* diffus 9/8
digital digital 11/5
el **dilema** Dilemma 6
Dios Gott 13/11
la **dirección** *hier:* Geschäftsleitung *auch:* Richtung 1/7
la **directiva** Richtlinie, Anweisung 11/12
el **directivo** *hier:* leitende/r Angestellte/r 9/5
dirigirse a alg. sich an jdn. wenden 1/9
la **disculpa** Entschuldigung 4/b
disculparse sich entschuldigen 10/4
el **discurso** *hier:* Rede 15/1
la **discusión** Diskussion 14/5
diseñar entwerfen 5/8
el **disgusto** Unannehmlichkeit 13
disminuir a/c *hier:* reduzieren 8/5
disponer de a/c *hier:* über etw. verfügen 4/c
la **disponibilidad** Verfügbarkeit 10/d
distinguido/-a *hier:* verehrte/r 15/b
la **distribución** *hier:* Vertrieb 1/d
distribuir a/c etw. verteilen, vertreiben 1/d
la **diversificación** Vielfältigkeit 12/4
divertirse sich amüsieren 2/12
doblar *hier:* abbiegen 8/b
el **doble** Doppelte 3/11
el **Documento Nacional de Identidad** (*Abk.:* **DNI**) Personalausweis 8/d
el **dólar** US-Dollar 6/17
doler schmerzen, weh tun 13/13
el **dolor** Schmerz 9/b; **dolores de cabeza** *hier:* Kopfzerbrechen 13/b
el **domicilio** Wohnsitz 2/a
dominar a/c etw. beherrschen 14
dormir la siesta einen Mittagsschlaf halten 1/13
dulce süß 7/8
la **duración** Dauer 15/8
durar *hier:* dauern 11
el **DVD** DVD 15/16

E

la **ecología** Ökologie 8/5
la **edad** Alter 5/14
efectivamente genau, ganz richtig, in der Tat 6/b
efectivo/-a wirksam, effektiv 7/d
el **efecto sinérgico** Synergieeffekt 15/a
eficiente effizient, wirksam 1/5
la **ejecución** *hier:* Ausführung 13/a
la **elaboración** Herstellung 1/7
la **elección** zur Wahl 7/7
la **elevadora de horquilla** Gabelstapler 5/10
embarazada schwanger 15/12
emblemático/-a sinnbildlich, beispielhaft 3/b
la **emigración** Auswanderung 2/5
emigrar auswandern, emigrieren 3/12
la **emoción** Empfindung, Gefühl 3/b
emocional emotional 1/5
empaquetar a/c etw. verpacken 5/b
el **emplazamiento** Standort 13/5
el **empleo** Beschäftigung, Arbeitsstelle 12/4
empresa subcontratada Subunternehmen 13/5
empresarial Unternehmens- 5/4
en caso contrario andernfalls 13/c
en caso de falls 12/c
en contra dagegen 9/6
en cualquier momento irgendwann; *hier:* sobald wie möglich 4/b
en cuanto *hier:* sobald 11/1
en efectivo bar *(zahlen)* 6/16
en esa época damals, in jener Zeit 3/8
en espera de sus noticias in Erwartung Ihrer Antwort 2/9
en la medida je nachdem, soweit 5/e
en orden in Ordnung, ordentlich 15/6
en pleno centro mitten im Zentrum 10/d
en primer lugar zuerst 2
en principio im Prinzip 6/d
en secreto heimlich 4/10
en todas partes überall 3/5
encantar a alg. jdm. sehr gut gefallen, jdn. bezaubern 1
encargado/-a beauftragt 5
encargar a/c *hier:* etw. bestellen 15/6
encargarse de a/c etw. übernehmen 5/4
el **enchufe** *hier:* Steckdose 9/c
la **encuesta** Umfrage 10/4
energético/-a energetisch, Energie- 7/a
la **energía** Energie 7/c
enfadado/-a verärgert 10/14
la **enfermedad** Krankheit 9/5
enfriar abkühlen 5/b
entenderse sich verstehen als 12/c
la **entrada** *hier:* Vorspeise 7/7
entrar en vigencia in Kraft treten 15/b
entre tanto mittlerweile, inzwischen 11/5
la **entrega** *hier:* Übergabe, Abgabe 8/d
entregar a/c etw. abgeben 6/a
el **entrenamiento** Ausbildung, Training 10/4
el **entusiasmo** Begeisterung 3/b
el **envío** Lieferung, Sendung 13/c
equipar ausstatten 3/a
el **equipo** *hier:* Einrichtung, Anlage 6/3
la **equivocación** Irrtum 10/4
equivocarse sich irren 10/14
ergonómico/-a ergonomisch 9/b
el **error** Fehler 10/14
Es verdad. (Das) stimmt. 1/11
escapar fliehen, entkommen 8/7
escoger auswählen 10/8
escribir a mano per Hand schreiben 2/1
escrito/-a schriftlich 10/4
el **escritorio** Schreibtisch 9/a
la **Escuela Superior de Comercio** Höhere Handelsschule 2/10
el **esfuerzo** *hier:* Kraft 15/a
el **eslogan** Werbeslogan, Motto 7/c
la **espalda** Rücken 9/b
el **espárrago** Spargel 7/7
la **especialización** Spezialisierung 14/5
especializarse en a/c sich auf etw. spezialisieren 1/d
especialmente besonders, speziell 8
espectacular Aufsehen erregend 3/b
el **espejo** Spiegel 10/7
la **esperanza** Hoffnung 12/4
el/la **espía** Spion/in 1/5
el **espíritu** Geist 12/4
espontáneo/-a spontan 5/13
el **esquema** *hier:* Plan, Schema 9/9
el **esquí** Ski 14/18

la **esquina** Ecke 8/4
la **estabilidad** Stabilität 12/4
la **estación** *hier:* Jahreszeit 13/7
la **estadística** Statistik 12/4
el **estante** Regal 5/10
la **estantería** Regal 9/a
estar de moda in Mode sein 1/5
estar presente präsent sein 7/d
estéril *hier:* steril 9/b
el **estilo** Stil 9/c
estimar schätzen 6/3
el **estómago** Magen 13/13
el **estrés** Stress 4/a
estructurar a/c etw. gliedern, strukturieren 15/6
el **estudio de mercado** Marktanalyse 7/a
etc. (et cetera) usw. 11/5
ético/-a ethisch (orientiert) 6/4
la **etiqueta** *hier:* Etikett, Aufkleber 13
europeo/-a europäisch 5
evaluar a/c / a alg. etw./jdn. bewerten 1/5
el **evento** Ereignis 7/d
evidentemente offensichtlich 7/a
evolucionar *hier:* sich (weiter)entwickeln 15/b
el/la **ex colega** Exkollege/-in 15/3
exceder a/c etw. überschreiten 15/6
la **exclamación** Ausruf 4/10
exclusivo/-a(mente) exklusiv, ausschließlich 12/c
exhibir a/c ausstellen, vorführen 9/18
la **exigencia** Erfordernis 3/b
exigir a/c etw. verlangen 13/c
el/la **exiliado/-a** Landesverwiesene/r 2/5
existir existieren 3/b
la **expansión** *hier:* Erweiterung 14/a
la **expectativa** Erwartung 9/1
explicar a/c etw. erklären 8/a
explotar *hier:* platzen 6/b
expresar a/c ausdrücken 4/8
la **expresión** Ausdruck 1/12
expuesto/-a *hier:* ausgestellt 11/18
extenderse sich ausbreiten, ausweiten 5/4
la **extensión** *hier:* Durchwahl 13/15
la **externalización** Auslagerung, Outsourcing 13/5
externalizar a/c auslagern von Unternehmensteilen 13/6
externo/-a Außen-, extern 5
el **extranjero** *hier:* Ausland 1/8
extraordinario/-a außergewöhnlich 11/15

F

la **facilidad** *hier:* Erleichterung 10/d
el **factor** Faktor 9/5
la **facturación** Fakturierung 13/5
facturar a/c etw. in Rechnung stellen 13/d
la **falda** Rock 2/14
la **fantasía** *hier:* Fantasie 11
fascinar faszinieren 3/a
la fe Vertrauen, Glaube 6/a
la **felicitación** Glückwunsch 15/9
felicitar gratulieren 4/10
el **fenómeno** Phänomen 13/5
ferial Messe- 8/a
festejar a/c etw. feiern 15/9
la **ficha** Karteikarte 15/17
la **fiebre** Fieber 13/13
la **figura de identificación** Identifikationsfigur 3/b
fijarse en a/c auf etw. achten 14/e
fijo/-a fest 1/a
la **fila** Reihe 15/17
el **filete** Filet 7/7
filipino/-a Filipino/-a 13/1
la **filosofía** Philosophie 1/3
el **fin** *hier:* Ziel 13/16
financiar finanzieren 6/b
la **firma** *hier:* Firma 1/b
el **flan** Pudding 7/7
flirtear flirten 5/3
de **fondo** im Hintergrund 11
la **formación** (Aus-)Bildung 1/e; la **formación continua** Fort- und Weiterbildung 3/b
formal *hier:* formell 7/c
formar *hier:* ausbilden 5/e
formar a/c *hier:* etw. aufbauen 5/1
el **formulario** Formular, Vordruck 6/a
la **fotocopiadora** Fotokopierer 9/7
la **fotografía** Foto 2/16
la **frase hecha** Redensart 9/16
la **fraseología** Phraseologie, Ausdrucksweise 8/18
frito/-a frittiert, gebacken 7/8
fuerte *hier:* kräftig 9/8
la **función** *hier:* Theatervorstellung 11/10
funcional funktional 9/c
el **funcionamiento** Betriebsablauf 5/4
fundar a/c etw. gründen 1/e
furioso/-a wütend, rasend 3/9
la **fusión** Fusion 14
fusionarse fusionieren 14
futurista futuristisch 9/8
el **futuro** Zukunft 4/7
futuro/-a zukünftig 9/c

G

la **gamba al ajillo** Garnele mit Knoblauch 7/7
el/la **ganador/a** Gewinner/in 14/g
el **garaje** Garage 3/a
la **garantía** Garantie 6/c
la **garganta** Hals 13/13
la **gasolina** Benzin 6/16
el **gazpacho** kalte Gemüsesuppe 7/7
el/la **gemelo/-a** Zwilling 11/15
la **generación** *hier:* Generation 8
generoso/-a großzügig 1
genético/-a genetisch 11/11
geográfico/-a geografisch 4/5
el **gigante** Gigant, Riese 3/b
la **gimnasia** Gymnastik 1/13
girar sich drehen 8/7
giratorio/-a Dreh- 9/c
la **globalización** Globalisierung 14
el **gobierno** Regierung 14/17
el **GPS** GPS 8/10
gracias a dank 5/4
gradualmente allmählich 15/b
gratis gratis, kostenlos 3/5
grato/-a *hier:* angenehm, erfreulich 15/a
el **grupo meta** Zielgruppe 3/b
guapo/-a hübsch 1
guatemalteco/-a guatemaltekisch 11/12
la **guerra** Krieg 14
la **guía** *hier:* Leitfaden 15/6; el/la **guía turística** Reiseführer/in 2/b
guiar a alg. jdn. führen 8/e

H

la **habilidad** Fähigkeit, Geschicklichkeit 2/1
el/la **habitante** Bewohner/in 4/5
habitual üblich, gewöhnlich 12/c
hace poco vor kurzem 4/a

hacer esperar a alg. jdn. warten lassen 4/d; hacer mal a alg. *hier:* jdm. schlecht bekommen 3/5; hacerse esperar auf sich warten lassen 3/5; hacerse tarde spät werden 11/1
hacia nach, zu, gegen 8/a
la hamburguesa Hamburger, Boulette, Frikadelle 6/17
el hecho Tatsache 11/11
el hielo Eis 2/3
el hierro Eisen 4/5
la hipoteca Hypothek 6/8
hipotecario/-a Hypotheken- 6/c
la horchata Erdmandelmilch 15/a
el horizonte Horizont 2/5
hostil feindlich 14
hoy en día heutzutage 3/b
hoy mismo noch heute 1
el hueco Loch 12/4

I

la ida *hier:* Hinflug 10/b
ideal ideal 1/9
identificar identifizieren 14/20
identificarse con a/c sich mit etw. identifizieren 3/b
igual *hier:* egal 10/9
ilegal illegal 2/5
la iluminación Beleuchtung 9/c
la imaginación *hier:* Vorstellungskraft 7/a
impaciente ungeduldig 1
impersonal unpersönlich 9/5
imponer a/c aufdrängen, aufzwingen 12
la importancia Bedeutung 12/4
importar *hier:* jdm. etw. ausmachen 4/d
el importe Summe *(Geld)* 6/3
impositivo/-a Steuer- 4/5
la imprenta Druckerei 13
imprescindible unerlässlich 1/9
la impresión *hier:* Eindruck, *auch:* Druck 2/1
el impuesto Steuer 8/6
la inauguración Einweihung 15/9
incondicional bedingungslos 15/a
el inconveniente Hindernis, Nachteil 4/d
la indemnización Entschädigung 13/c
independiente unabhängig 2/1
el índice Index 6/17
indirecto/-a indirekt 9/8
inevitable unvermeidbar 14/f
inferior tiefer, niedriger, schlechter 13/c
informal informell 15/9
el/la informante Informant 14/8
informativo/-a informativ 7/5
la infraestructura Infrastruktur 4/5
ingenioso/-a erfinderisch, geistreich 4/15
el inicio Beginn, Anfang 6/3
inmediato/-a sofortige/r 13/a
la inmigración Einwanderung 2/5
el inmueble Immobilie, Liegenschaft 6/3
la innovación Innovation 1/e
innovativo/-a innovativ 12/5
la instalación *hier:* Anlage 8
la instrucción Anweisung 8/10
integrarse sich integrieren, einfügen
el/la intelectual Intellektuelle/r 2/5
la inteligencia Intelligenz 1/5
intentar versuchen 3/5
intercambiar a/c etw. austauschen 6/6
el intercambio Austausch 2/b
el interés *hier:* Zins, *auch:* Interesse 6/c
interesarse por a/c / alg. sich für etw./jdn. interessieren 1
el /la interiorista Innenarchitekt/in 9/a
la internacionalización Internationalisierung 14/5
la interrupción Unterbrechung 4/b
el Intranet Intranet 15/c
invertir investieren 6/b
investigar a/c etw. erforschen 5
involucrar *hier:* einbeziehen 14/f
ir en bicicleta Rad fahren 1/14

J

el japonés/a japanisch 4/d
el jersey Pullover 2/14
el joven Jugendliche/r 7/7
la juguete Spielzeug 11/5
junta *hier:* Regionalregierung 4/15
justo/-a *hier:* knapp 8/a

K

el kilómetro cuadrado Quadratkilometer 4/5

L

el ¿La atienden ya? Werden Sie schon bedient? 8/c
laboratorio Labor 5/8
el lanzamiento *hier:* auf den Markt bringen eines Produkts 7/a
lanzar werfen 14/d
lanzar a/c *hier:* etw. auf den Markt bringen 11/12
la lavadora Waschmaschine 11/5
legal legal 2/5
legalizar a/c etw. legalisieren 2/5
el lenguado al horno Seezunge gebacken 7/7
el lenguaje Sprache, Sprechweise 7/10; el lenguaje coloquial Umgangssprache 1/10; el lenguaje formal formelle Sprache 1/10
la letra de imprenta Druckbuchstabe 8/2
la letra pequeña *hier:* das Kleingedruckte 11/16
levantarse aufstehen 1/13
liberalizar liberalisieren, *hier:* wirtschaftlich öffnen 11/5
el libre comercio freier Handel 12/b
la línea *hier:* Leitung 13/15
líquido/-a flüssig 5/b
llamativo/-a auffällig 2/1
llegar a un acuerdo sich einigen 12/a
llevar *hier: (Kleidung)* tragen 3/b; llevar + tiempo + gerundio Zeit mit etw. verbringen 5; llevar a cabo ausführen, durchführen 14/d; llevar a/c *hier:* etw. tragen *(Kleidung)* 2/14
llorar weinen 3/12
la localidad Ort, Örtlichkeit 6/3
la localización Lage 6/3
localizar finden, lokalisieren 13/10
lograr a/c etw. erreichen 5/4
la lucha Streit, Kampf 14/e
luego selbstverständlich 6/b
el lujo Luxus 7/11
la luz Licht 9/c

M

el mailing Mailing 7/d
el malentendido Missverständnis 10/4
el *Manga* Manga 7/d
la manipulación Manipulation, Behandlung; Handhabung 11/12

manipular manipulieren; handhaben 11/11
¡Manos a la obra! An die Arbeit! 10/b
la **mano de obra** Arbeitskräfte 2/5
mantener *hier:* unterhalten, ernähren 3/12; **mantener a/c** *hier:* etw. bewahren 10/4; **mantenerse comunicado** in Verbindung bleiben 11/13
la **manzana** Apfel 7/7
el **mapa** Landkarte 12/16
el **maquillaje** Schminke, Make-up 2/1
la **maquinaria** Maschinenanlage 6/3
marcar a/c *hier:* etw. markieren 11/1
el **marisco** Meerestier, Meeresfrucht 7/7
más bien eher 14/9
masivo/-a Massen- 11/5
el **mate** (Gefäß mit) Matetee 3/5
el **material** Material 11/18
la **matrícula** *hier:* Kennzeichen 8/d
la **mayoría** Mehrheit 12/4
Me da vergüenza. Es ist mir peinlich. 14/6
el/la **mecánico/-a** Mechaniker/in 5/11
mediano/-a von mittlerer Größe, mittelständisch 1/e
las **medidas proteccionistas** protektionistische Maßnahmen 11/5
el **medio** Mitte 14/b
medir a/c etw. ausmessen 6/16
la **mejora** Verbesserung 5/4
mejorar verbessern 5/4
mencionar erwähnen 10/5
menos mal ein Glück, dass / nur gut, dass 5/c
la **mentalidad** Mentalität 3/b
el **menú** Menü 7/7
el **Mercosur** Mercosur (Südamerikanische Wirtschaftsgemeinschaft) 3/5
la **merluza a la romana** Seehecht paniert 7/7
la **mesa redonda** runder Tisch *(im Sinne von Konferenztisch)* 9/7
el **metal** Metall 9/c
el **metro cuadrado** Quadratmeter 9/5
la **microempresa** Kleinstbetrieb 12/4
el **miedo** Angst 15/6
mientras que während 5/4
mientras tanto inzwischen, währenddessen 11/1
el **milagro** Wunder 11/5
el **milenio** Jahrtausend 13/5
miles Tausende 2/5
el/la **millonario/-a** Millionär/in 12/9
la **mímica** Mimik 10/4
el/la **ministro/-a** Minister/in 14/17
la **misión** Mission 2/1
lo **mismo** dasselbe 2/a
mismo tiempo zugleich, gleichzeitig 4/5
la **mitad** Hälfte 3/11
mixto/-a gemischt 7/7
el **mobbing** Mobbing 1/5
la **moda** Mode 3/b
la **moderación** Moderation 14/6
la **modernización** Modernisierung 4/15
modernizar a/c modernisieren, erneuern 8
modular Kasten-, Modul- 9/c
el ***molde*** (Guss-)Form 5/b
molestar *hier:* belästigen 7/11
molestarse *hier:* sich bemühen 9/c
monitorio/-a erinnernd, Mahn- 13
montañoso bergig 4/5
la **moqueta** Teppichboden 10/7
motivar a alg. jdn. motivieren 7/c
moverse sich bewegen 14/5
la **multimedia** Multimedia 14/5
el **multinacional** multinationaler Konzern 15/12
la **muralla** Mauer 11/5

N

nacer geboren werden 3/17
nada + adjetivo gar nicht, überhaupt nicht 13/10
la **NAFTA (North American Free Trade Association)** Nordamerikanische Freihandelszone 12/17
la **nata** Sahne 7/7
la **naturaleza** Natur 11/11
la **nave** *hier:* Fabrikhalle 6/b
la **necesidad** Notwendigkeit 5/4
el/la **nieto/-a** Enkel/in 2/5
ningún/o/-a kein/e/r 4/b
nítido/-a scharf, klar 13/c
el **nivel** Stand *hier:* Niveau 2/10; el **nivel de vida** Lebensstandard 6/17
¡No se moleste! Machen Sie sich keine Umstände! 9/c
la **nota** *hier:* Note, Zensur 2/1
numeroso/-a zahlreich 2/5

O

objetivamente objektiv 5/4
el **objeto** Objekt 7/11; el **objeto de deseo** Lustobjekt 7/11
obligar verpflichten, zwingen 13/c; **obligar a alg. a a/c** jdn. zu etw. verpflichten, zwingen 12/c
obtener bekommen 5
ocupado/-a beschäftigt 4/d
el/la **ocupante** *hier:* Insasse *(eines Fahrzeugs)* 8/d
ocurrir vorkommen 13/d
la **oferta en firme** festes Angebot 12/c
la **Oferta Pública de Adquisición** (*Abk.:* **OPA**) öffentliches Kaufangebot 14/d
oficialmente offiziell 14/d
la **ofimática** Bürotechnik 8
oír hören 4/11
¡Ojalá! hoffentlich 10/R
el **ojo** Auge 10/4
olvidar vergessen 4
la **oposición** Opposition 14/17
el **optimismo** Optimismus 15/b
la **orden** *hier:* Bestellung, Auftrag 13/a
ordenado/-a ordentlich, geordnet, *auch:* bestellt 9/5
la **organización** Aufbau, Organisation 5/4
oriental Ost-, (fern)östlich 13/5
el **origen** *hier:* Ausgangspunkt 10/b
originalmente ursprünglich 1/5
oscuro/-a *hier:* dunkel 9/8
el **overbooking** Overbooking 10/8
el/la **oyente** Zuhörer/in 15/6

P

P. D. (Posdata) Nachschrift, Postskriptum (PS) 13/d
p. o. (por orden) im Auftrag 13/c
p. p. (por poder) per Prokura 13/d
el **pabellón** *hier:* Messehalle 11
el **Pacto Andino** Andenpakt 12/17
la **paella marinera** Reispfanne mit Fisch und Meeresfrüchten 7/7
la **página** Seite 2/1
el **pago** Zahlung 6/16
el **paisaje** Landschaft 4/5
el **palacio** Palast 8/b
la **palmera** Palme 5/14
el ***¡pamplinas!*** Unsinn, Quatsch! 13/11
pan Brot 7/7
el **panel** Platte, Tafel 15/6
la **pantalla de proyección** Leinwand 15/16

los **pantalones** Hose 2/14
la ***pantomima*** Pantomime 5/12
el **papel** *hier:* Rolle 4/11
los **papeles** *hier:* Ausweispapiere 2/5
para mediados de ... für Mitte ... 10/c
parado/-a *hier:* stillstehend 8/5
parecerse sich ähneln 3/b
el **paro** Arbeitslosigkeit 3/12
el **parque** Park, Grünanlage 5/14
participar teilnehmen 4/d
particular *hier:* Privatanschluss 13/15
el **partido** *hier:* Partei 14/17
el **pasado** Vergangenheit 11/4
el/la **pasajero/-a** Passagier/in 10/b
pasar un pedido eine Bestellung übermitteln 12/c
el **paseo** *hier:* Spaziergang 8/5
el **pasillo** Flur, Korridor 9/9
el **paso** *hier:* Schritt 15/b
patentar a/c etw. patentieren 14/15
la **patente** *hier:* Patent 11/5
el **patio** Hof, Innenhof 3/12
patrocinar a/c etw. fördern, sponsern 7/d
el **patrocinio** Schirmherrschaft, Sponsoring 7/11
la **paz** Frieden 8/7
pedir a/c *hier:* etw. bestellen 7/7
el/la **peluquero/-a** Friseur/in 3/12
las **Pequeñas y Medianas Empresas** (*Abk.:* **Pymes, PYMES**) kleine und mittelständische Betriebe 1/c
perdonar a alg. *hier:* jdm. verzeihen 8/a
el **perfeccionamiento** Vervollkommnung 14/5
perfecto *hier:* perfekt *(Zustimmung)* 4/8
la **perífrasis** Periphrase 9/17
el/ la **periodista** Journalist/in 1/9
el **perjuicio** Nachteil, Schaden 13/c
permanente *hier:* Dauer- 8/c
el **permiso de conducir** Führerschein 8/c
personal persönlich 2/a
las **perspectivas** Aussichten 15/11
persuadir a alg. *hier:* jdn. überzeugen 7/a
el **peso** Peso *(Währung)* 12/16
el **piercing** Piercing 2/1
la **pierna** Beine 13/13
el **pijama** Schlafanzug 1/14
la **pizarra** Tafel 15/6
el **plano** *hier:* Entwurf, Plan 9/c; el **plano (de la ciudad)** Stadtplan 8/a
la **planta** *hier:* Pflanze 9/c
la **plaza de toros** Stierkampfarena 8/b
el **plazo** Frist 6/a
la **población** Bevölkerung, *auch:* Ort, Gemeinde 2/5
pobre arm 3/5
la **policía** Polizei 14/17
la **ponencia** *hier:* Referat 15/6
poner en marcha in Gang setzen 6/b; **ponerse** *hier:* werden 3/5; **ponerse a** anfangen 9/5; **ponerse a/c** *hier:* etw. anziehen 2/15; **ponerse de acuerdo** sich einigen 12/c; **ponerse en contacto con alg.** jdn. Kontaktieren, mit jdm. Kontakt aufnehmen 2
por cierto übrigens 9/a
por consiguiente daher, aus diesem Grund 13/c
por correo per Post 2/8
por el contrario im Gegenteil 12/4
por el momento vorläufig, fürs Erste 15/a
por un lado ... por el otro einerseits ... andererseits 14/c
el **pormenor** Einzelheit 14/d
el **portal** *hier:* Internetportal 1/d
el **posicionamiento** *hier:* Stellung 7/7
positivo/-a positiv 10/4
el **postre** Nachtisch 7/7
la **preferencia** Vorliebe 9/18
premiar a/c / a alg. etw./jdn. prämieren, mit einem Preis auszeichnen, belohnen 14/g
el **premio** Preis, Auszeichnung 5
preocuparse sich kümmern 9/c
la **preparación** Vorbereitung 7/8
el **preparativo** Vorbereitung 10
la **presencia** Anwesenheit 15/9
presentarse sich vorstellen 1
el **presente** Gegenwart 4/7
el/la **presidente** Präsident/in 14/17
la **presión** Druck 14/5
la **presión de tiempo** Zeitdruck 1/5
pretender a/c *hier:* etw. anstreben 15/6
la **previsión** *hier:* Vorhersage 9/c
el/la **primo/-a** Cousin/e, Vetter/Base 3/12
principalmente hauptsächlich 2/5
el **principio** Prinzip 6/4
probable(mente) wahrscheinlich 12/a
el **probador** Umkleidekabine 3/b
probarse anprobieren 3/b
el **procedimiento** Prozedur 14/15
el/la **productor/a** Hersteller/in, Produzent/in
programar a/c etw. programmieren 5/10
prohibir a/c etw. verbieten 15/13
el **promedio** Durchschnitt 9/5
prometer a/c etw. versprechen 10/4
la **promoción** *hier:* Sonderangebot 8/c
pronto bald 9/c
la **propaganda** *hier:* Werbung 10/4
la **propaganda boca a boca** Mundpropaganda 10/4
la **propiedad** *hier:* Eigenschaft 7/a
la **propina** Trinkgeld 11/14
la **propuesta** Vorschlag 4/8
la **protesta** Beschwerde 13/11
protestar sich beschweren 5/d
el **provecho** Vorteil, Nutzen 14/e
la **provincia** Provinz 3/12
el **proyector digital** Beamer 15/6
la **prueba** Probe 13
el/la **psicólogo/-a** Psychologe/-in 15/12
el **público objetivo** Zielpublikum 7/a
el **puesto** *hier:* Arbeitsstelle, *auch:* Verkaufsstand 1/a
el **puesto de trabajo** Arbeitsplatz 6/b
pulsar a/c etw. drücken 8/10
pymes/PYMES kleine und mittlere Unternehmen 6/a

Q

¡Qué gustazo! Ein Wahnsinnsgeschmack! 7/c
¡Qué horror! Wie schrecklich! 4/10
¡Qué lástima! (Wie) Schade! 10/A
¿Qué te parece? Was hältst du davon? 1/b
¡Qué va! Wo denkst du hin! Ganz und gar nicht! 3/18
quedar *hier:* übrig bleiben 11/B
quedar a la disposición de alg. jdm. zur Verfügung stehen 12/c
la **queja** Beschwerde 10/4
quejarse sich beschweren 10/14
quitar a/c etw. wegnehmen 14/d

R

racional zweckmäßig, rationell 9/5
racionalizar a/c etw. rationalisieren 13
la **radiografía** Röntgenbild 5/4
la **reacción** Reaktion 3/5
reaccionar reagieren 15/b
el **Real** Real *(Währung)* 12/16
en **realidad** tatsächlich, eigentlich 13
realista realistisch 4/15
realizar a/c etw. ausführen 13/5
la **rebaja** Rabatt 12/3
el **recado** Nachricht 13/15
receptor/a Empfänger/in 13/5
rechazar a/c ablehnen, zurückweisen 6
recibir a/c / a alg. *hier:* jdn. empfangen, *auch:* etw. bekommen, erhalten 2/5
el **recibo** Quittung 8/c
la **reciprocidad** Gegenleistung 6/4
la **reclamación** Beschwerde 13
recoger a alg. jdn. abholen 5/11
la **recogida** *hier:* Abholung 8/d
recomendar empfehlen 13; **recomendar a/c** etw. empfehlen 7/7
reconocer erkennen 14/20; **reconocer a/c** *hier:* etw. anerkennen 5/4
el **reconocimiento** *hier:* Anerkennung 15/a
recordar a/c sich an etw. erinnern 10/4
recortar a/c *hier:* etw. kürzen, verringern 9/5
recursos de comunicación Redemittel 9/16
redondo/-a rund 9/7
reducir abbauen 5/4
las **referencias** Referenzen 2
regalar a/c etw. schenken 3/17
regional landschaftlich 3/5
registrarse sich einschreiben 8/5
regulable ein-, verstellbar 9/b
regular *hier:* einstellen 9/5
reírse lachen 3/12
relacionar verbinden 1/9
las **relaciones públicas** Publicrelations 1/7
el **relax** Entspannung 14/g
rellenar ausfüllen 6/a
relleno/-a gefüllt 7/7
repasar a/c durchgehen, überprüfen 5/11
replantear a/c etw. neu konzipieren 14/e
el/la **representante** Vertreter/in, Abgeordnete/r 14/17
el **reproductor de DVD** DVD-Spieler 11/5
requerir a/c etw. erfordern 1/9
el **requisito** Voraussetzung 6/3
la **reserva** *hier:* Reservierung 2/16
reservado/-a *hier:* reserviert 9/5
reservar *hier:* sich etw. vorbehalten 13/c
resfriado/-a erkältet 13/13
respectivamente jeweils, bzw. 12/4
respecto a bezüglich 9/18
responder antworten, reagieren 3/5
responsable verantwortlich, verantwortungsbewusst 6/4
el **resto** Rest 11/5
resumir zusammenfassen 3/6
la **retórica** Rhetorik 14/6
retórico/-a rhetorisch 15/6
el **retraso** Verspätung 10/8
retrógrado/-a rückschrittlich 9/b
reunir *hier:* erfüllen 2/9
el/la **rey/reina** König/in 14/13
el **rincón** Ecke, Winkel 14/5
la **rivalidad** Rivalität 9/5
el **robo** Diebstahl 8/c
el **robot** Roboter 5/b
la **robótica** Robotik, Robotertechnik 1/9
rodeado/-a umgeben 7/4
rogar bitten, flehen 12/6
el **rol** Rolle 14/21
romántico/-a romantisch 7/12
romper brechen 13/13
romper a/c etw. brechen, zerbrechen 2/3
rosa rosa 14/13
la **rotonda** *hier:* Kreisverkehr 8/b
el **rotulador** Filzstift, Textmarker 15/16
el **rumor** Gerücht 14/a
rural Land-, ländlich 15/9

S

saber *hier:* erfahren 4/a
sacar a/c (heraus)holen; *hier:* auf den Markt bringen 4/a
la **sala de espera** Warteraum 4/13
la **salida** *hier:* Ausweg, *auch:* Ausfahrt 2/5
el **salmón** Lachs 7/7
el **salón** Saal 15/9
el **Salón de la Alimentación** Lebensmittelmesse in Madrid 10
la **salsa** Soße 7/8
salvar a/c etw. retten 13/5
el **sándwich** belegtes Brot, Sandwich 5/7
satisfacer erfüllen, befriedigen 5/4
satisfecho/-a zufrieden, befriedigt 10/4
saturado/-a gesättigt 7/a
el **secretariado** Sekretärslaufbahn 2/10
la **sede** Sitz *(einer Firma)* 1/a
el **segundo** *hier:* als zweites Gericht, Hauptgang 7/7
el **seguro** *hier:* Versicherung 8/c; el **seguro a terceros** Haftplichtversicherung 8/c
seleccionar a/c / a alg. etw./jdn. auswählen 1/5
el **semáforo** Ampel 8/b
la **señal** *hier:* Signalton 13/16; la **señal (de tráfico)** Verkehrsschild 8/15
señalizado/-a ausgeschildert, *auch:* beschildert 8/a
la **sensación** *hier:* Sensation 7/13
el ***sentido familiar*** Familiensinn 6/4
el **sentimiento** Gefühl 7/c
sentir a/c *hier:* etw. bedauern 11/1
separar trennen, loslösen 13/5
serio/-a ernst 15/6
el **servicio de a bordo** Bordservice 10/11
servir *hier:* dienen 15/6
el **sexto sentido** sechster Sinn 12/4
si bien obwohl, auch wenn 2
la **silla** Stuhl 9/b
el **sillón** *hier:* Sessel, Armstuhl 9/b
la **simpatía** Sympathie 15/6
sin compromiso unverbindlich 6/a
sin embargo trotzdem 2/5
sin otro particular ohne weiteres Anliegen 13/c
el **sindicato** Gewerkschaft 15/13
la **sinergia** Synergie 14
sino sondern 5/4
sinónimo/-a synonym 9/11
el **sistema** System 8/5; el **sistema de navegación** Navigationssystem 8/c
sistematizar a/c etw. systematisieren 14/10
sobrar zu viel sein, übrig bleiben 14/5
el **sobre** *hier:* Umschlag 14/g

Spanisch im Beruf

Esp@ñol Profesional 2

Lösungen

Cornelsen

Lección 1 ¿Me presento?

1 ¡Hazte asesorar! – ¡imagínate! – ¡cuenta, cuenta! – dime – vete – llámame – ven – sal
Los pronombres personales van enganchados en el imperativo. Die Personalpronomen werden an den Imperativ angehängt.

7 1
1. Director/a General
2. Jefe/-a de Producción
3. Encargado/-a de Contabilidad
4. Encargado/-a de Relaciones Públicas
5. Jefe/-a de Personal
6. Secretario/-a de Dirección

9 2 a-1; d-2; b-3; c-4

10 1-f; 2-e; 3-g; 4-b; 5-h; 6-a; 7-d; 8-c

13 1-g; 2-h; 3-b; 4-c; 5-f; 6-a; 7-e; 8-d

14 1 **Propuesta** Lösungsvorschlag
1. Normalmente desayuna en pijama. Pero hoy se ha vestido y arreglado antes de desayunar.
2. Siempre toma sólo un café, pero hoy ha desayunado con ganas.
3. Normalmente lee las noticias locales. Pero hoy ha leído también todos los anuncios.
4. Cada día habla horas con sus amigas por teléfono. Hoy sólo ha hablado cinco minutos con su novio.
5. Amelia siempre va en bicicleta al trabajo. Pero hoy ha tomado un taxi para ir al centro.
6. Normalmente come sola en casa, pero hoy ha comido con una amiga.
7. Cada día descansa un rato o duerme la siesta, pero hoy ha ido de compras.
8. Adriana siempre ve las noticias, pero hoy ha hecho gimnasia.
9. Normalmente se acuesta después de la una, pero hoy ya ha ido a la cama a las 23.00 h.

15 1 ir – ve(te); tener – ten; hacer – haz; venir – ven; poner – pon; decir – di; salir – sal; ser – sé; dormir – duerme

2 1. dime – 2. Pon(lo) – 3. Duerme – 4. Sal – 5. Ven – 6. ponlos – 7. Sé, ten

16
1. ¿Cuándo puede contestarnos?
2. Mañana voy a mandarte un fax.
3. La noticia va a interesarles.
4. Carmen tiene que contestarle.
5. ¿Puedes decirme dónde vives?
6. ¿Me puede dar el número de teléfono?
7. Sí, enseguida le voy a dar el número.
8. La playa os va a gustar mucho.
9. ¿Nos puede dar el nombre del hotel?
10. Marta les quiere escribir a sus padres.

Lección 2 Nos ponemos en contacto

2 mandar – mandaron; ayudar – ayudó; estar – estuve; ir – fui; ser – fue; trabajar – trabajaste; hacer – hice
El indefinido se utiliza para acciones ya acabadas en el pasado.
Das indefinido wird für Handlungen verwendet, die in bereits abgeschlossenen Zeiträumen der Vergangenheit stattgefunden haben.

8 1-e; 2-g; 3-d; 4-f; 5-b; 6-a; 7-c

9 Estimada Sra. Ruiz Sabater:
Me dirijo a Ud. con motivo de la **oferta** de trabajo publicada en "El Mundo de Flores" el **13 de abril de 2006**. Me interesa mucho su oferta y creo reunir las condiciones requeridas.
Como pueden ver en el **currículum** adjunto, soy argentina y vivo en España **desde hace** seis años. Terminé mi **formación profesional** en julio de 2004 en el Instituto de Formación Profesional "Ferrater Mora" en Zaragoza. Durante y después de los estudios, hice períodos de **prácticas** en empresas de esa ciudad. El año pasado estuve en Newcastle donde, entre otras cosas, hice una sustitución como guía turística. Este verano estoy en el Hotel Marriott, en Denia, y trabajo en la **recepción**.
En espera de sus noticias, le saluda muy **atentamente**

10 5 - 8 - 4 - 1 - 6 - 7 - 2 - 3

11 pagar: pagué, pagaste, pagó, pagamos, pagasteis, pagaron
comer: comí, comiste, comió, comimos, comisteis, comieron
salir: salí, saliste, salió, salimos, salisteis, salieron
ser/ir: fui, fuiste, fue, fuimos, fuisteis, fueron
tener: tuve, tuviste, tuvo, tuvimos, tuvisteis, tuvieron

13
1. indefinido: trabajé
2. perfecto: ha terminado
3. indefinido: hicimos
4. indefinido: estuvisteis
5. perfecto: ha sido
6 indefinido: vinieron
7. perfecto: he visto
8. indefinido: vivió
9. indefinido: viajaste
10. perfecto: he estado

14 1 1-i; 2-l; 3-g; 4-h; 5-k; 6-b; 7-e; 8-f; 9-c; 10-d; 11-j; 12-a

Lección 3 ¿No está satisfecha?

1 1. era - 2. estaba - 3. trabajaban - 4. quería - 5. había

2 1 **descripción, circunstancia:**
¡Era muy pequeña!
La fábrica estaba ..., producíamos ...
Sólo de vez en cuando llegaban ...
trabajaban, no sabíamos, necesitábamos
la relación ... era favorable
acción:
empezamos
Poco a poco empezaron ...
Entonces nos trasladamos, montamos, equipamos ...
La producción aumentó, los costos bajaron.
un buen día nos decidimos
¿Y qué pasó?
recibimos
entonces, ¡dieron el salto!
¿Cuándo fue eso?

2 El imperfecto se usa para **descripciones y circunstancias**, el indefinido se usa para **acciones.**

3 **Propuesta** Lösungsvorschlag
Mango era hasta hace poco el más "pequeño" de los gigantes.
Pensar en Mango es pensar en un producto actual, fresco y joven, en ropa de calidad, con detalles simpáticos.
Una clienta típica es una mujer joven, moderna, que sabe lo que quiere. A la que le gusta vestirse siempre bien.
Una mujer que quiere estar de moda, pero no está dispuesta a pagar precios demasiado altos.
Las tiendas ofrecen cada semana las nuevas colecciones, en ambientes elegantes, pero a precios accesibles.
El éxito se debe principalmente al entusiasmo de un equipo de personal joven y activo que se identifica con la mar ca y sabe que la formación continua es fundamental.
La clave del éxito está en adaptarse a las exigencias de cada mercado.

5 2 Se refiere a la compañía Coca-Cola.

6 **Propuesta** Lösungsvorschlag
En primer lugar, es más barato que el café.
Además se puede tomar siempre, no te hace mal y te ayuda a concentrarte.
Por un lado, el mate te da calor, te une con tus amigos, por otro lado, también te une con el hombre de la calle.
Por último, es parte de la cultura de la gente del MERCOSUR / de los países del Río de la Plata.

7 México - tequila
Países andinos - la chicha
Río de la Plata - el mate
Estados Unidos - coca-cola

8 tú sabes - vos sabés; tú puedes - vos podés; te mantienes - te mantenés; te sientes bien - te sentís bien; te unes - te unís

9 1. Pedro - 2. Marisol - 3. Gonzalo - 4. Rodrigo - 5. Mariana - 6. Teresa - 7. Ronaldo - 8. Raquel y Laurita

10 1 cantar - cantaba; trabajar - trabajaba; tener - tenía; estar - estaba; salir - salía; ser - era; ir - iba; volver - volvía; querer - quería

2 era; Estaba, producía; llegaba; trabajaban, tenían, salían; quería, necesitaba, había

11 1. más grande que – 2. más de – 3. más de – 4. más simpática que – 5. más bajos que – 6. más de – 7. más de / menos de – 8. menos de – 9. menos que – 10. menos agradable que

12 3 *Srta. Díaz:* Dime, Adriana, tus abuelos eran catalanes/**españoles**, ¿no?
Adriana: Sí, emigraron en el 36/**38**.
Srta. Díaz: ¡Ah! ¿Y cuándo volvió tu familia? ¿Por qué?
Adriana: En 1998. La situación no era buena, no había posibilidades, ¿sabe? – Un día mi padre/**madre** dijo: "Basta, nos vamos a España" y nos vinimos de un día al otro.
Srta. Díaz: ¡Qué interesante! Cuéntame un poco cómo era todo/**tu** país.
Adriana: Pues, no hay mucho que contar. Vivíamos en casa de mis tíos/**abuelos**. Mi padre no tenía trabajo. Mi madre daba clases de inglés para mantener a la familia. Trabajaba muchísimo, pero llegaba fin de mes/**semana** y no le pagaban.
Srta. Díaz: ¡No me digas! Pero, ¿por qué?
Adriana: No podían pagarle. Había mucha desocupación, muchas empresas cerradas ...
Srta. Díaz: Comprendo. ¿Y tú, qué hacías? ¿Dónde vivían?
Adriana: Vivíamos en la provincia de Córdoba/ **Catamarca**, en un pueblo. Yo iba a la escuela y ... bueno, tenía tres/**ocho** hermanos, ocho/**tres** primos y muchos amigos. Éramos muy/**bastante** unidos. Íbamos a nadar al río, montábamos a caballo / **salíamos en bicicleta**. Por la tarde nos reuníamos en el patio/**bosque**, tomábamos mate/**café**, charlábamos y nos reíamos. A veces venía mi abuelo con la guitarra / **el acordeón** y cantaba viejas canciones de protesta. Un día cantó la canción de los dos gallos y ... ¡todos lloramos / **nos reímos**!

13
1. Los hijos de los mismos padres son los hermanos.
2. Los hermanos de los padres son los tíos.
3. Los hijos de los hermanos de los padres son los primos.
4. Los padres de los padres son los abuelos.

14
1. El padre de Adriana **era** ingeniero pero no **tenía** trabajo.
2. La situación **era** muy difícil y la familia **vivía** mal.
3. La madre **daba** clases de inglés, pero no **ganaba** mucho.
4. Muchos no **podían** pagar, porque **estaban** sin trabajo.
5. **Leían** los anuncios, pero **había** poco trabajo.
6. Adriana y sus hermanos **iban** a la escuela.
7. Por la tarde **montaban** a caballo.
8. En verano **iban** a nadar al río.
9. Los fines de semana la familia se **reunía** a comer.
10. Después de comer todos **charlaban**, se **reían** y a veces **cantaban**.

16
1. Antes la familia **vivía** en Argentina.
2. La situación **era** muy mala.
3. No **había** trabajo.
4. Un día la madre **dijo**: ¿Por qué no vamos a España?
5. Los padres **fueron** a una agencia de viajes y **reservaron** un vuelo.
6. Adriana no **quería** ir a España.
7. Ella **tenía** muchos amigos en Córdoba y lo **pasaba** bien.
8. En esa época **tenía** 17 años.
9. **Fue** el primer viaje a Europa que **hizo**.
10. El viaje en avión **le gustó** mucho.

17 **Propuesta** Lösungsvorschlag
Adriana nació en Córdoba, en 1983. En esa época su padre trabajaba en una fábrica de automóviles. En 1989 empezó la escuela. Iba al Colegio "San Francisco", que estaba cerca de su casa. Un día le regalaron un caballo. A partir de entonces montaba a caballo con sus amigos todas las tardes. En 1998 se fue a Boston con un programa de intercambio. Allí vivía con una familia y jugaba con los niños. Dos años más tarde, en 2000, terminó la escuela, pero no sabía qué estudiar. En ese año toda la familia se fue a vivir a España porque su padre no tenía trabajo.
En 2004 Adriana hizo nueve meses de prácticas en la empresa Bicigoza. El trabajo era muy aburrido.
Y en 2005 trabajó como guía turística en Newcastle. Esto le gustaba mucho porque podía practicar inglés.

18 has hecho – llovía, tenía – he estado – ha tenido – ha pasado – Había – Iba – Volvía – era – eran, estaba

Lección 4 — Orden del día

2 1 Ya había tenido antes una reunión muy agotadora.
Yo mismo los había invitado.
Nosotros le habíamos escrito hace un tiempo.
Ya había llamado ayer.

2 El pretérito pluscuamperfecto se forma con el **(pretérito) imperfecto** del verbo **haber** y el participio.

3 a Perdón
b Perdón
¡Les pido disculpas por la interrupción, señores! - Pero, por supuesto, no es nada. / ¡Ningún problema!
d Perdón, he tenido un pequeño inconveniente ¿Los he hecho esperar? ... - Sí, pero no importa.
Lo siento muchísimo. - Bueno, ...

5 **Minidiccionario**

al mismo tiempo	gleichzeitig
incluso	**sogar**
sin embargo	**jedoch, allerdings, trotzdem**
hoy en día	heutzutage
por supuesto	selbstverständlich

7 1 **pasado:**

hace poco	vor kurzem
últimamente	in letzter Zeit
desde hace algunos años	seit einigen Jahren
desde que estoy aquí	seit ich hier bin

presente/futuro:

en cualquier momento	irgendwann
hoy mismo	noch heute
a partir de ahora	von jetzt an
dentro de poco	bald

8 1 primero: en primer lugar, ahora, antes que nada, para empezar
después: después, a continuación, entonces, más tarde
finalmente: antes de terminar, por último

2 1. mejor primero ... - 2. No sé, creo que ... - 3. ¿Le parece bien (si) ...?

3 Mejor primero ... - No sé, creo que ... - ¿Le parece bien (si) ...?

9 1 1. mismo color - 2. lo mismo - 3. es lo mismo - 4. aquí mismo - 5. ahora mismo - 6. hoy mismo

2 1. la misma - 2. nosotros mismos - 3. la jefa misma - 4. los mismos - 5. las mismas - 6. la misma - 7. los mismos - 8. las mismas

10 1 1. ¡Qué sorpresa! - 2. ¡Qué mala suerte! - 3. ¡Qué horror! - 4. ¡Qué lástima!

2 **Propuesta** Lösungsvorschlag

1. Cuando Carmen entró a la oficina todos la felicitaron. Los colegas le habían preparado en secreto la fiesta del 30 cumpleaños.
2. Cuando el Sr. Pereira llegó, ya no estaba el tren. El tren se había ido cinco minutos antes.
3. Cuando los padres volvieron del viaje, la casa era un caos. Los hijos habían hecho muchas fiestas y habían invitado a todo el mundo.
4. Luisa y Carla querían comer en el Tío Pepe. Cuando llegaron, vieron que ya no estaba. El restaurante había cerrado por falta de clientes.

12
1 había leído; has dicho
2 he estado, me ha gustado, habías estado, había podido
3 ha llamado, había llamado, había pedido, he olvidado, había enviado
4 habían escrito, hemos recibido, habían oído, había visto, habíamos hablado

13 1

1. No, no ha llamado nadie.
2. No, no ha venido ninguno.
3. No, no he comprendido nada.
4. No, no hay ninguno.
5. No, no tengo que hacer nada.
6. No, no ha llegado ninguna.
7. No, no queda ninguno.
8. No, no tenemos ninguna.

2 algún/alguno/alguna - ningún/ninguno/ninguna - nada - algo - nadie - alguien
1. algo, nada - 2. alguna, ninguna - 3. algún, alguno(s)/alguien - 4. algún, ninguno - 5. alguien, nadie

14 cualquier día - cualquier lugar - cualquiera - cualquier hora - cualquiera

Lección 5 Una auditoría

1 Gerundios: controlando, buscando, transportando, llegando, poniendo, esperándolos, entrando, cayendo, volviendo, pensándolo, calculando, creciendo, preguntando, protestando, hablando, explicando, pasando, nevando, haciendo
Verbos en -ar forman el gerundio con la terminación **-ando** verbos en -er o -ir con **-iendo**.

2
a estoy buscando, estás buscando
b va llegando, va transportando, va poniendo
c pensándolo bien, calculando
d sigue creciendo, preguntando por, está hablando con
e le sigo explicando
f está nevando, sigue haciendo

4
la **función** - funcionar - el **funcionamiento**
necesario - necesitar - la **necesidad**
mejor - **mejorar** - **la mejora**
el desarrollo - **desarrollar**
el análisis - **analizar**
satisfecho - **satisfacer**
el **control** - controlar

7
1-e está pintando
2-a están mirando
3-c están comiendo
4-f está hablando
5-d está jugando
6-g está viendo la tele
7-b está bebiendo
8-h está esquiando

8
1. La jefa está firmando los documentos en su oficina.
2. El empleado está buscando el libro de pedidos en la mesa de trabajo.
3. El director general está presentando un proyecto en la sala de conferencias.
4. La secretaria está abriendo un regalo en el despacho.
5. La empleada está escribiendo un e-mail en el ordenador.
6. Otra empleada está leyendo una carta en el ascensor.
7. El portero está saludando a un cliente en recepción.
8. El químico está controlando unas muestras en el laboratorio.
9. El ingeniero está diseñando un nuevo modelo en la planta.
10. Los clientes están viendo una película en la sala de reuniones.

9 estás - llevo - vas - sigo - sigues/estás - estoy - vas/estás - Voy - Seguimos

10 2
1. Un camión va trayendo las paletas con productos.
2. Una elevadora de horquilla va sacando las paletas del camión.
3. Un robot va buscando un lugar libre y va llevando allí los productos.
4. El robot los va poniendo en el lugar correcto.
5. Un ordenador va anotando dónde está cada producto.
6. Un empleado va programando los nuevos pedidos.
7. El robot va buscando los productos pedidos.
8. El robot los va trayendo y cargando en el camión del transportista.

13
1. Al entrar en la oficina, vio a Clara.
2. Al verla, pensó que era muy guapa.
3. Al hablar con ella, vio que era simpática.
4. Al irse Clara, le dio su teléfono.
5. Al hablar por teléfono, quedaron para salir.
6. Al encontrarse, se abrazaron.

14 3

nombre	edad	deseos/planos	experiencia	profesión	problema
José	16		cosecha de aceitunas	todavía no tiene	trabajo duro y mal pagado
Ángeles	17	ir a la costa, trabajar en el turismo	le gustan los idiomas		
Javier	21		cuatro años	electricista	acaban de cerrar la fábrica
Ignacio	19	le gusta su profesión	no tiene	mecánico	fábricas cerradas

15 **Propuesta** Lösungsvorschlag
Ángeles y su amigo/novio Ignacio están en un bar. Están tomando una cerveza y comiendo/picando algo. Mientras, están hablando de su situación: Están buscando trabajo.
Ignacio: Oh, mira, ahí viene José.
José: Hola, ¿qué tal? ¿Qué estáis haciendo aquí?

Ángeles: Estamos esperando a Dolores y su hermana. ¿No las has visto?
Ignacio: ¿Quieres tomar una copa con nosotros?
José: Sí, con mucho gusto. ¿Qué tal? ¿Habéis encontrado trabajo?
Ignacio: ¡Qué va!, todavía no. ¿Y tú?
José: Yo tampoco. Sólo en la cosecha hay posibilidades, pero ...
Ángeles: ... es un trabajo durísimo, ¡y no te pagan casi nada!

Lección 6 ¡Sin financiación, imposible!

1

1 a recibirá
b tendremos – serán – podremos – habrá – habrán pensado – crearán – podrán – recibirá – será

2 El futuro simple se forma con el **infinitivo** + terminación:

yo	-é
tú	-ás
él/ella/Ud.	**-á**
nosotros/-as	**-emos**
vosotros/-as	-éis
ellos/-as/Uds.	-án

3 ir – **iré**, poder – **podré**, tener – **tendré**, haber – **habré**

4 El futuro compuesto se forma con el futuro simple de **haber** + **participio**.

2

En 72 horas recibirá un informe detallado. – In drei Tagen erhalten Sie einen ausführlichen Bericht. – futuro
La maquinaria será lo más caro, ¿no? – Die Maschinen sind sicher das teuerste, oder? – hipótesis
¿Y no habrá vuelto ya el señor López? – Ist Herr López nicht vielleicht schon zurückgekommen? – hipótesis

3

Propuesta Lösungsvorschlag
Empresa: TORRES & CÍA., S.L.
Actividad principal: Producción de chocolate
Persona de contacto: Sr. Rogelio Torres
Dirección: c/ del Arenal, 15–19
Localidad: Flores
Provincia: Barcelona
Código postal: 08180
Teléfono: 937 878 600
Fax: 937 878 666
E-mail: admin@chocotorres.com
Es cliente de Bancaja: sí
Fecha: ____
Plantilla actual: 30 personas
Descripción del proyecto: construir una segunda nave de producción
Localización del proyecto: Flores (Barcelona)
¿Ha comenzado el proyecto? No
Importe estimado de la inversión: ____
Inmuebles: ____
Maquinaria y equipos producción: ____
Equipos informáticos: ____
Puestos de trabajo a crear: entre ocho y doce.
Financiación del proyecto: Porcentaje de autofinanciación: casi nulo

7

1 solicitar un crédito, dar un crédito
impulsar sus proyectos, financiar un proyecto, tener un proyecto
asesorar sobre una subvención, contar con una subvención
recibir un informe
rellenar un formulario, entregar un formulario
crear nuevos puestos de trabajo

8

1. Juan y Juana irán al banco y preguntarán por un crédito.
2. Por suerte habrá posibilidades.
3. El empleado: "En cinco días recibiréis la información".
4. Juan y Juana tendrán que esperar cinco días.
5. Pagarán 400 euros por mes.
6. Los intereses serán del 4,5 %.
7. Juana buscará otro trabajo.
8. Este año no podrán ir de vacaciones.
9. En diez años terminarán de pagar la hipoteca.

9

1. Supongo que llegará mañana.
2. Supongo que no podrán.
3. Supongo que la capacidad de producción estará agotada.
4. Supongo que no será posible.
5. Supongo que no encontrarán personas adecuadas.
6. Supongo que no querrán perder clientes.
7. Supongo que no tendrán dinero.
8. Supongo que necesitarán financiación.
9. Supongo que ya lo habrán pedido.
10. Supongo que lo pondrán en marcha el año que viene.

10
1. No sé, serán las ocho y media
2. No sé, será (el) de Pablo.
3. No sé, vivirán en Madrid.
4. No sé, llamará a sus padres.
5. No sé, tendrá que trabajar.
6. No sé, será el sábado.
7. No sé, empezará a las nueve.
8. No sé, tendré que tomar un taxi.

12 estará – habrá venido – estará – habrá olvidado – habrá tenido – habrán conocido – tendrá – habrá dicho – habrá querido

14 **Propuesta** Lösungsvorschlag
1. Habrá tenido algún inconveniente.
2. No habrá podido venir.
3. Estará enfermo.
4. Habrá venido visita.
5. Habrá habido problemas en la empresa.
6. Ya no tendrá tiempo.
7. Habrá olvidado el número.
8. Llamará mañana.

15 **Propuesta** Lösungsvorschlag:

A América Latina es el mercado del futuro.
B Es verdad. Sin embargo, no será fácil exportar a Latinoamérica.
A La situación en Bolivia sigue siendo difícil, ¿no?
B Bueno, como la situación en Latinoamérica en general.
A No, no. En Chile es diferente. En este momento no hay / no tienen problemas.
B En Bolivia, sí. Allí no se puede conseguir ningún crédito.
A Y sin financiación no se puede hacer nada, ¿verdad?
B Exactamente, es imposible. Todo depende del dinero.

16 2 1. b; 2. d; 3. a; 4. c

Lección 7 Comida de negocios

1 1 necesitaría – lograrían – tendrían – preferiría – gustaría – interesaría – deberían

2

yo	**lograría**
tú	lograrías
él/ella/usted	**lograría**
nosotros/-as	lograríamos
vosotros/-as	lograríais
ellos/ellas/ustedes	**lograrían**

3 desear o pedir algo: nos gustaría hablar con usted, desearía, podrían hacer un poco de lugar

proponer o aconsejar: deberían transmitir esa imagen, habría que pensar cómo ..., tendrían que estar presentes, otra posibilidad sería
otros: tendrían que haber reservado; necesitarían, los deberíamos haber traído, podría llamar, anunciarían

6 podríamos – sería – gustaría – tendrías – diría – buscaría – quedaría – estaría – pasarías – iríamos – vendrías – podría

7 Véase textos auditivos. Siehe Verzeichnis der Hörtexte.

10 1–c; 2–d; 3–a; 4–b; 5–f; 6–e

13

	anuncio 1	anuncio 2	anuncio 3	anuncio 4	anuncio 5
¿De quién es el anuncio?	Michifuz	Golosinas González	Canal 5	El Mundo de la Tortilla	Chocolates Torres
¿De qué producto se trata?	comida para gatos	lolly pop musical	Programa: "Lo que hay que saber"	tortillas	chocolatinas "mucho gusto"
¿Quiénes son el público meta?	personas que tienen un gato	niños	toda la familia	pequeñas y medianas empresas sin cantina	todo el mundo

Lección 8 ¿Voy bien por aquí?

2 Fecha: 13 de noviembre de 2006
Nombre: Luisa; Apellidos: Álvarez Ortiz
Dirección en España: Avenida del Puerto, 82,Valencia
Coche: Ford Mondeo
Seguro de robo: parcial; Seguro de ocupantes: no

4 **Propuesta** Lösungsvorschlag
Salga por la calle Lleida hacia el Norte, doble a la izquierda en la avenida del Paralelo y siga hasta la Plaza de España. Allí tome la primera a la derecha: es la Gran Vía. Siga en la Gran Vía hasta la cuarta calle que cruza, es Rocafort.

7

infinitivo	**2ª persona del singular**	**3ª persona del singular**
tomar		tómese
adaptar		adapte
gestionar	gestiona	
aprender	aprende	
mirar	mira	
hablar	habla	
escuchar	escucha	
comunicar	comunica	
jugar	juega	
probar	pruébalo	
conseguir	consíguelo	
pedir	pide	
escaparse	escápate	
descargar	descárgame	
olvidar	olvídate	
beber	bebe	
encontrar	encuentra	

8 viajar: viaje, viajen, viaja, viajad
conocer: conozca, conozcan, conoce, conoced
venir: venga, vengan, ven, venid
hacer: haga, hagan, haz, haced
volver: vuelva, vuelvan, vuelve,volved

10 1. Elija, haga – 2. Anote, espere – 3. Decida – 4. Empiece, Escuche – 5. siga – 6. Vaya – 7. desconecte

11
1. Mándeme un mapa.
2. Tomen la autopista y salgan en la tercera salida.
3. Doble a la izquierda y vaya en dirección a Valencia.
4. Seguid hasta el semáforo.
5. Entre a la rotonda.
6. Llámame al llegar, por favor.

12

1. Él le da el maletín.	Se lo da.
2. Él les recomienda las aceitunas.	Se las recomienda.
3. Él le paga la factura.	Se la paga.
4. Él le da las llaves.	Se las da.
5. Ellos le traen mazapán.	Se lo traen.
6. Ella le deja su bicicleta.	Se la deja.
7. Él les cuenta chistes.	Se los cuenta.
8. Ellos le han regalado un caballo.	Se lo han regalado.

13
1. Sí, te las he traído.
2. Por supuesto, os los dejo.
3. No, no me lo has/habías dicho.
4. Me la compré hace poco.
5. No te los devuelvo / te los he devuelto porque los necesito.
6. Cómo no, os lo mando / se lo mando enseguida.
7. Sí, ya se los he entregado.

14 **decir**
tú: ¡dime!; ¡dinos!; ¡dile!; ¡dile!; ¡diles!
usted: ¡dígame!; ¡díganos!; ¡dígale!; ¡dígale!; ¡dígales!
comunicar
tú: ¡comunícamelo!; ¡comunícanoslo!; ¡comunícale!; ¡comunícale!; ¡comunícales!
usted: ¡comuníquemelo!; ¡comuníquenoslo!; ¡comuníqueselo!; ¡comuníqueselo!; comuníqueselo!

15 1 1–d; 2–f; 3–b; 4–h; 5–a; 6–e; 7–i; 8–c; 9–g

2 Véase textos auditivos. Siehe Verzeichnis der Hörtexte.

3 **Sal** del aeropuerto a la derecha. **Ve** hasta el segundo cruce. **Sigue** todo derecho hasta el tercer semáforo. **Dobla** a la izquierda y **pasa** por el túnel. **Sigue** siempre derecho. Enseguida **vas** a ver el cartel de la autopista. **Toma** la autopista en dirección a Santa Ana y **sal** en Río Seco. Es la cuarta o quinta salida. **Ve** hasta el puente. **Crúzalo** y de allí sale la carretera número 45. Santillana del Mar está a doce kilómetros.

17
1. ayudar
2. reservo
3. voy a buscar
4. mando
5. ofrezco
6. llamo

18 **Propuesta** Lösungsvorschlag
1. ¿La/Lo/Le atienden ya?
2. ¿En qué puedo servirle?
3. ¿En qué había pensado?
4. ¿Qué me recomienda?
5. Depende del precio.
6. Vale la pena, el precio es muy barato.
7. Tiene que rellenar el formulario.
8. Esto es todo. Firme aquí, por favor.

Lección 9 Nuevas instalaciones

2 creer: no creas, no crea, no crean
ser: no seas, no sea, no sean
decir: no digas, no diga, no digan

3 1-c; 2-a; 3-b

7 1-a; 2-d; 3-b; 4-i; 5-h; 6-e; 7-f; 8-c; 9-g

10 **Propuesta** Lösungsvorschlag
El/La interiorista es el encargado / la encargada de equipar y decorar una oficina.
Ofimática es el nombre para todo el equipamiento técnico de última generación para una oficina moderna.
El "desk sharing" consiste en compartir el escritorio o la oficina con otros colegas.
El mueble ergonómico es un mueble de forma cómoda y adecuada para cada persona.

11
1. 1-d; 2-c; 3-a; 4-b
2. 1-c; 2-d; 3-b; 4-a

12 **afirmativo**
estudiar: estudia, estudiad, estudie, estudien
pagar: paga, pagad, pague, paguen
poner: pon, poned, ponga, pongan
negativo
llamar: no llames, no llaméis, no llame, no llamen
escribir: no escribas, no escribáis, no escriba, no escriban
volver: no vuelvas, no volváis, no vuelva, no vuelvan
ser: no seas, no seáis, no sea, no sean

13 ¡No comas aquí! - ¡Por favor, no fume! - ¡No trabajes tanto! - ¡No bebáis más! - ¡No aparques aquí! - ¡No entre con el perro! - ¡No juguéis al fútbol aquí! - ¡No vuelvas tarde!

14
1. No, no me lo digas.
2. No, no me ayude.
3. No, no nos escribas.
4. No, no nos traiga nada.
5. No, no se lo digas.
6. No, no nos llaméis.
7. No, no me haga ninguna copia.
8. No, no nos vengan a buscar.

15
1. trae - llevo - llevo - traiga - llevar
2. traído - traído - llevo/llevaré - llevo/llevaré

16 **Propuesta** Lösungsschlüssel:
1. ¡No creas que es fácil!
2. Vergiss es nicht!
3. ¡No me digas!
4. Bringen Sie uns nichts mit!
5. ¡No se vaya todavía!
6. Seid nicht blöd!
7. ¡No se haga problemas! / ¡No se preocupe! Mejor la segunda opción
8. Sag es niemandem!
9. ¡No se esfuerce!
10. Mach nicht so ein dummes Gesicht!

17 Acaban - piensas - pienso - volver - hacernos - poner - suelo - me pongo

Lección 10 Empieza el estrés

1
1 reserven - mande - quede - encontremos - sea - confirme
2 Las formas se parecen al imperativo afirmativo de usted/ustedes y al imperativo negativo.
3 Expresan un deseo, una necesidad o un temor (Befürchtung).
4 consigan - esté- cueste - tengamos

7 1-f; 2-h; 3-d; 4-g; 5-c; 6-b; 7-a; 8-e; 9-i; 10-k; 11-j; 12-l

11 1 **Propuesta** Lösungsvorschlag
Espero que consigamos/consiga un vuelo.
Ojalá haya vuelos directos.
Es posible que podamos/pueda dormir un poco durante el viaje.
Puede ser que haya servicio de a bordo.
Ojalá no sea necesario pagar las bebidas.
Espero que lleguen bien las maletas.

2 **Propuesta** Lösungsvorschlag
Me alegro que sea un vuelo directo.
Es una suerte que no se pueda fumar.
Siento que no haya nada para tomar.
Suerte que no cueste mucho.
Lástima que el avión esté tan lleno.

12 **Propuesta** Lösungsvorschlag
Los turistas buscan un vuelo que sea barato.
Quieren un hotel que esté bien ubicado.
Desean una habitación que tenga acceso a Internet.
El jefe quiere un stand que no cueste mucho.
Necesita empleados que hablen inglés.
Desea una secretaria que sepa varios idiomas.
Los clientes buscan productos que estén a la moda.
Quieren precios que sean competitivos.
Desean un móvil que suene agradablemente.

14 quejas - preocupada - equivocación - malentendido - solución - arreglado

15 **Se le debe decir:**
Explíqueme, por favor, qué es lo que pasa, ¿cuál es su problema?
Ha sido un gusto conocerlo. ¡Buen viaje y hasta la próxima!
Siento mucho que tengan que esperar y cambiar de autobús.
La escucho, señora. Siga hablando. Estoy anotándolo todo.
Entonces, usted ¿ha tenido que esperar casi una hora? ¿En la lluvia?
No se le debe decir:
Ya sé, ya sé. Conozco bien el problema. Ya lo he escuchado mil veces.
Yo no soy responsable, si mi colega no hace bien las cosas.
Sí, claro es grave, pero tampoco tanto. Le vamos a devolver el dinero.
¡No puede ser! Tiene que haber un error. ¡ Estoy seguro!
Vamos, tranquilo, ¡hay cosas peores! Ahí está el libro de quejas ...

17 1-c; 2-a; 3-b; 4-e; 5-f; 6-d

18 es - esté - tenga - pueda - recomiende - es - sea - tenemos - tengan - conteste - envíe

19 **Propuesta** Lösungsvorschlag
1.
A Los niños quieren que vaya a la playa con ellos.
B Lamentablemente, hoy no tengo tiempo.
A Quizás podemos ir mañana.
B Esperemos que haga buen tiempo.
2.
A Hoy llegan los clientes de Madrid.
B Espero que sean simpáticos / que sea gente simpática.
A Es posible / Puede ser que compren mucho.
B Queremos ir a comer a "La Vaca Paca" con ellos.

Lección 11 En la feria

1 **empleados/-as:** recibir, despedir, pedir algo. disculparse, informar, ofrecer servicios, expresar deseos, averiguar algo
clientes: pedir algo, disculparse, expresar deseos, averiguar algo

2 1 Quisiera hablar con la señora Ramírez, ¿sería posible?
Tengo una cita con el Sr. Aguirre. Espero que no se haya ido ...
¿A quién debo dirigirme para hacerme asesorar?

2 Le dejo mi tarjeta, para que me llame, por cualquier cosa.
Gracias por todo.
De nada. ¡Que tenga buen viaje!
Encantado de haberla conocido. / Ha sido un gusto conocerla.
Espero que nos mantengamos en contacto.
Que tenga mucho éxito en la feria.
Y gracias por su visita. ¡Hasta la próxima!

4 1 No creo que tarde.
para que me llame
Tal vez pueda visitarnos, cuando vaya a Granada.
¡Que tenga buen viaje!
Avíseme en cuanto llegue el Sr. Ocaña
Espero que no se haya ido ...
Quizás esté todavía.
aunque tenga que esperar
Siento que no hayan podido ver todo.
Espero que nos mantengamos en contacto.
Que tenga mucho éxito en la feria.
antes de que se vaya
para que las vean

2 Espero que no se haya ido ...
Siento que no hayan podido ver todo.

9 **Propuesta** Lösungsvorschlag

A saludar: Hola / Buenos días / Buenas tardes / ¿Qué tal?
averiguar algo: ¿Cómo ...? / ¿Con quién debo hablar para ...? / ¿A quién tengo que dirigirme para ...? / ¿Cómo es su nombre, por favor?
lamentar algo: ¡Qué lástima! / ¡Qué mala suerte! / Siento que no hayan podido ver todo. / Lamentablemente ...
expresar esperanza: Espero que no se haya ido / ¡Ojalá ...! / Espero que nos mantengamos en contacto.

B despedirse: Gracias por su visita. / ¡Hasta la próxima! / Gracias por todo / Hasta mañana.
anunciar algo: Mañana vamos a ... / Tengo una cita con ... / Hay un cambio de programa. / Vamos a ...
disculparse: Lo siento mucho. / Perdone. / Le pido disculpas.
expresar deseos: ¡Ojalá tenga suerte! / ¡Qué tenga buen viaje! / ¡Mucho éxito en la feria! / Espero que nos mantengamos en contacto ...

C agradecer: ¡Gracias por la invitación! / Le agradezco que ... / Muchas gracias por ...
pedir: Avíseme en cuanto llegue ... / ¿Podría decirme cuánto cuesta? / ¿Puede preparar mi factura? / Quisiera hablar con ...
expresar acuerdo: De acuerdo. / Para nosotros está bien. / Vale. / Claro que sí.
expresar opiniones: Creo que ... / Opino que ... / No creo que ... / Pienso que ...

10 1. dura - 2.dura - 3. tarda - 4. dura - 5. tarda - 6. dura - 7. tarda - 8. dura

11 Es posible: 2., 4., 7.
Es un hecho: 1., 3., 5., 6., 8.

12 Véase textos auditivos. Siehe Verzeichnis der Hörtexte.

13

1. Le dejo mi tarjeta para que nos mantengamos comunicados.
2. Te doy mi número para que me llames.
3. Les escribo para pedir precios.
4. Nos llama un taxi para que lleguemos a tiempo al aeropuerto.
5. Me recomienda un restaurante para que pueda comer bien.
6. Os llamo para saber si venís.
7. Le mando la lista para que conozca nuestros precios.
8. Les envío las muestras para que se las miren tranquilos.
9. La llevo a su casa para que no tenga que tomar el metro.
10. La beso para mostrarle que la quiero.

14

1. A mí me parece que **está** bien. El servicio ha sido malo.
2. Yo no creo que **tenga** razón.
3. A lo mejor **vuelve** enseguida.
4. Espero que nos **mantengamos** en contacto.
5. ¿Quieres que **busque** algo de comer?
6. Avíseme en cuanto **llegue** la clienta.
7. Yo sí, seguro que **viene** todavía.
8. A mí no me parece que **sea** tan importante.

16 1. tenga, tiene - 2. vaya, fui - 3. firmar, firmen - 4. estudie, estudia - 5. esté, llegó - 6. supa, llegue - 7. sepa, llegue - 8. pueda, podía

17

1. Ojalá le gusten al Sr. Domínguez nuestras muestras.
2. No creo que los productos sean demasiado caros.
3. Quizás llegue hoy el primer pedido.
4. Aunque sea un pedido pequeño, me alegraré.
5. Lo más importante es hacer negocios.
6. Ojalá la Sra. Echevarría reciba pronto nuestros catálogos.
7. Puede ser que lleguen a final de semana.
8. No creo que lleguen antes de la próxima semana.
9. Quizás nos llame pronto.

Lección 12 Una propuesta muy interesante

1 1

condición	consecuencia
Si le vendiéramos a mitad de precio	nos comprarían inmediatamente.
Si fuera posible	habría que hacer algo ...
Sí, si hubiera alguna posibilidad	habría que aprovecharla ...
Si pudiéramos hablar personalmente	sería todo más fácil.
¿Y si fueras a Montevideo?	
Si no tuviera tanto trabajo	iría encantado.

2 El subjuntivo va en la frase con **si**, el condicional va en la frase que describe la consecuencia. Das imperfecto de subjuntivo steht im Bedingungssatz, das condicional im Hauptsaz.

3 La calidad estándar cuesta **3.690 euros** la tonelada.
Si quisieran calidad superior el precio sería de **5.545 euros.**
Si prefirieran **chocolate con avellanas, sería de 4.899 euros.**
Si compraran regularmente podrían obtener una rebaja del **3 por ciento.**
Si compraran más de un contenedor completo (8 t/mes) **obtendrían / podrían obtener** una bonificación **del 5 %.**
Si vendieran exclusivamente productos Torres, podrían contar con **un 15 % de descuento.**

4 2 Por supuesto, eso es verdad, efectivamente, en principio sí, pues, ... claro, precisamente

5 2 **Minidiccionario**

einerseits	**por un lado**
andererseits	**por otro lado**
im Gegenteil	**por el contrario**
selbstverständlich	**por supuesto**
deshalb	**por eso**
während	**mientras**
tatsächlich	**efectivamente**
genau	**precisamente**

6 1 1-c; 2-d; 3-a; 4-h; 5-f; 6-g; 7-b; 8-e

7 **Propuesta** Lösungsvorschlag:
La **oferta en firme** es una oferta que no cambia, con unas condiciones determinadas.
Si una empresa tiene la **distribución exclusiva** de un producto, significa que ninguna otra empresa puede distribuir este producto en un mercado determinado.
Asalariados/-as se les llama a las personas que trabajan en una empresa y reciben un salario o sueldo.
La **validez de la oferta** depende de muchos factores. Normalmente se establece un plazo, pasado el cual la oferta ya no es válida.
Una **propuesta** es una oferta de una empresa a otra para establecer una contacto comercial.
Por **"sexto sentido"** se entiende la sensibilidad que tienen algunas personas para saber cuándo conviene realizar una determinada acción comercial.

8 recibir: recibieron, recibiera, recibieras, recibiera, recibiéramos, recibierais, recibieran
poder: pudieron, pudiera, pudieras, pudiera, pudiéramos, pudierais, pudieran
escribir: escribieron, escribiera escribieras, escribiera, escribiéramos, escribierais, escribieran
hacer: hicieron, hiciera, hicieras, hiciera, hiciéramos, hicierais, hicieran
saber: supieron, supiera, supieras, supiera, supiéramos, supierais, supieran
volver: volvieron, volviera, volvieras, volviera, volviéramos, volvierais, volvieran
tener: tuvieron, tuviera, tuvieras, tuviera, tuviéramos, tuvierais, tuvieran
ser: fueron, fuera, fueras, fuera, fuéramos, fuerais, fueran
haber: hubieron, hubiera, hubieras, hubiera, hubiéramos, hubierais, hubieran

9 **Propuesta** Lösungsvorschlag

1. Wenn ich an seiner Stelle wäre ... / An seiner Stelle müsste ich sein!
2. Wenn ich (doch nur) mehr Zeit hätte.
3. Wenn ich Millionär wäre, würde ich es dir schenken.
4. Wenn es (nur) so wäre!
5. Wenn du mir sagen würdest, worum es sich handelt.
6. Wenn sie wüssten, was (jetzt) passieren wird!

10 1-b; 2-e; 3-a; 4-c; 5-f; 6-d

11 1. llegaran – 2. se disculparan – 3. fuera – 4. hicieran – 5. supiera – 6. tuviera/hubiera – 7. hubiera/tuviera – 8. conociera

12 **Propuesta** Lösungsvorschlag

1. Si viviera cerca, iría a pie.
2. Si tuviera tiempo lo visitaría en Toledo.
3. Si los zapatos no estuvieran de moda, nadie los compraría.
4. Si los productos estuvieran terminados, se los enviaríamos hoy mismo.
5. Si fuera posible, lo haríamos con mucho gusto.
6. Si fuera necesario, los obreros trabajarían todavía más.
7. Si hicieran propaganda, venderían más.
8. Si los clientes nos pagaran, no habría problemas.

13

1. Si tuviera dinero, compraría un coche nuevo. / Compraría un cocha nuevo, si tuviera dinero.
2. Si hiciera calor, iríamos a la playa. / Iríamos a la playa, si hiciera calor.
3. Si hubiera nieve, iríamos a esquiar. / Iríamos a esquiar, si hubiera nieve.
4. Si no estuviera enferma, bailaría salsa. / Bailaría salsa, si no estuviera enferma.
5. Si tuviera tiempo, aprendería chino. / Aprendería chino, si tuviera tiempo.
6. Si pudiera viajar, llevaría la cámara. / Llevaría la cámara, si pudiera viajar.

14 **Propuesta** Lösungsvorschlag

1. Si viniera la señora Álvarez, podríamos empezar.
2. Si tuviéramos (más) tiempo, lo podríamos hacer hoy mismo.
3. Si tuviéramos más capital, podríamos ampliar la fábrica/empresa.
4. Si fuera posible, todos estarían contentos.
5. Si la producción fuera automática, podríamos ahorrar costos/costes/gastos.
6. Si expusiéramos en Nueva York, podríamos introducir los productos en el mercado estadounidense.
7. Si bajáramos los precios, venderíamos más.
8. Ganaríamos más, si trabajáramos menos horas.

15 1 1. la misma – 2. nosotros mismos – 3. jefa misma – 4. las mismas – 5. el mismo – 6. los mismos – 7. él mismo

2 **Propuesta** Lösungsvorschlag

Lo consulto **ahora mismo**.
Hoy mismo le doy la respuesta.
Mañana mismo le mando un fax.
Nos encontramos **aquí mismo**.
¿No es **lo mismo** para ustedes?
Por eso mismo queremos comercializarlo.
Hablan todos **al mismo tiempo**.
¿Es eso lo que necesitan? – Sí, **eso mismo**.

16 1

País	Argentina	Brasil	Paraguay	Uruguay
capital	Buenos Aires	Brasilia	Asunción	Montevideo
moneda	Peso Argentino	Real	Guaraní	Peso Uruguayo
idiomas	castellano	portugués	castellano + guaraní	castellano
km²	2.766.889	8.512.000	406.752	176.215
habitantes	37 millones	180 millones	5,4 millones	3,3 millones
río	La Plata	Amazonas	Paraguay	Uruguay

17 **Comunidad Andina:** Bolivia, Colombia, Ecuador, Perú, Venezuela
Mercosur (Mercado Común de América del Sur): Argentina, Brasil, Paraguay, Uruguay
TLCAN/NAFTA (Tratado de Libre Comercio de América del Norte): Estados Unidos, Canadá, México
(Stand November 2005)

Lección 13 Gastos y disgustos

4 Si no hubieran cambiado de imprenta, no habría habido problemas.
Si no hubieran pasado un pedido, no habrían tenido dolores de cabeza.
Si no hubiera habido un tifón, no habrían utilizado papel de calidad inferior.
Si hubieran utilizado un buen papel, no habrían tenido dificultades.

5 1 **Propuesta** Lösungsvorschlag
Los trabajadores de cuello blanco son aquellos que trabajan en la oficina, como ingenieros, secretarios, administrativos, etc.
Los trabajadores de cuello azul son aquellos que trabajan en los talleres y las plantas de producción de las fábricas, como mecánicos, electricistas, obreros especializados, etc.

2 Cuando una empresa trabaja con empresas subcontratadas, se habla de **externalización**.
Cuando una empresa traslada la producción al extranjero, se habla de **deslocalización**.

7 **Propuesta** Lösungsvorschlag

1. Antes, la empresa Torres tenía un proveedor local. Estaban satisfechos con él durante muchos años. Nunca hubo problemas.
2. Un día, empezaron a interesarse por la gestión de calidad total. Se hicieron asesorar y decidieron cambiar de empresa.
3. Entonces contactaron con la imprenta recomendada. Pasaron un pedido a prueba y desde Filipinas lo confirmaron.
4. Ahora no llegan las etiquetas. Tienen que averiguar qué pasa y por eso mandan una reclamación.

8 1. por – 2. de – 3. para – 4. con – 5. de – 6. con – 7. por – 8. Desde, con

9 1-c; 2-e; 3-f; 4-d; 5-a; 6-b

10 *Auditor:* Aquí tengo el informe, ahora **se lo leo.**
Don Rogelio: No, por favor no me lo lea. Prefiero leerlo **yo** mismo. **Démelo**, por favor.
Auditor: **Como Ud. quiera**. Aquí lo tiene.
Don Rogelio: Ana María, por favor **comunícame** con el Sr. Iturraspe y dile al Sr. Navarro que venga también. Ah, y no estoy para nadie. – **Llame quién llame**, que no me moleste.
Ana María: El Sr. Navarro viene **enseguida** pero el Sr. Iturraspe no está en la oficina.
Don Rogelio: Trate de localizarlo **esté donde esté**. Es muy importante.
Ana María: Pues, **dígame** dónde lo puedo encontrar. Ya lo he llamado al móvil pero no contesta.
Don Rogelio: **Llámalo** al coche, entonces.
Pablo: ¡Hola, don Rogelio! Soy yo, Pablo. En cinco minutos estoy allí. Ya pueden empezar. Llego en seguida. Por favor, **no me esperen.**
Don Rogelio: **Date prisa** Pablo. Es muy importante. Parece que el informe no es nada favorable.
Pablo: ¡Hombre! ¡**No me diga**! Bueno ya estoy allí en seguida.

11 1 p. p. – por poder; P. D. – posdata; p. o. – por orden; atte. – atentamente; p. d. – por delegación; cc – con copia
2 per Prokura – **por poder**; im Auftrag – **por orden**; in Vertretung – **por delegación**; Nachtrag/P. S. – **posdata**; in Kopie an – **con copia**; Mit freundlichem Gruß – **atentamente**

12 1. ha dejado – 2. empezado a – 3. se pone a – 4. hacerse – 5. piensa – 6. vuelva a

13
1. Si hubiera dormido bien, no habría tenido dolor de cabeza.
2. Si Juan no hubiera hecho mucho/tanto deporte, no le habrían dolido los brazos.
3. Si los niños se hubieran puesto el abrigo, no habrían estado resfriados.
4. Si nosotros no hubiéramos comido cosas picantes, no habríamos tenido dolor de estómago.
5. Si Merche hubiera ido al médico enseguida, no habría tenido fiebre ni dolor de garganta.
6. Si José Luis no hubiera ido a esquiar, no se habría roto la pierna.

14 **Propuesta** Lösungsvorschlag:

1. Si yo hubiera conocido sus productos, los habría comprado antes.
2. Si nos hubieran preguntado por muestras / Si nos hubieran pedido muestras, se las habríamos mandado.
3. Si todo hubiera estado en orden, se podría haber trabajado más rápido.
4. Si hubiera tenido que trabajar hoy, no habría podido ir a la playa.
5. Si nos hubiera(n) concedido un descuento, no habríamos buscado nuevos proveedores.
6. Si nos hubiera(n) informado mejor, ya habríamos firmado el contrato.
7. Si hubiéramos sabido que los precios iban a subir, no habríamos vendido todavía.
8. Si (Ud./Uds.) no me hubiera(n) atendido bien, no habría vuelto (a venir).

15 1 sich am Telefon melden: 10., 19.
das Gespräch beginnen: 4.
um Weiterleitung bitten: 1., 3., 17.
nach dem Namen des Anrufers / der Anruferin fragen: 15., 21.
nach dem Anliegen fragen: 11., 16., 18., 22.
weiterverbinden: 5., 23.
eine andere Nummer geben: 7.
angeben, warum jemand nicht zu sprechen ist: 6., 12., 13.
jemanden bitten nicht aufzulegen: 9.
jemanden bitten später noch einmal anzurufen: 8., 14.
sich verabschieden: 2., 20.

16 Sr. Borrego [–]; Sr. Campos [?]; Sra. Santillana [?]; Srta. Barrios Plaza [✓]; Sra. Altamirano [✓]; Dra. Darragueira [✓]; Srta. Moreno [✓]; Sr. Caballero [–]; Ing. Cortés [–]; Sr. Salinas [?]; Sra. Roca [–]; Sr. Medrano [?]

Lección 14 La gran fusión

2 Ayer la fusión entre Torres y La Chata fue **confirmada**.
Actualmente son estudiados los **pormenores**.
En los próximos días serán **dados** a conocer los resultados.
Al parecer han sido **tomadas** todas las medidas necesarias.
Como un adjetivo, el participio se adapta al sustantivo correspondiente. Das Partizip richtet sich wie ein Adjektiv in Geschlecht und Zahl nach dem Bezugswort.

7

la fusión hostil	**die feindliche Übernahme**
la fusión amistosa	die freundliche Übernahme
los rumores de alianza	**die Gerüchte über einen Zusammenschluss**
informaciones confidenciales	vertrauliche Informationen
los pormenores	die Einzelheiten
las negociaciones	die Verhandlungen
asesor independiente	**unabhängiger Berater**
los resultados	die Ergebnisse

11
1. La empresa Torres quiere que los participantes **envíen** las propuestas en sobre cerrado.
2. ... que las respuestas **se entreguen** antes del 30.05.
3. ... que el nombre **sea** corto y original, que **suene** bien, también en otros idiomas, que **despierte** asociaciones positivas y que **permita** un logo y/o un eslogan simpático.

13 1. pintados – 2. cerrada – 3. fundadas – 4. diseñados – 5. entregados – 6. construida – 7. pagadas

14 **Propuesta** Lösungsvorschlag
1. El jefe de redacción confirmó la noticia.
2. Actualmente un asesor independiente está estudiando / estudia los pormenores.
3. En los próximos días, la prensa local dará a conocer los resultados.
4. Al parecer, las dos empresas realizarán la fusión dentro de los próximos meses.
5. Los gerentes tomarán todas las medidas necesarias para asegurar los puestos de trabajo.
6. Todos han comentado la noticia.

15 **Propuesta** Lösungsvorschlag
1. La empresa fue fundada por Don Graciano en 1990.
2. Poco después fue desarrollado un nuevo procedimiento.
3. Fue patentado en 1992.
4. En los laboratorios fueron desarrollados nuevos productos.
5. (Los productos) fueron lanzados al mercado el año pasado.
6. Este año la horchata-light ha sido premiada.
7. El ano que viene será construido un nuevo edificio.

16
1. Los aparcamientos **están reservados**.
2. La señora **está preocupada**.
3. Las habitaciones **están** muy bien **decoradas**.
4. La discoteca **está cerrada**.
5. Todas las mesas **están ocupadas**.
6. El contrato **está firmado**.
7. Los vuelos a Ibiza **están cancelados**.
8. Los coches **están alquilados**.

17 **Propuesta** Lösungsvorschlag
1. La policía ha encontrado el coche robado. / El coche robado ha sido encontrado por la policía.
2. Un desconocido robó el famoso cuadro de Picasso. / El famoso cuadro de Picasso fue robado por un desconocido.
3. El presidente recibió a los expertos internacionales. / Los expertos internacionales fueron recibidos por el presidente.
4. Un empleado publicaba en Internet los datos confidenciales. / Los datos confidenciales eran publicados en Internet por un empleado.
5. La comisión rechazó el proyecto. / El proyecto fue rechazado por la comisión.
6. El representante de la empresa ha confirmado la noticia. / La noticia ha sido confirmada por el representante de la empresa.
7. El secretario del gobierno desmintió los rumores. / Los rumores fueron desmentidos por el secretario del gobierno.
8. La ministra ha premiado a los deportistas. / Los deportistas han sido premiados por la ministra.

18 1. Dicen que – 2. Se – 3. Uno/-a – 4. Hay que – 5. Dicen que – 6. Uno/-a

19 **Propuesta** Lösungsvorschlag

Barcelona. El jueves pasado, en el "Schokoblatt" de Zúrich, se publicó un reportaje sobre las negociaciones entre las empresas Torres & Compañía S.L. y La Chata – Horchata. Ayer fueron confirmados por el Sr. Rogelio Torres los rumores sobre una fusión de ambas empresas. Aunque siguen discutiendo los pormenores, el contrato será firmado el (próximo) lunes. El Sr. Torres declaró que fueron / habían sido tomadas las medidas necesarias para asegurar los puestos de trabajo.

Lección 15 Una gran recepción

5

Lo que dijo el Sr. Costa Soler:	Lo que ponen en Intranet:	El tiempo del verbo:	
he sido gerente	había sido	pretérito perfecto	pluscuamperfecto
es un día de fiesta	era un día de fiesta	presente	imperfecto
se desarrollará gradualmente	se desarrollaría gradualmente	futuro simple	condicional simple
evolucionó mucho	había evolucionado	preterito indefinido	pluscuamperfecto

9 1 1-b; 2-a; 3-d; 4-c

2 formal: a, b, c – informal: d

11 1

1. "Mi nombre es Graciano Costa Soler y tengo mucho gusto en saludar al distinguido público."
2. "Hasta ahora he sido gerente de La Chata y acabo de ser elegido Director General de la nueva empresa."
3. "Puedo decir que hoy es un día de fiesta para todos nosotros."
4. "La cooperación se desarrollará gradualmente hasta alcanzar la fusión total."
5. "Nuestra compañía evolucionó mucho y está preparada para dar este paso. Hemos hecho nuestros 'deberes'."
6. "Para nosotros la calidad es lo primero. Nuestra norma es calidad."
7. "Hemos sido la primera empresa española del sector que obtuvo la certificación ISO 9001: 2000."
8. "Juntos podemos mirar con optimismo al futuro. Juntos podemos decir: ¡El futuro es nuestro!"
9. "Nada más, señores. Muchas gracias por su atención."
10. "¡El bufé está abierto! Pueden ir pasando al comedor. ¡Adelante! Y ¡buen provecho!"

2 decir: afirmar, presentarse, saludar, hablar de, anunciar, explicar, detallar, referirse a, mencionar, destacar, agradecer, invitar

12 1 1. Hortensia Díaz – 2. Pablo Iturraspe – 3. Marcela Ruiz – 4. Francisco Navarro – 5. Carmen Chu-Lin – 6. Ana María Pérez

2

1. La Srta. Díaz afirma que hacía mucho que estaba cansada de trabajar, pero que pensaba que sin ella, la empresa no podría funcionar. En la empresa Torres eran todos un poco su familia. Les desea suerte con la Chocolachata.
2. Pablo Iturraspe explica que tiene una oferta excelente de Lechea, y se alegra de volver a su país. Cree que aquí en Flores ya se está olvidando de su idioma, y que eso no puede ser. Añade que con don Rogelio seguirá jugando al golf.
3. Marcela Ruiz anuncia que va a ponerse a trabajar en lo suyo. Pregunta a la gente si saben que ella es psicóloga. Dice que ahora se dará el gusto y abrirá un consultorio. Se va a especializar en problemas laborales. Afirma que experiencia no le falta ...
4. El Sr. Navarro afirma irse / que se va satisfecho. Dice que ya ha trabajado bastante. Opina que hay que dejar lugar para los más jóvenes. Se alegra de que Felipe pueda seguir en la empresa.
5. Carmen Chu-Lin menciona que muchas veces había recibido ofertas, pero que siempre había dicho que no porque le gustaba trabajar en la empresa Torres. Pero opina que ahora todo es diferente. Anuncia que se va a Madrid, a trabajar en una internacional.
6. Ana María dice que se queda, pero sólo por un tiempo. Afirma que está embarazada, pero que nadie lo sabe todavía, ni siquiera el padre. No quiere que le pregunten quién es el padre porque no se lo va a decir a nadie.

13 1 1-d; 2-e; 3-b; 4-a; 5-c

2
La profesora de la Universidad afirmó que había mucha gente poco calificada, y que las universidades no tenían dinero para la investigación y los mejores estudiantes se iban a otros países.
El representante del Partido Azul propuso que había que prohibir que se fueran. Además pidió que se fuera a cerrar la importación de productos baratos. Así habría trabajo para todos. / Así el país tendría trabajo para todos.
La Ministra de Economía explicó que la situación era muy difícil. El paro había aumentado y los empresarios no hacían nada para solucionar el problema.
El presidente de la Asociación de Empresarios contestó que no podían hacer nada, ya que todo el mundo buscaba productos baratos, nadie se fijaba en la calidad, pero todos querían ganar bien ...
Para el director de la Unión de Sindicatos el problema era que el trabajo estaba mal repartido. Declaró que conocía a algunas personas que trabajaban hasta doce horas por día y otros en cambio ...

14 1. cuyos – 2. que/quienes – 3. de los que/cuales – 4. sobre el que/cual – 5. que/quien – 6. por el que/cual

15 la reunión – Konferenz, Besprechung
la conferencia – Vortrag
el discurso – Rede
la ponencia – Referat, Vortrag
la presentación – Vorstellung, Darstellung; Darbietung
decir unas palabras – einige Worte sagen
tener la palabra – das Wort haben
pedir un aplauso – um Beifall bitten

16 1. a – 2. d – 3. c – 4. b – 5. f – 6. e

sobreentenderse sich von selbst verstehen 9/b
sobrevivir a/c etw. überleben 14
el **sofá** Sofa 9/c
solamente nur 9/5
solicitar a/c *hier:* etw. anfordern 11/18
la **solicitud de empleo** Bewerbung 2/9
solidario/-a solidarisch 6/4
el **solomillo** Filetsteak 7/7
someterse a a/c sich etw. unterziehen, unterwerfen 5
soñar con a/c von etw. träumen 3/15
sonreír lächeln 15/6
la **sopa** Suppe 7/7
sortear a/c etw. auslosen 14/g
soso/-a fade 7/8
el **sponsoring** Sponsoring 7/d
el **spot publicitario** Werbespot 7/5
el **stand** (Messe-)Stand 4/12
la **subvención** *hier:* Zuschuss 6
sucio/-a schmutzig 10/8
la **sucursal** Filiale 3/a
el **sueldo** Gehalt 2/16
suficiente genug 7/d
sufrir leiden 11/5
sugestivo/-a reizvoll 7/5
la **superficie** Oberfläche, Fläche 12/16
el **suplemento** *hier:* Zuschlag, Aufpreis 10/c
surgir a/c sich ergeben 14
la **sustitución** Vertretung, Ersatz 1/a

T

tachar a/c etw. durchstreichen 3/16
¡Tanto tiempo! Das ist aber lange her! 5/f
tardar *hier:* lange dauern 11/1
la **tarea** Aufgabe 1/5
la **tarjeta de débito** Bankkarte, Scheckkarte 6/16
la **tarta** Kuchen, Torte 7/7
la **tasa impositiva** Steuersatz 4/5
la **técnica** Technik 7/d
la **tecnología** Technologie, Technik 12/15
tecnológico/-a technologisch 4/15
los **tejanos** Jeans 2/14
el **teletrabajo** Telearbeit 1/8
el **televisor** Fernsehgerät 11/5
temer a/c etw. befürchten 10/a
tener "enchufe" Beziehungen haben (*umgangssprachl.*) 2/1; **tener en cuenta a/c** in Betracht ziehen, berücksichtigen 12/a; **tener lugar** stattfinden 15/9; **tener que ver con a/c** mit etw. zu tun haben 14/10
la **terminación** Endung 5/1
el **término** Begriff 6/7
el/la **ternero/-a** Kalb 7/7
la **tesis** *hier:* These 10/5
el **test** Test 1/5
textil Textil- 11/5
el **textil** Textilie 11/5
el **tifón** Taifun 13/a
el/la **tío/tía** Onkel/Tante 3/12
el **título** *hier:* Diplom 14/5
el **TLCAN (Tratado de Libre Comercio de América del Norte)** Nordamerikanische Freihandelszone 12/17
todo el mundo jede/r/s, alle 1
todo recto immer geradeaus 8/b
todo/-a *hier:* ganz 1/d
tomar una decisión eine Entscheidung treffen 1/5
el/la **trabajador/a** Arbeiter/in 2/5
el **tráfico** *hier:* Verkehr 8/5
tragar a/c etw. schlucken 14/d
el/la **trainee** Trainee 1/9
el **traje** Anzug 2/14
la **tranquilidad** Ruhe, Gelassenheit 10/4
tranquilizar a alg. jdn. beruhigen 9/c
la **transferencia** Überweisung 6/16
transformar a/c etw. verwandeln, umwandeln 13/4
transmitir a/c vermitteln 7/a
transportar a/c transportieren 5/2
el **transporte público** öffentliche Verkehrsmittel 8/5
trasladarse umziehen 3/a
tratarse de algo sich um etwas handeln 12
el **trolley** Trolley 9/5
el **truco** Trick 15/6
el **túnel** Tunnel 8/15
el **turrón** *typische Süßware, ähnlich wie türkischer Honig oder Nugat* 4/a

U

ubicado/-a gelegen 10
últimamente in letzter Zeit 4/a
un buen día eines schönen Tages 3/a
la **unido/-a** verbunden 3/12
unión *hier:* Bund 15/13
unir verbinden 3/b
el **uno/-a** *hier:* man 14/e
uso *hier:* Benutzung 10/c
usual gebräuchlich 6/16
utilizar benutzen 1/12

V

la **vacante** freie Stelle 1/c
vacante frei, unbesetzt 1/2
vago/-a faul 14/6
vale la pena es lohnt sich 8/c
la **validez** Geltungsdauer, Gültigkeit 12/c
valioso/-a wertvoll 1/e
la **valla (publicitaria)** Werbefläche 7/d
la **variedad** *hier:* Vielfalt 11/12
¡Vaya! Na so was! 9/c
el **vehículo** Auto 8/5
la **velocidad** Geschwindigkeit 9/a
la **ventana** Fenster 10/7
la **ventanilla** *hier:* Schalter 8/c
la **verdura** Gemüse 7/7
verse confrontado/a con a/c sich einer Sache gegenüber sehen 11/5
el **vestido** Kleid 2/14; el **vestido de noche** Abendkleid 3/b
vestirse sich anziehen 1/13
la **visión** *hier:* Vision 6/4
visualizar a/c *hier:* etw. veranschaulichen 15/6
vivo/-a *hier:* bunt 7/d
volar fliegen 4/c
el **volumen** Umfang, Volumen 12/c
voluntariamente freiwillig 15/a
la **voz** Stimme 15/8
la **vuelta** *hier:* Rückflug 10/b

W

el **wellness** Wellness 9/b
el **whisky** Whisky 8/17

Y

y eso que und dabei 6/b
la **yerba mate** Matetee 3/5

Z

la **zona Euro** Eurozone 6/17

Bildquellen

U1 © Corbis / Zefa, Grace (oben links); © Corbis (Mitte links); © picture-alliance / EFE, Cebollada (unten links); © Superbild, RESO (rechts) - S. 9 © Cornelsen, Corel Library - S. 10 © mauritius images - S. 13 © Cornelsen, Perregaard (1. von links); © Cornelsen, Kämpf (2. von links); © mauritius images / age fotostock (2. von rechts); © mauritius images / age fotostock, Volkringen (1. von rechts) - S. 14 © monster.es / TMP Worldwide Advertising & Communications - S. 16 © Cornelsen, Lalo - S. 18 © mauritius images, Merten - S. 21 © Corbis - S. 23 © mauritius images / age fotostock - S. 25 © White Star, Soriano - S. 26 © mauritius images / age fotostock (links), Forbes - S. 30 © picture-alliance / dpa, Rekos - S. 31 © ullstein bild / kpa, Stolt (oben links); © mauritius images, Schultze & Schultze (oben rechts); © ullstein bild, Winter (unten) - S. 32 © Cornelsen, Goebel - S. 33 © mauritius images / age fotostock, Fuste Raga (oben); © mauritius images / age fotostock, Copson (unten) - S. 34 © mauritius images - S. 36 © zefaimages, Holz - S. 38 © mauritius images / age fotostock - S. 39 © Consejería de la Presidencia de la Junta de Andalucía - S. 42 © AENOR - Asociación Española de Normalización y Certificación - S. 45 © mauritius images / age fotostock - S. 46 © Cornelsen / Banana Stock - S. 47 © mauritius images, Pöhlmann - S. 50 © Cornelsen, Höppener-Fidus (oben); © Banco Solidario A. (unten) - S. 52 © Kìron Franchising Network - S. 53 © zefaimages, Inden - S. 55 © mauritius images / photononstop - S. 57 © el mundo / la luna de Metropolí - S. 58 © ecus (oben rechts); © Harley-Davidson España (links); © Europcar IB (unten rechts) - S. 60 © mauritius images / age fotostock, Cristofori - S. 62 © zefa / masterfile, Ozonas - S. 63 © BMW Ibérica, A. - S. 64 © MAIRDUMONT GmbH & Co. KG - S. 65 © Hertz Autovermietung GmbH - S. 66 © Cornelsen, Spahr - S. 68 © Saunier Duval (oben rechts); © Campaña de publicidad del Programa de fidelización TURYOCIO (Mitte rechts); © mauritius images / age fotostock, Cavalli (Mitte 2. von links); © Movistar. Telefónica Móviles España (unten links); © Telefónica de España, S.A.U. (links) - S. 69 © Corbis / zefa, Baden, S. 72 © USM Möbelbausysteme - S. 79 © age fotostock, Yarvin - S. 80 © SPANAIR - S. 82 mauritius images / age fotostock, Pearce - S. 84 © FreeLens Pool, Jochen Tack Fotografie - S. 85 © SPANAIR - S. 86 © mauritius images / age fotostock, Krawczyk (oben); © mauritius images / age fotostock, Azumendi (Mitte); © mauritius images / age fotostock, Paras (unten) - S. 87 © Caro, Hechtenberg - S. 88/89 © Feira Internacional de Galicia - S. 90 © ullstein bild, Hiss (oben); © ullstein bild / KPA (unten) - S. 92 © Feria Valencia / InterAlimed - S. 93 © www.infozentrum-schoko.de - S. 94 © Illuscope digital solutions (oben); © mauritius images / age fotostock, Morsch (unten) - S. 95 © IFEMA - Feria de Madrid (unten); © Cornelsen / Cumulus (oben) - S. 100 © Commerzbank - S. 103 © Cornelsen, Fischer (oben links); © Corbis, Bosshart (oben Mitte); © Corbis, Lanting (oben rechts); © Corbis, de Torquat (unten links); © Corbis, Bettmann (unten rechts) - S. 104 © Reuters / Corbis - S. 106 © mauritius images, Mahrholz (oben); © IBM Deutschland GmbH (unten) - S. 108 © Caro, Kaiser - S. 112 © Corbis, Schein - S. 113 © Corbis - S. 114 © Consejo de Cámaras de la Comunidad Valenciana - S. 116 © kipkakomiks gmbh - S. 117 © picture-alliance / dpa / Onorati / Succession Picasso / VG Bild-Kunst, Bonn 2005 - S. 118 © Cornelsen, Ingelmann (oben); © Corbis, Hanauer (unten) - S. 119 © Reuters / Corbis - S. 120 © zefaimages, Baden - S. 121 © Corbis, Pelaez - S. 122 © esecav. Escuela europea para la comunicación y las artes visuales - S. 124 © mauritius images / age fotostock (1. von links); © Corbis, Palmer (2. von links); © Corbis (2. von rechts); © mauritius images / age fotostock, Cardoso (1. von rechts) - S. 126 © Corbis, Kaufman

Textquellen

S. 66 © Revista "La clave de la opinión pública", N° 204 - Marzo 2005, Pág. 77, adaptado y didactizado

Nicht alle Copyrightinhaber konnten ermittelt werden; deren Urheberrechte werden hiermit vorsorglich und ausdrücklich anerkannt.